影视传媒实践教材系列丛书·广播电视编导系列

电视节目策划

DIANSHI JIEMU CEHUA

赵淼石　主　编

李　昕　王　蒙　副主编

重庆大学出版社

内容提要

本书结合传统电视节目分类法与新型教学经验总结,将电视节目作出七大部分的划分,对电视节目的构思、策划,以及对现有电视节目、栏目的点评都有详尽的阐述。体例编排更加细致,学科研究视阈更加新颖。将广大一线教师的教学经验与教学案例充分结合,提高了本书的普遍适用性。

本书主要针对广大大专院校影视专业学生以及大学影视编导专业的本科生,是电视学学习的重要环节之一,可以与视听语言、影视摄像、电视采访等诸多专业课程教材配套使用。同时,也适用于广大电视节目爱好者参考阅读。

图书在版编目(CIP)数据

电视节目策划/赵淼石主编.—重庆:重庆大学
出版社,2016.10(2024.8 重印)
(影视传媒实践教材系列丛书·广播电视编导系列)
ISBN 978-7-5624-9931-2

Ⅰ.①电… Ⅱ.①赵… Ⅲ.①电视节目制作—教材
Ⅳ.①G222.3

中国版本图书馆 CIP 数据核字(2016)第 143672 号

影视传媒实践教材系列丛书·广播电视编导系列

电视节目策划

主 编 赵淼石

副主编 李 昕 王 蒙

责任编辑:姜 凤   版式设计:向文平

责任校对:邬小梅   责任印制:张 策

*

重庆大学出版社出版发行

出版人:陈晓阳

社址:重庆市沙坪坝区大学城西路 21 号

邮编:401331

电话:(023)88617190   88617185(中小学)

传真:(023)88617186   88617166

网址:http://www.cqup.com.cn

邮箱:fxk@cqup.com.cn(营销中心)

全国新华书店经销

重庆升光电力印务有限公司印刷

*

开本:787mm×1092mm   1/16   印张:13   字数:263 千

2016 年 10 月第 1 版   2024 年 8 月第 7 次印刷

ISBN 978-7-5624-9931-2   定价:35.00 元

编写委员会

总 主 编：陈祖继

副总主编：刘 彤

总 主 审：廖全京

融入现代职业教育体系,凸显数字影视传媒实践特色

　　21 世纪的到来,媒体行业正发生着一场巨变,甚至是裂变,一场围绕着影视传媒行业创新与突破为核心的数字内容产业正在席卷全球,以波澜壮阔之势蓬勃展开,引领一个新的时代到来——数字时代。数字时代影视艺术也以全新的形态和更为丰富的内涵影响着社会大众的生活,并推动着数字影视产业的快速发展。促进数字时代影视技术与艺术深层次结合,成为时代赋予新一代传媒人的历史责任,数字时代如何培养更加优秀的影视传媒人才是社会传媒行业之需要,更是影视传媒院校之重任。

　　媒体行业在应时转变,国家教育体制也在顺势改革。2014 年 6 月,在全国职业教育大会召开前夕,相关部门发布《国务院关于加快发展现代职业教育的决定》和《现代职业教育体系建设规划(2014—2020 年)》,旨在推进职业教育改革发展,更好地服务国家经济发展方式转变。这两个文件共同构成今后一个时期指导职业教育改革创新的纲领性文件,提出了发展中国现代职业教育的总目标,即"到 2020 年,形成适应发展需求、产教深度融合、中职高职衔接、职普相互沟通,体现终身教育理念,具有中国特色、世界水平的现代职业教育体系"。

　　面对如此变化,为了培养适应新媒体时代,特别是数字时代所需的全能型媒体人才,将影视传媒教育融入到现代职业教育体系,满足市场对人才动态变化的需求,产教结合,校企合作,服务于地区经济与区域经济发展。我们潜心研读文件精神,用心探索应对方案,精心打造具有数字时代特色的专业教学方式、方法,全心投入到大势所需的教材改革之中。

　　高等教育要基于科技与文化,立足前沿,面向世界,面向未来,高瞻远瞩,而该丛书的出版恰好弥补了数字影视传媒时代实践教材的一个空白,丛书涵盖了电视栏目剧创作、影视艺术概论、电视节目策划、实用摄影教程、新闻编辑、微电影创作与实践、影视文案写作、化妆与造型、电视导播艺术、影视礼仪、影视造型等方面的内容。丛书的编写一方面力争将自己的研究对象置于理论层面上加以审视,从传媒文化传承中寻求对特定问题的解释,并以此观照中国广播影视事业的发展;另一方面,又十分注重用市场的需求来反观影视实践人才培养的历史、现状和未来。在大量的实际操作和广阔的学习平台中,架构一个开放的、动态的、科学的、零距

离接近的实践育人模式。力争在以数字技术为载体的当下,在理论与实践领域积极探索一种全新的思维模式,构建一套应用性强、针对性强、操作性强的育人体系。

该丛书的作者主要来自两个方面:一是具有较深学养的院校专业教师和研究人员;二是具有丰富实践经验的一线工作人员。其构成切实符合理论和实践结合的育人原则,理论为实践服务,重视突出实践,同时,也为该丛书的可读性提供了保证。该丛书既可以作为各大院校相关专业的教材,也可以成为从业人员的进修读物,为数字时代影视传媒业实践环节的发展与建设尽绵薄之力。

近几年来,在国家文化产业政策的扶持与鼓舞下,在国家文化产业大繁荣大发展的背景下,国内数字产业正在以破竹之势迅猛发展。基于此,我国影视传媒行业也正在逐步向数字传媒方向靠拢或转型,稳步进入一种数字化与多样化齐头并进的新时代。这对于以传媒专业为主导的高等传媒院校来讲,既是机遇也是挑战,更是影视传媒教育工作者值得深思的问题。

数字时代影视传媒实践人才培养的模式还在不断向前发展,随着这种发展还将会有更为深刻、广阔的内容出现,因此丛书难免存在种种不足,我们有理由相信,这只是一个具有开拓性的开始,未来的研究、探索之路仍然漫长。数字时代影视传媒将如何更好地发展与前行,实践人才应该怎样培养等,都已成为数字时代影视传媒教育努力和思考的方向!

我衷心期望能够借助于该丛书的出版,抛砖引玉,使更多的专家、学者、教师及热爱影视传媒行业的广大青年朋友可以融入到数字时代影视传媒教育这一大的课题建设中来,出谋划策,共筹未来!

是为序。

陈祖继

2014 年 8 月 3 日

(陈祖继教授系中国作家协会、中国电视艺术家协会、中国戏剧家协会、中国电影家协会会员,四川省新闻教育学会副会长,四川传媒学院副院长)

序言

在拿到这样一本厚厚的书稿时,情绪实在是难以名状。四川文化艺术学院多位老师历经两年辛苦编纂,才成就此书,首先,在这里向所有参与本教材编写的教师表示由衷的感谢。

在相当长的一段时间里,《电视节目策划》作为传媒学院广播电视编导专业的必修课程,一直使用不同版本的教材,这些教材虽由北京大学、复旦大学等知名高校的教师编写,但是与我们学校具体的教学思路却有着不小的偏差,突出表现在理论水平要求过高、与学生实践结合不够紧密等方面。适逢学院本科教学评估,需要构建自主平台的精品课程体系,在院系领导的大力支持下,我们有幸与重庆大学出版社洽谈了此次合作,于是《电视节目策划》教材的编写被提到日程上来。

在成书过程中,重庆大学出版社给予了极大的帮助与支持,每次出现问题总是及时给我们指出并提出解决方案,对于书稿的审阅一丝不苟、毫不懈怠,总在第一时间回馈我们,特别是因书稿成书时间较长,体例编排有待完善,相关编辑均提出了非常宝贵的意见,因此这本书能得以出版,还得感谢相关编辑莫大的奉献与帮助。

这本教材的参编人员大多数是我校的年轻教师。他们工作在教学一线,对于我们的学情最为清楚,思维开阔,观念新颖,掌握最新的行业动态,对于整部教材的实用性作了很大的提升。整本书的编排与统稿工作由李昕老师和王蒙老师负责,同时李昕老师也承担了第一章策划概论部分的写作,王蒙老师承担了电视剧策划部分的写作;我院教师孙铭悦、任皓、罗锦、马智宇则分别承担了新闻节目策划部分、综艺娱乐策划部分、社会教育栏目策划部分、生活服务栏目部分的写作，纪录片部分和广告部分由于体例有所区别，由李昕老师确定体例与结构框架，由马智宇、罗锦、罗佳老师共同编写完成。在此，向以上所有的参编老师和那些在教材编写过程中提出宝贵意见的领导与老师们表示由衷的感谢。

《电视节目策划》这一书稿的写作即将完成，我们深知自身学识有限，无法更加精准地探求电视节目策划的规律，这本书能够带给大家一些启示与思考就已经达到我们的目标。南方安静的冬夜，停笔之际想起美国作家福克纳在 1949 年诺贝尔文学奖颁奖典礼时的讲话："对于一个文艺工作者和作家来说，占领他全部工作时间的是人类内心古老的真理，那些亘古不变的真理是爱、荣耀、怜悯、自豪、同情和牺牲。除非他去铭记这些真理，如果不去铭记，那么他只能在诅咒中写作。因为他写的不是爱而是情欲，他写的失败里没有人失去任何真正有价值的东西，他写的胜利里看不到悲悯与同情，他写的哀伤里留不下真正的伤痕，他写的不是心灵而是内分泌。"以此献给在艺术之路上苦苦求索、又充满热情的执着学子们，我们一同共勉！

赵淼石

2016 年 2 月

目 录

绪　论

　　本书是在坚持电视即是艺术形态的学术立场来进行探讨的,力图从电视审美演变、评价标准确立和文化策划与类型策划相结合的角度来阐释电视艺术在新时期的发展走向以及剖析电视节目策划的核心诉求。注重复原电视作为大众传播媒介"载体工具"的艺术表象和多样化呈现方式下的艺术策划追求,这应该是每个电视人在电视事业中应该具备的价值立场和内心初衷。教材的编写、成书的本质是希望给年轻的学子们以启示,复原一个在孤寂中执着前行的电视策划人形象。

　　在我国,电视产业的发展不像是中国电影产业在新世纪初那样的迅猛,它润物细无声般地潜入千家万户之中,植根于普罗大众的思绪之内。在强势话语语境之下,能够满足观众的观赏要求,对从业者有了更为严苛的要求,电视节目策划者不可或缺的地位由此产生。电视作为艺术必然有了多重视阈的解读,不能够落入简单按照传播受众、传播形式进行节目策划的窠臼。电视作为传播工具式的艺术形态,所有呈现方式都应是本书所讨论的对象,相信这也符合大学"通识"的教育理念,对初次接触电视的读者有了更广阔的思考格局。复原"电视作为艺术"和"电视的多样化表达"是全书如此架构的基础。

一、电视是一种"载体工具"式的艺术

　　电视进入家庭的历史不长,但对于大众的影响却尤为深刻。近半个世纪的蓬勃发展也令电视这个"技术革新"的产物,渐渐拥有了自己独特的基因属性与话语体系。当有些学者拒不承认电视作为"艺术",往往是在"蔑视电视娱乐的浅俗",[①]但是去剖析电视所呈现出来的美学特征时,不难发现它所具有对社会现实的强烈关照、对审美趋势的把控以及受众层面等都与艺术的要求一致。"艺术"的概念当然不能够理解是"'高雅艺术'的同义语",[②]毋庸置疑,电视本身具有情感的传达,因此它是艺术。本书也是立足于"电视作为艺术"这个立场进行节目的策划与阐释的。

---

①② 苗棣.电视艺术哲学[M].北京:中国广播影视出版社,2015:3.

正如德国电影理论家爱因汉姆在《电影作为艺术》一书中对电视描述的那样:"它(电视)是汽车和飞机的亲戚,它是一种文化上的'载体工具'。当然,它只不过是一种传输工具,它并不提供对现实进行艺术处理的新条件——这一点它不同于无线电和电影"。① 或许近百年前电视的呈现水平的确停留在它仅仅作为一种文化图解的"传输工具",不具备对现实进行艺术处理能力,恰恰现如今的电视艺术发展成果如电影艺术一样,推翻了爱因汉姆的预言。电视中有情感的体验、有审美的经验、有对于现实生活的艺术观照和沉郁的个体呈现。如电视剧的类型策划中就提到了现实主义策划的问题。电视与电影命运相同,当中国电影处于肇始之时,顾肯夫先生对于电影认知与爱因汉姆似有相近:"譬如一般剧团,今天在上海演一天,明天到苏州,后天到南京,许多人的旅费要多少? 膳宿费要多少? 要是换了影戏,除了几卷软片的费用之外,什么膳宿费、使用费都省了。"②电影这一传播工具现在又有谁来质疑电影不是艺术呢? 经历了传播手段到艺术的蜕变,是电影、电视的共同经历。

电视已然成为一个传播艺术,走出"命运"的定论——"人们谈论最多的事物,往往是最不熟悉的事物"。③

二、电视艺术为满足不同受众需求而呈现出多样化的表达形式

作为大众传播媒介重要一环的电视艺术,它必须要满足手中的基本需要,这就要求电视播出形式多样化,呈现出节目链的形态,能够包容各种节目样式、节目属性与节目定位。一般来讲,电视节目按照大众传播媒介满足受众基本需要的方式可大致划分为新闻类节目、专题类节目、文艺类节目和社会教育服务类节目。文艺类节目又可细化为以下大类:

"电视剧(包括电视小品、电视短剧、电视单本剧、电视连续剧、电视系列剧)、电视艺术片、电视文学节目、电视音乐节目、电视综艺节目。"④如此按照节目形态划分难免有重复之处,按照节目艺术样式进行划分也难解决此种弊端。因为电视节目的呈现表现出两个特征:其一是节目群之间自身矛盾;其二是节目群也并非纯粹独立,必然相互杂糅——"类型重组、拼贴"现象明显。因此本书的写作体例遵循着"电视作为一个完整的艺术作品创作的,它有着整体的构思、结构和风格"⑤拥有独立的美学规律,所以不能简单按照唯一、片面的标准对电视节目进行划分,要综合艺术表现形态、受众需求、传播对象等因素,审慎看待这个问题。基于电视艺术为满足不同受众需求而呈现出多样化的表达形式,本

---

① 爱因汉姆.电影作为艺术[M].杨跃,译.北京:中国电影出版社,1981:159.
② 顾肯夫.《影戏杂志》发刊词。
③ 狄德罗.狄德罗美学论文选[M].北京:人民文学出版社,1984:1.
④ 张凤铸.中国电视文艺学[M].北京:北京广播学院出版社,1999:1-7.
⑤ 厉震林.电视艺术概论[M].上海:上海百家出版社,2009:10.

书按照目前为止电视节目表现的形式、节目形态和受众需求将电视节目宽泛地定义为:新闻类节目、谈话类节目、社会教育类节目、电视娱乐节目、电视纪录片、电视剧以及电视广告。争议较大的是电视节目中出现了电视纪录片、电视剧、电视广告的身影,它们的复归也符合"电视是一种传播艺术"与"电视艺术为满足不同受众需求而呈现出多样化的表达形式"的准则。

第一章

媒体策划时代的来临

第一节　媒体与策划

一、媒体

媒体，是英文 media 的音译，媒体首先是传播媒介、传播工具的简称，也是传播信息的载体——从传播者到接受者之间携带和传递信息的工具。广义地说，媒体可以泛指一切收集、存储、整理、传播信息的系统。相对传统的印刷纸媒还包括音像电子制品、电影、电视、广播、计算机网络等传播工具以及自媒体。

事实上，各类媒体由于传播介质的不同，传播特点也有很大的差异。如书刊、杂志、报纸等平面媒体，信息量非常大，容易保存，而且受众占据较高的主动性，可根据自己的兴趣和需求自由选择阅读的内容、时间、地点和速度。而广播、电视、网络等电子媒体，相对来说能突破时空的限制，通过视听符号双重系统作用于受众，即时、便捷地传递信息，显得更加直观、形象、生动。

正因为媒体具备在一定范围内的传播功能，而这种传播功能经过长期的理论研究被认为是显著的，如同对于传播效果研究而言，历经强效果论、有限效果论、使用与满足理论而重归强效果论时代，可见媒体对于人类社会的影响是重大的。在业界提倡市场化的今天，所有的媒体同时作为一个商业实体，在宣传作用之外也追求社会和经济价值，如报纸书刊的发行量、电视节目的收视率、电影票房、网络点击率等，都决定了该媒体作为信息传播工具的功效与市场影响力。

二、策划

策划，是一个合成词，在汉语中，"策划"与设计、设想、谋略、策略、决策等词的意义非常接近,但又有着一定的差异。《辞源》中将"策"作为名词的解释有"简""杖""马鞭"等,作为动词的解释则有"鞭马"之意。"划"有"筹谋""运筹"之意。可想而知,"策划"从古汉语角度有着计策、对策、谋略等诸多丰富的意蕴。而传承至今,"策划"一词表达的意义也大为扩展,从本书的理解角度,我们认为策划是指利用一定的信息素材,为了一定的目的而进行筹划与运营的一种方法和对策。① 这一定义包括下列要素:

(1)好的策划决定好的结果,首先要有调研及事先的预测评估。

(2)策划人占先导地位。"谋人之军师,败则死之;谋人之邦邑,危则亡之。"被动不如主动,防它不如自控。不能统一人的思想但可以统一人的目标。媒介经营中,策划首当其冲,策划人仔细分析、了解、试探性地进攻。

(3)策划人需要驾驭全局、预知能力,方案落实及步骤追踪,包括思想和策略,都是策划的精髓。正所谓无形,则深涧不能窥,智者不能谋。因形而措胜于众,众不能知。

三、媒体策划

从某种角度上讲,媒体策划是一个全新的概念,是伴随着媒体的不断发展和进步而衍生的。而且媒体策划并不是单纯地将媒体和策划合二为一,事实上是多个层面的融合。

首先是针对媒体自身的策划,如报刊、电视、网络媒体自身建设的设计。从媒体的社会与市场宣传作用来讲,媒体策划动作的发出人还可以是政府及相关机构、企业、商业性的团队甚至个人。这说明了媒体策划人首先是多元的,针对的策划对象也是多层次的。简单地从节目客体形态来看,就大致可归类为节目策划、栏目策划、频道策划和媒体整体形象策划四个维度。

20 世纪 80 年代开始,中国的电视节目进入了"栏目化"阶段。所谓"栏目化",就是以星期为单位,把电视台的时间按计划分割给各个节目,而这些节目就按着既定的播出时间和长度,有规律地播出。有的节目则是每天一期,有的节目则是每周一期。这些被"装进"栏目的电视节目,每期的呈现形式都差不多,得遵循某种特定的格式,所不同的是内容在更新。"栏目"之谓,来自平面媒体,电视在各种文化中较年轻,从舞台上借用了"节目"一词,从平面媒体上借用了"栏目"一词。平面媒体的栏目,刊登的是同类题材、体裁的文字作品,一般都有固定的名称及版面位置,因此电视栏目也具有同样的特征。从节目的编排上,"栏目化"大大减轻了编排工作的劳动强度,一个栏目出台后,至少得维持半年不变,节目编排者不再以星期为单位从事编排,一年或者半年才会有大的调整,而每周只需作些微调。

从节目的创制上讲,"栏目化"也使节目部门的工作有章可循,每天或者每周,只需按

---

① 参见胡智锋《电视节目策划学》第二版之定义。

规定的样式(包括长度、体裁,甚至开头及结尾的方式)按部就班、按时交出节目,"装进"栏目即可。另一方面,"栏目化"也方便了观众的收视,例如,观众每天都能在同一时间段收看到《新闻联播》节目,而在另一时间段,每天都是《今日说法》节目。这样有利于电视台培养固定的观众群、培养观众的收视习惯。

《中国应用电视学》指出:"电视节目实现栏目化,实际上是通过各种栏目的编排及每个栏目中的节目构成、顺序安排,来组织观众收视。观众与电视广播机构的交流,也因为有了'专栏'作为具体的对象而更加方便和直接。因此,栏目化使电视台可以更生动、自觉地吸收观众深度介入电视节目的制作、演播过程中来。例如,可以举办各种观众收视调查研究,听取他们的意见,改进'专栏'节目;可以安排热心观众上电视屏幕上来做客,参加表演;可以利用屏幕答观众问,披露观众的心声。电视专栏节目,是把节目系列化,播出连续化、周期化了。"书中还生动地表述说:"火车站是以列车表上安排的车次来组织乘客的;电视台则以节目表上的栏目来招揽观众。"

而究其与经济的关系来看,媒体宣传是品牌传播和市场推广的重要手段,也是公益性宣传的重要手段,具体可以落实为广告以及其他商业活动的宣传策划和公益性的宣传策划两种。商业宣传策划和公益宣传策划有其根本目的上的不同点,因此在其具体实施细节上会有一定的区别。但是其媒体策划的属性是一致的,即都是通过一定的手段达到对于受众的信息传播。

第二节　电视节目策划

电视节目策划,顾名思义是指电视媒体为了实现一定的目的所进行的针对电视活动的策划行为。从宏观上讲,是指电视媒体的上级主管和有关政策层制订大的宣传规律和选题计划的出发点和立足点;从微观上讲,是指有关电视制作部门具体确定节目的选题,制订拍摄方案和组建摄制组等有关具体摄制事宜。

众所周知,任何策划都不是天马行空的思维活动,它必须针对实际环境和内容特征,在一定的原则指导下科学地进行。而且尽管电视节目形态各异,媒体策划内容也很丰富,但仍然有着它的基本规律。因此,电视媒体策划的原则是在对当今社会和电视媒体状况进行全面了解和深入分析的基础上,针对具体受众、市场特点而建立的。

在当今信息爆炸的时代,各种信息通过各种渠道向大众涌来,但是大众的注意力和吸收力是极其有限的,任何媒体要在激烈的竞争中胜出,首先考虑的是独家的信息内容及独特的报道形式。就电视媒体来讲,观众看电视最主要看的是在相应表达形式下的传播内容,这是电视媒体同广播、网络等媒体的区别所在。

一、电视节目的构成要素

电视节目本身是视、听有机结合的信息产品、精神产品和艺术产品,构成这种节目的要素是图像和声音,其中图像包含实物图像和绘制图像;声音则包含有声语言、音效和音乐。实物图像指客观存在的一切实际角色和道具场景的图像,即由摄像机拍摄记录下来的"人物""建筑""自然"和"景物"的物质现实的客观反映,又可分为自然的人物和景物。绘制图像是由美术设计和美术工程师构造的图像,是参与节目图像的组成部分,更是为了服从节目图像的需要,为了服务于节目的表意、造型、抒情和营造氛围的目的。

图像和声音有机、和谐、完美地结合,才能构成人们通常所说的"声画并茂""视听结合"的电视"世界"。

二、电视传播的媒介特性

电视以其直观性、真实性、即时性吸引了巨大的注意力及收视率。电视覆盖面广、接受便捷,并且由于声画合一表现出的现场直播功能使得人们在遇到突发事件或重大事件时首先选择该媒体。并且电视采制速度十分迅速,可将社会生活尽可能及时、准确地传播出来,做到与现实生活基本同步。同时视听变化制造了受众接受的快感,丰富的表现手段使得观众无暇思索,也促使电视的舆论功能更为突出。因此在新媒体发展迅猛的背景下,电视作为公共传媒的霸主地位在很长一段时间内仍不可撼动。

不过在传播活动中,电视也有其媒体的局限性,比如其线性传播特征、收视行为的随意性等。

三、同质化倾向

电视作为最直观、便捷的大众媒介,平民化的本质和市场化的取向迫使其提高收视率。目前,一般城市的受众都可以面对几十、上百个频道自主选择符合自己口味的节目。很多频道的风格都非常相似,甚至播出的节目都是一样的,同质化倾向尤为明显。电视媒体单位只有成为与众不同的那一个,闯出自己独特的发展道路,才会有生命力可言。

因此,电视媒体单位首先应考虑不同受众的不同需求,深入不同群落的不同文化形态中,做市场细分和分众营销,让不同受众的需求得到满足。如浙江卫视打文化牌,湖南卫视打娱乐牌,江苏卫视打情感牌,海南卫视打旅游牌,这种自觉细分市场,突出个性的做法值得提倡。

在实际操作中,独特性还与制作的专业性密不可分。如湖南卫视的《快乐大本营》,带动了我国游戏娱乐节目的一场热潮,之后全国有 17 个频道开设类似的节目。但多年来,湖南卫视全国游戏娱乐节目第一的地位无人可以撼动,原因就是该节目"青春、时尚、欢乐"的个性特色。同时,该频道的主创人员有着相关节目创作的丰富经验,加之专业制作水准的高超,因此该频道成为这一媒体市场的领头羊也就不足为奇了。

四、服务受众

受众是媒体信息的接受者和消费者,受众对媒体有着主动选择的权利。从传播学理论来看,传者和受者是相互联系、相互依存的双向循环关系。

从受众学的角度来看,受众的状况是极其复杂的。在不同的社会发展阶段和社会形态中,存在着不同的阶级、阶层、团体、组织等机构,他们之间的观点和态度千差万别。即便在同一社会发展阶段和社会形态中,受众的价值观、道德、行为规范等都会因为自己所在的环境的影响和制约而对媒体表现出不一样的反应。因此,媒体作为大众传播工具,就必须要走出狭窄的受众定位观,不能只为一种人群、一种观念服务,而要考虑更广大的受众。

五、"市场化"倾向

我们的媒体有对大众行使宣传、教育的作用,但随着市场机制的建立,伴随着受众主动意识和新闻意识的普遍提高,媒体的服务功能必须放到首位,以期适应"产业化""市场化"的必然进程和趋势。

电视策划是打开电视市场金库的"钥匙",也是整合传媒资源的"蓝图"。从选题立意、采拍制作到播出销售等过程都要进行整体上的规划。它能将所有与节目有关的资源有效地整合在一起,各司其职、各尽所能。这种整合必须是有效、科学的整合,否则就有功亏一篑的危险。如在 2005 年湖南卫视第二届超级女声的节目活动阶段,据央视——索福瑞提供的 31 个城市的调查数据,每 100 个坐在电视机前的观众中就有 10 人在收看《超级女声》。另据湖南卫视公布的 2005 年广告价格表单价上,《超级女声》的广告价格,每 15 秒高达 7.5 万元人民币。《超级女声》2005 年度决赛,15 秒广告费以 11.25 万元超过央视《新闻联播》11 万的标王价。同时《超级女声》在短信等衍生收益上也给主办方带来了丰厚的回报。业内人士估计,湖南卫视可从短信收费中获利上千万元。每月仅短信投票和声讯电话投票这两项业务,就能带来超过 2 000 万元人民币的营业额。由此可见,做好媒体资源的整合策划的确是做大做强媒体市场的一块敲门砖,也是通向媒体市场化的一条必经之路。

六、电视节目策划的基本方法

电视节目的"栏目化"使得电视节目的创制人员变得缺乏创新,栏目的固定格式变成"电视八股",起承转合都有了套路,久而久之便招人厌倦。所以,在"栏目化"的状态下,企划新的栏目,淘汰旧的栏目,也是企划人所面临的一项重要任务。因此,"陌生化"的基本方法也被提到基本日程上来。

策划的核心理念是创新,而"陌生化"则意味着新形式、新视角、新发现。要敢于在模式化的节目中去寻找创新。《南京零距离》打破只有记者才能采访、只有记者拍摄的资料才能播出的习惯思维;《超级女声》打破只有歌星才能上电视唱歌的习惯思维。电视策划要有破有立。既要"破"除传统模式,又要"立"出新模式。如《实话实说》的选题,作为新闻评论类谈话节目,对于重大选题的选择并不能说明策划者在选题上的智慧,对于小选题的选择才见真功夫,如其选题"广告知多少""孩子的零花钱""远亲不如近邻""喝酒的利与害""为什么吸烟""唠叨,唠叨"等,就准确地表达出了策划人在主题方向选择上的推陈出新,从而达到了中国新闻评论类谈话节目的新高度。

第三节　中国电视的发展历程

电视诞生于 20 世纪 40 年代,其发展过程是十分迅速的。英国于 1925 年首先研试电视机,从 1936 年开始在伦敦建立起世界上第一座电视台,直至 1940 年美国造出了世界上第一台彩色电视机,并于 1941 年播放了第一条商业电视广告,电视作为一种媒体的存在开始在全球风靡起来。

1953 年 2 月,日本 NHK 电视台首播,同年 8 月 NTV 商业电视台正式开播,这是亚洲第一个商业电视台。1958 年 5 月 1 日晚 7 时,北京电视台(即中央电视台前身)试播成功,这一天也成为我国电视的诞生日,该台于同年 9 月 2 日正式播出。

一、早期电视业

20 世纪 50 年代,国际电视业的迅速发展也带动了我国电视业的发展。1958 年 4 月,上海市政府下达研制电视的任务,上海广播器材厂不分昼夜进行研制,并于同年 7 月 24 日完成。测定表明,该电视机的质量和稳定度超过了当时中国市场上的日本"通用牌"和苏联的"红宝石牌"电视机。如今,"中国第一代电视机"已经收藏入历史博物馆。

二、彩色电视的出现

中央电视台于 1972 年 5 月正式播出彩色电视节目,上海电视台则于同年 10 月正式播出彩色电视节目。

三、数字电视的发展

在中华人民共和国成立 50 周年之际,数字电视试播成功。之后,深圳、常州等地也进行了小规模数字电视试播。作为与北京、深圳同步试验发展数字电视的上海,则在 2000 年开通了数字电视,其中增补 27 个频道的一路高清晰度数字电视节目(频率:379 MHz、符号率:6835、调制方式:16QAM),并实验其他频道的数字电视节目的传输,而在 2001 年的 APEC 会议期间,上海市的主要宾馆都已开通了数字电视节目。2002 年 1 月,上海开通数字有线电视节目频道,此时上海电视台的数字化程度已达 45%,并计划两年内完成从模拟到数字的转换,两年后实现无磁带化硬盘播出。2002 年 9 月 28 日,上海试播 30 套数字电视节目(实际可收 44 套视音频节目及气象、股票、新闻等,于 2003 年起开始收费,每月 37 元)。2003 年,上海多个小区开始了数字电视试播。

与此同时,国家加快了全国边远地区的广播电视覆盖工程。时任国家主席江泽民在考察"西新工程"(即"西藏自治区、新疆维吾尔自治区等边疆少数民族地区广播电视覆盖工程")时强调:坚持抓好西部地区广播电视覆盖,让党和国家的声音传入千家万户;西藏自治区、新疆维吾尔自治区等边远地区广播电视覆盖工程,是顺民心、得民心、暖民心、稳民心的工程。在新形势下,要高度重视广播影视工作,充分利用广播影视等现代传媒手段进行思想政治工作和宣传工作;要适应形势发展的要求,深化改革,积极创新,努力从思想内容、表现形式、宣传方法等方面增强广播影视的影响力,用更多、更好的影视作品,凝聚人心,鼓舞干劲,促进改革开放和现代化建设。随着中西部地区广播电视的普及率进一步提高,中国广播电台、电视台数量也大大增加。《2003 年国民经济和社会发展统计公报》发布称,到 2003 年末,全国有广播电台 282 座,中短波广播发射台和转播台 744 座,电视台 320 座,教育台 62 个。全国有线电视用户达到 10 508 万户。广播覆盖率为 93.6%,电视覆盖率为 94.8%。另据央视索福瑞《中国电视栏目发展报告》,2004 年全国电视频道总量为 2 094 个,新闻、专题、综艺是最受关注的节目类型,2003 年收视量分别占总量的 15.5%、7.1% 和 5.8%。

郭慎之在其专著《电视传播史》一书中这样划分中国电视发展历程:早期(1958—1966 年)、"文化大革命"带来挫折(1967—1976 年)、改革开放的新时期(1977—1992 年)、走进大市场(1993 年至今)这四个阶段。

而传统的"三分法"将中国电视业的发展定义为以下三个阶段：

（一）"台"时代

缺乏竞争的阶段（1958年至20世纪90年代初期）。在这一阶段，中国电视业几乎是没有竞争的，而这一阶段又可大致分为两个时期：

1.1958—1983年

这一阶段在现在的中国电视史上几乎很少会浓墨重彩地进行叙述，原因也很简单，那个时期电视还不是我们现在所理解的大众媒介，还只是达官贵人家的奢侈品。

2.1983年至20世纪90年代初期

1983年3月，在北京召开的第十一次全国广播电视工作会议，可说对之后十多年的电视业发展具有深远的影响，因为这次会议制定了中央、省、地（市）和县（市）"四级办电视、四级混合覆盖"的方针，一改以往"两级办电视"的发展格局，使中国电视业出现了突飞猛进的发展。自此，各省、市和自治区除了分别拥有一个电台、一个无线电视台和一个有线电视台外，还有一个教育台或经济台（其中，上海在20世纪90年代初便成了唯一一个拥有两个电台和两个无线台的直辖市），还有属下各地区（市）和县（市）级政府也自办电视台。原本最初的"四级办电视"目的是调动各级政府的积极性，通过建立地方电视台的方法来提高电视人口的覆盖率，事实上也达到了这一效果，比如，全国电视人口覆盖率就从1982年的57.3%上升到1997的87.6%。截至2000年底，电视的覆盖率为92.5%。然而，积极性调动得过火了，则出现了另一种情景：即电视台过多。截至1994年底，经有关部门正式批准建立县级以上的无线电视台达982个，有线电视台多至1 212个，教育台941个，总数达3 125个，较美、俄、日、法、德、英、印度、加拿大、澳洲、巴西和巴基斯坦等11个电视产业大国的总和（2 606个）还多了519个。而到了1997年底，仅有线电视台数目就逾2 000个。

回顾这一时段的历史，我们可以发现，能够留在我们记忆中，能够在我国电视发展历史上留下痕迹的事件几乎与竞争没有什么关系：1958年5月1日，中央电视台的前身——北京电视台实验播出电视节目；6月1日，首次播放本台记者拍摄的新闻影片；6月15日，播出我国第一部电视剧《一口菜饼子》；6月19日，第一次成功地现场直播了一场篮球比赛；10月1日、12月20日上海电视台、哈尔滨电视台（今黑龙江电视台）也相继问世，这是中国最早的一批电视台。1973年5月1日，北京电视台面向首都观众的彩色电视正式试播；1979年1月28日，上海电视台播出中国电视历史上第一条商品广告；8月，中央电视台设立《为您服务》专栏，介绍电视节目，回答观众来信；1980年7月，中央电视台开办新闻评论性的专栏节目《观察与思考》，它是《焦点访谈》的先驱；1981年中央电视台开播由赵忠祥主持的《动物世界》，并很快成为央视的王牌节目；1983年春节，中央电视台正式推出"春节联欢晚会",自此,大年三十看春节联欢晚会成为中国新的民俗;8月7日开始,中央电视台推出25集大型电视系列节目——《话说长江》。它首次在大型节目中树立了固定的节目主持人,采用章回小说体的结构方式,固定栏目,连续播出。之后,总导演戴维宇及其创作班子趁热打铁,再次推出《话说运河》;1987年2月1日,中央电视台第二套节目由面向北京改为面向全国播出,并实现向经济信息频道的转变;1990年4月18日,全国第一家省级有线电视——湖南有线广播电视台开始试播,有线台的成立,打破了无线电视一统天下的局面。

通过诸多的事件可以窥见,在这一阶段,留存在人们记忆中的只有"台"的概念,如中央电视台、省台、市台,而几乎没有节目与栏目的概念,这当然只是我国电视节目发展的初级阶段。

(二)"栏(节)目"时代

这是一个有竞争但不充分的阶段,发展周期呈现于20世纪90年代初到90年代末。1993年5月1日早晨7:20,中央电视台推出《东方时空》,代表着中国电视节目"栏目"时代的真正来临,该节目包括"浓缩人生精华"的《东方之子》、"讲述老百姓自己的故事"的《生活空间》、"聚焦热点事件"的《焦点时刻》等子栏目,开播之后收视率一路飙升,成功成为央视的又一"王牌节目"。1994年4月1日,中央电视台在《焦点时刻》启示下开播每期13分钟的电视新闻评论性栏目《焦点访谈》,《焦点访谈》还是国内将制片人体制引入新闻节目制作的第一档栏目。直至1996年3月16日,中央电视台《实话实说》栏目出台,自此中国老百姓才开始真正认识什么叫谈话类节目,此类刚加盟的电视"新军"很快就成了人们心目中的新宠。因为制作方便、花费成本小,全国各地方电视台继而纷纷推出自己的谈话节目。3月31日,凤凰卫视中文台正式开播,《时事直通车》《相聚凤凰台》《锵锵三人行》等节目令内地观众耳目一新。5月17日,中央电视台《新闻调查》播出第一期节目《宏志班》。双机拍摄、记者现场采访、现场评述,对事件多角度分析、递进式探究——从形式到内容,《宏志班》呈现出独特的形貌。1997年7月13日,湖南卫视《快乐大本营》横空出世,开我国综艺节目之先河,迅速在全国观众和电视台中刮起一股"快乐旋风",成为"电视湘军"崛起的标志性栏目。节目内容以游戏为主,辅以歌舞、小品、相声和少部分事先录制的花絮。1998年7月16日,湖南卫视《玫瑰之约》一炮走红,它的开播,首开了我国电视媒体婚恋节目之先河,似一股清风迎面拂来,令人耳目一新,迅速成为人们街谈巷议的热门话题。2000年5月,国内第一档大型电视"真人秀"节目《生存大挑战》在广东电视台拉开序幕。随后,《走进香格里拉》(全国100家电视台联手打造)、《完美假期》(湖南经济电视台制作)等"真人秀"节目纷纷亮相,广西电视台甚至将"真人秀"做成了每周一期的固定播出栏目《挑战星期四》。同年7月,中央电视台开播第二档益智性游戏节目《开心词典》,此后全国电视掀起一股"益智"风潮。这是个栏目化的时代,人们对电视的概念从"台"转化为了"栏目",在普通电视观众的交谈中,"昨天,中央台播了什么",变成了"昨晚《实话实说》说的是什么"。在电视运行管理上,自从中央电视台《东方时空》引入制片人概念以来,制片人制度逐步成为中国电视节目运行体系中竞相采用的管理制度模式。应该承认,与节目生产相关的人、财、物支配权集于制片人一身,有效地调动了栏目自我发展的积极性,栏目的活力蓬勃,也因此产生了一大批经济效益和社会效益双赢的品牌栏目。

(三)"频道"时代

这一阶段成为竞争相对充分的阶段,大致出现的时间是 20 世纪 90 年代。中国电视进入频道化时代,基于两种现象:

1.省级卫视上星

仅仅在 20 年以前,省级卫视对于中国人还只是一个陌生的概念。20 世纪 80 年代中期,为解决部分边远地区由于地形复杂电视节目覆盖不到本省区的困难,国家有关部门允许部分省级台的节目通过卫星进行传送。于是,诞生了中国第一批省级卫视。中国第一批上星的仅有 5 家电视台,云南和贵州两省共用同一个转发器,合称云贵台,由于两家电视台隔日使用卫星频道,这意味着当时的观众根本无法保证连续每天收看同一电视连续剧。即使是这样,观众们已经很满足了,精神食粮的匮乏大大地吊着国内电视观众对电视节目的胃口,一时间,经济并不发达的云、贵两省反而凭借着"地理优势",把自己的电视品牌首先送上卫星。先期上星卫视的示范作用以及上星产生的各种影响力成了省台上星的催化剂,随着地方有线电视网的迅速崛起和扩大,山东、四川、浙江这些实力雄厚的省级台纷纷要求上星传播,于是进入 20 世纪 90 年代的卫星电视时代。90 年代以后,卫星通信技术的发展和数字压缩技术的应用,使得我国卫星电视事业发展迅速。截至 1999 年,国内 31 个省级电视台已经悉数上星,一时间,一个数目庞大的卫星电视群,以一种从未有过的概念——省级卫视,出现在中国电视媒体的版图上。省级电视台上星的前后十年间尤其是最近几年里,国内恰恰经历了改革开放以来第一个媒体发展的高峰期,国家对传媒行业经营的政策有所宽松,卫星电视的发展和省级卫视的崛起逐渐打破了以往"央视为主,一家独大"的旧电视传播格局,并逐渐形成央视、省级卫视、城市台三足鼎立,多元发展的新格局。

2.有线电视发展

中国的有线电视经历了 30 年的发展,已成为世界第一大有线电视用户国。目前,我国有线电视用户已达到了 8 000 多万户,中国有线电视的发展大致可以分为三个阶段。

(1)共用天线阶段。从 1974—1983 年,随着开路电视节目的增多,共用天线出现在各个居民楼上或平房的屋顶上,这一阶段是有线电视发展的初级阶段——共用天线阶段。该阶段的技术特点是全频道隔频传输,一个共用天线系统可以传输五六套电视节目。

（2）闭路电视阶段。1983—1990 年,原广播电影电视部地方宣传局于 1983 年批准北京燕山石化 1 万多户的有线电视网络建设,同时以 1985 年沙市有线电视网络开通为标志,有线电视跨出了共用天线阶段,步入了有线电视的网络发展阶段。当时的有线电视大多为区域性或企业性的闭路系统,因此,这一阶段可称为——闭路电视阶段。该阶段发展的技术特点是以电缆方式为主的企业或城域网络,采用邻频传输方式,传输的节目套数一般在 10 套左右。有的地方开始应用光缆作远程传输。从 1990 年 11 月 2 日广播电影电视部颁布《有线电视管理暂行办法》开始,中国有线电视进入了规范和法制的发展轨道。随着 1991 年广播电影电视部陆续批准建立有线电视台,中国的有线电视真正走上正轨。

（3）有线电视阶段。目前,中国有线电视正向网络产业化改造的方向发展。有线电视的发展,让老百姓接收更多的电视频道在技术上已成为可能,而省级电视的上星又使得老百姓接收更多电视频道在内容上有了保障。最新数据显示,城乡家庭平均每户可以收看到 23.7 个频道。城市平均可以接收到 24.5 个频道,农村可以接收到 10.8 个频道。电视频道的数量增加,对中国电视产生了根本性的变革作用。中国电视观众开始"当家做主人"了,也正因为如此,中国电视的竞争时代正式开始了。

第四节　电视节目分类的研究

随着电视商业运用的逐步展开,在欧美发达国家,自 20 世纪 50 年代以来,学术界和产业界已开始了电视节目分类方面的研究,不断完善的分类体系是西方国家商业和公共电视系统得以有序运作的重要保障。虽然我国的电视业也起步自 20 世纪 50 年代,但由于特殊的政策环境和产业发展历程,直到 20 世纪 90 年代之后,我国的学术界和产业界才对电视节目的分类给予了更多的关注,因此,相关研究略显滞后。

一、西方国家有关电视节目分类的研究

西方国家对电视节目分类的研究是与对文学作品的分类研究一脉相承的,并与西方商业电视(尤其是美国的电视节目制作产业)的发展历程息息相关。电视节目分类在英文中通常被称为"television genre"。对西方的电视观众而言,"television genre"一词并不会很陌生,因为它经常会出现在电视节目评论、电视台节目时间表以及专业报纸和杂志的文

章中。对于制作电视节目的人而言,电视节目分类是电视节目制作业得以组织和构建的基石;对于研究电视节目的学者而言,电视节目分类批判学(Genre Criticism)是其最重要的研究领域之一,而电视节目分类批评又明显地依赖于电视节目分类体系。西方学界中有关类型的研究最早起源于古希腊哲学家亚里士多德。亚里士多德在其著作《诗学》的第一句中写道:"我们的研究对象是诗歌,我建议我们不要仅仅从诗歌的整体艺术性来研究它,还要注意诗歌的不同种类及它们各自的力量……史诗、悲剧、戏剧……将被各自视为一个整体,成为被效仿的模板。"亚里士多德对于诗歌的分类研究理论被广泛地应用到修辞学研究、文学研究和媒介研究中。美国学者罗伯特-艾伦认为,在分类研究2000多年的发展历程中,其重要的功能就是类型化和命名,也就是说,文艺和传播分类研究的核心任务就是将世界上所有的文学作品、媒介产品归为不同的类别,并为不同的类别命名——正如植物学家将植物分为不同的科、属、种一样。有关电视节目分类的研究在早期沿用了文学研究领域中按内容分类的研究方法,不过随着产业需求的变化,电视节目分类研究中更多地加入了市场偏好等因素,更趋科学化。任何一个分类体系都有特定的分类标准,在西方电视节目分类研究中较为常见,也是较早采用的标准,即节目的"叙事结构"。任何电视节目,不管它采取何种演绎方式、何种节目结构、何种传播方式,它都在试图向观众"讲故事"。自20世纪40年代开始才逐步推广的电视在很大程度上借鉴了广播和电影的"叙事结构",因此,在西方的电视节目分类研究中,很多电视节目的类别都源自于广播和电影的分类,广播中的新闻、喜剧等节目类型和好莱坞的类型电影对电视节目分类产生了很大的影响。在电视节目类型研究的早期,参照广播和电影分类而制订的电视节目分类系统为电视内容研究、电视节目制作和电视节目评估提供了基石。广播和电影这两种媒体基本上提供了目前在电视荧幕上能够看到的主要节目类型,不过电视媒介自有其独有的传播特征和优势,在20世纪60年代之后,随着商业电视的兴盛,越来越多的电视节目开始跨越原有节目类型的边界,促成了新类型节目的诞生。比如,纪录片和肥皂剧相融合,就能产生现实与戏剧的混血儿——纪实性肥皂剧(documentary soap);而脱口秀和喜剧相结合,则产生了寓意深刻的滑稽剧(shrewd parody),比如《默顿夫人秀》(The Mrs Merton Show)。

二、国内有关电视节目分类的研究

我国的电视节目分类研究也是定性、定量研究方法并存。在定性研究方面,有以内容性质、专业领域、节目形态、节目组合方式为标准的分类;也有以传播对象的职业、年龄和性别特征为标准的分类。比如,以内容性质为标准,分为新闻类节目、社会教育类节目、文艺类节目、服务类节目等;以内容涉及的专业领域为标准,分为经济节目、卫生节目、军事节目和体育节目等;以电视节目的形态为标准,分为消息、专题、访谈、晚会和竞赛节目等;以节目的组合形式为标准,划分为单一型节目、综合型节目、杂志型节目等;还有以传播对象的社会特征为标准,将节目划分为少儿节目、妇女节目、老年人节目、工人节目、农民节目等。

在多种定性分类系统中,采用四分法,依据节目的内容性质(也可以说是节目的社会功能)将电视节目划分为新闻类节目、娱乐类节目、社会教育类节目和服务类节目的节目分类系统比较受学者们的青睐。学者们在进行电视节目传播形态研究、节目经营研究时,大都采用这种较为简洁的分类方法。例如,周鸿铎在其《电视节目经营策略》一书中,就将电视节目分为了新闻节目、教育节目、文艺节目和服务节目四类;童宁在其《电视传播形态论》中,也将电视节目分为了新闻节目、社会教育节目、文艺节目和服务节目四类。

四分法虽然简洁,但在具体的应用实践中,容易出现归类的困难。为此,我国的部分学者和研究人员也采用依据市场调查情况进行节目划分的方法,力求让节目划分在应用实践中更具可操作性。1999 年,国家教育部人文社科项目"世纪之交中国城镇电视观众需求变化及其对策"正式启动,这是继中央电视台 1986 年进行的首次全国城市观众抽样调查之后,在全国范围内进行的又一次大规模城市观众调研。本课题的研究者在编制节目类别表时,力图囊括当时我国电视荧屏上出现的所有节目类型,经多方征求意见,最终将中国电视节目划分为 24 种类型。它们分别是:新闻信息节目、新闻评论和深度报道节目、纪录片节目、财经报道节目、教育讲座节目、体育竞赛节目、游戏娱乐类节目、综艺节目、戏曲文艺节目、影视剧节目、音乐类节目、科技文化和健康卫生节目、法制节目、军事和警事节目、妇女节目、老年人节目、少儿节目、农村和农业节目、环境保护节目、社会服务节目(衣食住行指南)、时尚节目(服装、化妆、汽车)、气象预报节目、广告节目和其他。

近年来,随着我国电视节目的兴盛和繁荣,学术界对电视节目分类投入了更大的关注。2006 年 3 月,浙江大学出版了徐舫州的《电视节目类型学》,进一步明确了电视节目分类作为电视研究的一个重要分支的地位。该书将电视节目划分为"电视新闻资讯节目""电视谈话节目""电视文艺节目""电视娱乐节目"和"电视纪录片"等八大类,并分别就各类节目的发展历程、划分理论、划分类型和热点问题进行了阐述,对我国电视节目分类研究有积极的推动作用。

第二章

电视新闻节目策划

第一节　经典节目介绍

一、《新闻联播》

《新闻联播》于 1978 年元旦正式开播,该节目每日 19:00 固定播出,详细而且全面地报道党和国家领导人的政治活动及国内重要会议、各行业发展成果和国内外重大事件,践行着党和政府的喉舌媒介功能,及时准确地发布新闻、传达政令、普及知识;介绍新时期取得的成就、发明、创造;宣传各地先进人物、先进经验,塑造新时期英雄,是迄今为止我国覆盖率和收视率最高、影响力大的电视新闻节目。

(一)《新闻联播》的诞生

1.诞生的背景

《新闻联播》的出现是时代发展的需要。在 20 世纪 70 年代末,全国仅有 38 家电视台,而在播电视新闻的时效性、时长和内容选择都难与一个 10 亿人口大国的发展相匹配[①]:

(1)由于受电子拍摄技术的限制,当时的新闻节目多用胶片拍摄,拍摄后还得经过冲洗和运送,导致时效性较差。在当时的新闻报道中经常可以看到"报道麦田管理的新闻在播出的时候麦子已经处于收割期了"的情况。

(2)每条电视新闻的市场均为 3~6 分钟,一档 20 分钟的电视新闻节目往往播不了几条新闻就结束了,而且受到宣传意识的限制,当时的新闻节目中还夹杂了不少非新闻的内容。

[①]　穆昭山."新闻联播"节目出台的前前后后[J].中国广播电视学刊,1999(11):70-71.

（3）受新闻源和采播技术的限制，内容都以国内新闻和地方新闻为主，几乎没有国际新闻，重播率较高，缺少地域性特点。

2.三大全国电视新闻座谈会——电视新闻事业改革的开始

为了解决这些问题，1977 年 11 月 1 日至 4 日召开了华东、中南地区的电视新闻座谈会，11 月 15 日至 18 日召开了华北、东北地区的电视新闻座谈会，11 月 19 日至 22 日召开了西北、西南地区电视新闻座谈会。通过合肥座谈会、太原座谈会和成都座谈会，与会者们最终在太原会议上决定，参照中央人民广播电台的《各地人民广播电台联播节目》的形式制作全国电视新闻联播节目，定名为《全国电视台新闻节目联播》。后来具体实施过程中考虑到栏目名称的简化性需要最终定名为《新闻联播》，用其取代原北京电视台的《电视新闻》，播出时间固定为每日 19:00—19:20，地方电视台纷纷向北京台供稿。1978 年 1 月 1 日，《新闻联播》正式开播，标志着我国电视新闻事业改革的开端。

3.内容结构的雏形和垄断性播出

我们如今所看到的《新闻联播》内容结构的雏形是始于 1980 年，当时中央电视台开始通过卫星接收世界两大电视新闻社——维斯新闻社和合众独立新闻社。于是在这个背景下，《国际新闻》并入了《新闻联播》，栏目时长扩充到 30 分钟。

中国电视荧屏每天 19:00 集体统一播出《新闻联播》是始于 1981 年 4 月 13 日至 21 日的青岛电视新闻座谈会。会议决定：全国各省各市电视台有义务向央视供稿，各省市电视台必须转播《新闻联播》。

1982 年，中央颁布规定即重大新闻一律在《新闻联播》首发，这实际上宣告了党和政府宣传政策的重大转移，也标志着电视媒体作为核心宣传角色时代的来临。[①]

由于《新闻联播》节目自身的特点和掌握中国电视晚间黄金时段的特权，中国数亿观众开始收看《新闻联播》式的党政新闻，并将其作为集宣传、组织和鼓动者角色于一身的标准化新闻故事来接受。

(二)《新闻联播》的发展

1985 年 5 月 1 日，中国进出口商品交易会，即广交会开幕消息通过微波传送，实现了当天播发新闻，这一技术的使用大大增强了新闻播发的时效性。

1987 年 7 月 1 日，固定的两人播报风格形成。

1988 年，为配合中央电视台新闻节目从旧址搬到新建成的彩电中心播出，包含《新闻联播》在内的所有新闻节目的片头都重新进行设计，著名的 17 秒《新闻联播》片头也是从这时期开始深深印在了国人心中。

1996 年 1 月 1 日，《新闻联播》由录播改为直播。

---

① 胡正荣,张磊.时代之印:中国媒介三十年(1978—2008 年)[M].西安:陕西人民出版社,2008:37-38.

（三)《新闻联播》的新时期挑战

21世纪以来,由于受到传统媒体间的新闻竞争和新兴媒体的强势发展,《新闻联播》的原有市场受到严重冲击,其影响力和美誉度呈现日益衰减的现象。

针对于此,《新闻联播》也通过多方面进行调整,如新闻选择、新闻讲述、节目包装、主持人面孔年轻化等。

二、《东方时空》

《东方时空》是我国首档电视新闻杂志栏目,这是自中国开办电视台以来第一个打破了每天早上8:00开播的节目,1993年5月1日7:00正式播出,标志着我国电视新闻事业的第二轮改革,改变了我国观众早间不收看电视节目的习惯。

《东方时空》是央视众多品牌新闻栏目的"孵化器",如《焦点访谈》《实话实说》《面对面》《东方之子》《百姓故事》等。

（一)《东方时空》的诞生

随着改革开放的深入,人民生活水平的日益提高,在解决了物质需求之后的民众越来越渴望精神生活能够得到满足。在20世纪90年代初,人们的信息生活日益丰富,市场要求对电视新闻媒体和社会生活的影响日益加大,《新闻联播》这种特定的政治地位固化的新闻播报模式与人们生活渐行渐远。

1992年在邓小平同志南方谈话的鼓舞下,中央电视台提出了创办世界一流电视台的发展目标。首先,将新闻节目的播出由原来固定的每天4次,9:00、12:00、19:00、22:00变为全天滚动播出达到11次。其次,将每天的节目开播时间由8:00提到7:00整。这整整一个小时的时间档,交由新闻中心创办早间节目。经过慎重研究和讨论,这第一个央视的早间节目就是对我国电视新闻节目产生深远影响的《东方时空》。承担筹备该栏目任务的七名成员(孙玉胜、孙克文、时间、张海潮等)被人戏称"《东方时空》早期七君子"。[1]

（二)《东方时空》的内容结构及改版

《东方时空》最初由《东方之子》《焦点时刻》《生活空间》和《东方时空金曲榜》四个板块组成,栏目时长40分钟。

面对《东方之子》这个板块,《东方时空》栏目组做得很有人情味,他们将"人物"定位为不是为了完成采访而说话的"工具",不是因节目需要而出现的具有某种"身份"的人,而是有血有肉、有情有爱、有憎有恶的活生生的人。并且人物同时是具备理性和感性的载

---

[1] 梁建增,孙克文.东方时空的日子[M].北京:高等教育出版社,2003:5-6.

体,从人物入手挖掘、展示这些人背后的故事、所处的时代、所发生的新闻事件是最好不过的切入点。

《焦点时刻》的设定是既源于当时电视新闻中几乎没有社会新闻,更没有受到民众关心的焦点、热点和难点问题的报道。为了改变制式化、程式化、非现场化的报道手法,《东方时空》栏目组决定《焦点时刻》形式上以现场报道为主,内容上多关注社会生活,报道角度从高高在上的教导式变为平视、真诚的报道。

《东方时空金曲榜》的设置,最初是因为当时广播已经盛行点歌,电视节目对应的也增加了一个点歌栏目。但随着王坚平加入《东方时空》,这个板块彻底盘活,他在节目中介绍了 MTV,并且使其系列化,最早是原属纯文艺节目的 MTV,由于与前后板块的组合,体现了编辑思想,和谐的成为“电视杂志”中的一部分。

1996 年《东方时空》首次改版,取消了《金曲榜》,创办了《面对面》。

2000 年,《东方时空》扩充为 150 分钟,“以直播方式将新闻、实用资讯、新闻专题等诸多内容有机串联,更加突出信息的时效性和服务性”,成为“大型早间新闻杂志型节目”。《实话实说》改至 21 点播出。

2001 年 11 月 5 日,根据观众反馈,《东方时空》子栏目再次调整,取消新闻和咨询节目,时长压缩为 45 分钟。重新推出了《时空连线》,其与《百姓故事》《东方之子》一起构成日常版,周末版由《世界》和《纪事》两个板块构成。

2003 年 1 月 11 日,《东方时空》周末版《面对面》首播,成为央视首个长篇新闻人物访谈栏目,后来成为新闻频道晚间《新闻会客厅》的日播栏目。

2004 年 9 月 1 日,《东方时空》从早间时段移至《新闻联播》之前,并且新增了《时空看点》《时空调查》和《媒体观点》板块。

2008 年 3 月 24 日,《东方时空》取消了《东方之子》《百姓故事》《时空连线》三个子栏目,压缩时长为 30 分钟,加强突出深度报道的专题特征。同时首播由央视一套傍晚时段改至新闻频道晚间黄金时段。

(三)《东方时空》的贡献

《东方时空》作为央视新闻节目改革的第一步,借用关注度较低的早间时段实验了一批具有创新选材和表达方式的新栏目,为栏目和体制改革奠定了经验基础,培养出一大批生力军和优秀主持人,为中国电视整体叙述方式的革新开辟了具有历史意义的通道。

《东方时空》作为中国电视新闻改革的先导,在很多方面为电视新闻的发展奠定了坚实的基础,创造了成熟的经验:

(1)追求真实性,充分发挥电子传媒高保真复制现场的优势,做好记录式的节目制作。

（2）报道和讲述视角的平民化，讲述老百姓自己的故事，保持平等关系，构建现实生活故事的屏幕语态。

（3）注重主持人的包装，即主持人明星化。不仅是商业化运作栏目的代表，而且开辟了个性化主持风格，改变了脸谱式、机械式宣教的播报传统。

第二节　新闻策划概述

一、新闻的界定及相关概念

（一）不断完善的新闻定义

在信息高速传播的今天，新闻早已不是陌生的词汇。人人都离不开新闻，但至今学界对于新闻定义的争议从没有停止过。在国内外学界、业界给新闻下的 170 多种定义中有的强调新鲜感，有的强调教育性，有的强调趣味性。

我国新闻学界比较认同的是陆定一的关于新闻的定义，即新闻"是新近发生的事实的报道"。但这个定义在当今这个信息传递迅速且传输设备现代化的今天受到了明显的局限。如正在发生的事件尚未出现结局就已经被报道出来；对一个事件连续的追踪报道，甚至实况转播，让报道和事件的发生、发展同步进行；新闻报道的对象未必都是新近发生的事件。有些早已发生的事件，由于种种原因在发生的当时不为人们所知，虽已过境迁，但一旦被发现，仍然具有很高的报道价值。

因此，有学者认为，新闻是对新近已经发生和正在发生，或者早已发生却是新近发现的有价值的事实的及时报道。这个定义一方面界定了发生的时间，另一方面重点强调了新闻报道的事件的新闻价值。事实本身并不是新闻，这些有价值的事件必须通过媒体"报道"才能成为新闻。[①]

（二）新闻的其他概念

1.新闻的特点

从新闻的本源来讲，新闻是人们从众多事实中根据相应的选择依据挑选并传播的一类事实。也就是说，先有事实，后有新闻。而不是所有的事实都可以成为新闻，新闻

---

① 欧阳霞.新闻发现与表达［M］.北京:北京大学出版社,2009:17-18.

一定是变动的信息,试想一个一成不变的事实,有什么样的人或媒介会去传播这样的信息呢？无论是亲身传播、群体传播还是大众传播,新闻与生俱来的拥有真实和新鲜两个特点。并在此基础之上衍生出迅速、及时的两个新闻报道要求,这也是新闻最基本、最核心的规律。

在社会信息高速传播的现代,新闻真实和新鲜的两大特点决定了新闻从业人员的工作方向,塑造了新闻媒体及新闻从业者的品格,也决定和促进了媒介的形式和技术的应用。同时新闻媒介必须依靠新闻的真实和迅速来吸引受众,使自身能处于有利的媒介竞争之中。[①]

随着网络媒体的蓬勃发展和自媒体的崛起,越来越多的非新闻从业者加入新闻发布者的角色中来,不管是道听途说还是故意散布,缺少了传统的"新闻把关人"的新闻审查与核实,我国新闻事业有了不少的负面影响。

2014年4月9日,凤凰网影视新闻频道报道称,"近日,3D《泰坦尼克号》将上映,其中露丝全裸露点的镜头被删引起了观众的质疑。对此,广电总局作出了解释,是考虑到3D电影的特殊性,担心播放该片段时观众伸手去摸到前排观众,造成纠纷。"该新闻此前在微博上引起了热议,还被英国《卫报》等国外媒体关注并转发,《泰坦尼克号》导演詹姆斯·卡梅隆也信以为真。但事实上豆瓣网友解释说,4月8日他在自己的微博中杜撰了这条"新闻",还在微博最后特意加上了"#假新闻#",不过很快在社交媒体的不断转发中,这条信息"火"了,但特意设置的"假新闻"标签却没有了。有的媒体机构认证微博不但把"假新闻"标签去掉。还换上了"首席评论"的标签,增添了该信息的真实性、权威性。严重影响到我国新闻事业的名声和口碑。

2.新闻价值

新闻事业所面对的社会大众,分属于不同的阶级、阶层,有着不同的社会地位、职业、年龄、爱好和受教育程度。新闻媒体要想使得新闻受到更多受众的喜爱和接受,那么所提供的新闻需具有较强的受众共同兴趣,新闻需反映社会大众关心的事实,关心大多数人所关心的。并遵循我国新闻事业单位对事实的选择和表达方式。

经过长时间的经验累积,新闻从业者总结提炼出以下五个要素:

(1)时新性。新闻贵在"新",事件是新近发生的或正在发生的,而社会大众不知道的。新闻报道的时间距离发生的时间越短,新闻价值就越高。

在之前的新闻定义中,已经说到新闻是对新近已经发生和正在发生、或者早已发生却是新近发现的有价值的事实的及时报道。因此,时新性并不只是单指新闻报道与事件发生之间的时间新,还包括了内容新。

---

① 李良荣.新闻学概论[M].3版.上海:复旦大学出版社,2009:24-25.

"内容新"指事实因不同的时间、环境、背景等产生新的意义。有些时间上稍显陈旧的新闻事实，只要内容新，受众依然会有关注的热情。

需要注意的是，不要为了新闻的"新"而抢发新闻导致新闻失事。对于突发事件，记者与编辑应谨慎核实，在不确定真实性的情况下，宁慢勿急。

（2）重要性。重要性是指新闻事实本身在某种程度和范围内产生的影响。事件和社会生活与人民日常生活密切相关，联系越紧产生的影响自然就越大，两者呈正比关系。如自然灾害、经济涨落、国家大事等自然都是人民所关心的问题。

2008 年对于中国而言是不寻常的一年，这一年有太多太多值得被报道的，如雪灾、汶川地震、北京奥运会等。第十九届中国新闻奖充分反映了这一点，在所有获奖报道中，雪灾、汶川地震、北京奥运会等事件占了多数。而这几个事件无论是哪一个都是非常具有重要影响性的。

（3）接近性。接近性是指受众与新闻事实发生地之间关于地理上、心理上的关联程度。事件发生地与受众位置（地理位置、心里位置）更近，受众受到影响的可能性越大，自然就会格外关注。否则，将与之相反。

2014 年 3 月 8 日，搭载了 227 名乘客、12 名机组成员的由吉隆坡国际机场飞往北京首都国际机场的 MH370 马来西亚航空公司航班，凌晨在马来西亚与越南的雷达覆盖边界和空中交通管制失去了联系，失踪 16 天后，马来西亚总理宣布，马航 MH370 航班已在南印度洋坠毁，机上人员无一人幸免。由于该航班上有中国大陆乘客 153 人，中国台湾乘客 1 人，所以从新闻报道首见于媒体起，全国人民高度关注，各大媒体纷纷进行跟踪报道，从事件的发生、发展，到事件的疑团、处理、善后工作，事无巨细，媒体细细地报道于众。

（4）显著性。显著性是指新闻人物或新闻事件引人注目的特征。新闻人物或新闻事件越引人注目，新闻价值越大。名人、胜地、著名团体和单位动态往往受到世人关注。

在西方的新闻教科书中有一个著名的公式：名人＋普通的事＝新闻；普通的人＋不寻常的事＝新闻；平常的人＋平常的事≠新闻。

（5）趣味性。趣味性就是通常人们所说的奇闻轶事，富有人情味和生活情趣的内容。著名的"狗咬人不是新闻，人咬狗才是新闻"最早出自 19 世纪下半叶美国著名报人戴纳之口。戴纳通过"狗咬人"这个形象的比喻告诉记者，狗咬人这样的事实是不违背狗的天性，是符合事物的发展规律且正常的，这样的事实如果被刊登在报纸上，那必不会引起人们丝毫的好奇心。只有"人咬狗"这种反常的、不常见的事情才是有用的新闻。这句话形象、生动，易于理解，但新闻从业者不能因为为了追求反常而走到新闻的另一端，追求耸人听闻的消息。

(三)新闻策划与策划新闻

新闻策划与策划新闻虽说同为两组四字,但语序的不同意义就完全不同,属完全不同的两个概念。

新闻是对新近已经发生和正在发生或者早已发生却是新近发现的有价值的事实的及时报道。新闻不是无中生有,必须遵循和依照用事实说话,一五一十地把握事实第一位、新闻第二位的新闻本源。

任何策划都必须站在事实的基础上,在节目策划过程中可以设计内容的表达方式,设计新闻素材的拍摄角度,但不可以设计事实本身,新闻的五要素:何时(when)、何地(where)、何事(what)、何因(why)、何人(who)是不可以设计策划的。

新闻策划是利用已经发生或预计即将要发生的新闻事件,进行提前筹划、组织人员、组织报道,以期达到某种宣传效果。进行相应的新闻策划可以使有限的新闻资源价值得到最大限度地发挥,是新闻宣传最有效的方式。新闻策划对事件本身也是一种全方位的、立体的、客观的报道。

2006年4月,成都日报社为了宣传成都市"创建全国最佳旅游城市"的工作,在报纸上进行了长时间、高密度、大范围、多手法的宣传报道。报社在部署安排、制订报道方案时突破常规,并且围绕"常规新闻制造强势、策划报道做出特色、深度报道加强引导"的思路,将推介乡村旅游、表现自然风情、展示人文、休闲特色、调动市民参与热情等作为策划重点,对成都市各部门、民众创建所做的工作进行了全方位、多角度的报道。最终对成都市创建成功作出了重要贡献。

2006年是中国工农红军长征胜利70周年,《西安晚报》出于陕西是长征终点的考虑,重视该主题,并进行了"循诗读长征"大型新闻报道活动的策划。《西安晚报》基于长征的胜利就是中国人民民族独立与解放的胜利,并且毛泽东的长征诗篇是中国诗歌史上最重要的著作之一的考虑,策划了从短小精悍的诗词里发现长征深厚真髓的"循诗读长征"活动。

《西安晚报》的采访报道活动分成三步:第一步,把握节奏,重视静动结合,蓄积高潮。通过实地采访和现场活动采访两部分既保证了大型新闻事件报道的充分性,也确保了媒体、读者的可阅读性。第二步,蓄势造声,扩大影响。通过寻访实录形式介绍部分在陕西已故老红军事迹和记录13位参加长征的老红军事迹。第三步,联手西安外事学院举办了"捷后再相逢 喜看新西安——纪念红军长征胜利70周年"大型活动。综观"循诗读长征"报道活动的酝酿、策划、执行、修正、扩大、高潮到顺利完成,该案例可谓是新闻策划成功的经典案例。

而策划新闻则是为了达到某种效果进行人为的提前干涉或策划的可供媒体报道的时

间。某些策划新闻甚至是从主题到事件人物、事件发展全过程都是在主观预想、设计和操作之中的。

2007年6月，北京电视台生活频道《透明度》栏目披露了"纸馅包子"的社会丑闻，一时间社会民众沸沸扬扬，全面抵触包子。该新闻也被多家媒体转载，海外传媒也利用此事大做中国"食品问题"文章。后经北京市相关部门抽查23家早点铺，认定"纸馅包子"为虚假新闻，为台聘员工訾北佳一手炮制。随后，电视台领导被问责，訾北佳被控涉嫌损害商品声誉罪而被判刑一年。

訾北佳通过查访，在没有发现有人制作、出售肉馅掺纸的包子情况下，为了谋取所谓的业绩，化名"胡月"，冒充建筑工地负责人，到本市朝阳区太阳宫乡十字口村13号院内，对制作早餐的陕西省来京人员卫全峰等四人谎称需定购大量包子，要求卫全峰等人为其加工制作。后訾北佳携带秘拍设备、纸箱和自己购买的面粉、肉馅等再次来到十字口村13号院。訾北佳以喂狗为由，要求卫全峰等人将浸泡后的纸箱板剁碎掺入肉馅，制作了20余个"纸箱馅包子"。与此同时，訾北佳秘拍了卫全峰等人制作"纸箱馅包子"的过程。在节目后期制作中，訾北佳采用剪辑画面、虚假配音等方法，编辑制作了虚假电视专题片《纸做的包子》。

联合国教科文组织国际交流委员会在其报告《多种声音，一个世界》中指出："新闻失实的一个重要内容是以各种方式歪曲事件的形势和全貌，用不准确的和不真实的报道代替确凿的事实。例如，突出强调并不真正重要的事件，或把毫无关系的事混合在一起，或将不复零散的事实拼凑成一个似是而非的'完整事实'，或者对假定公众不感兴趣的事实和事件保持沉默，而只提供假定公众感兴趣的东西。"

这段文字实际上对新闻失实、造假新闻作了非常明确的定义。策划新闻就是无中生有，干预事件的正常发展过程，人为制造新闻热点，小题大做，严重违背新闻策划的基本出发点。对于背离了新闻发展规律的、与事实不相符的假新闻都是应该严厉杜绝的。

新闻本身也是不可以策划的。在新闻策划中，其策划对象是客观存在的新闻事件，离开了事实新闻就变成了虚构，成了制造新闻。在西方电视新闻界中，一些电视媒介为了在竞争中取胜，公然制造"新闻"以获取较高的收视率，结果事与愿违，从而丧失了媒体的公信力。

2011年底在美国福克斯新闻频道的一条展示莫斯科游行的报道中，背景是打斗的场面、燃烧的路障和棕榈树。事实上，福克斯新闻频道画面中是希腊的游行示威，并非莫斯科游行。

二、电视新闻的定义及相关概念

（一）电视新闻的定义

对于电视新闻，不同学者有着不同的界定，纵观这些定义，虽表述不同，但核心含义相差不大。

《中国应用电视学》一书中给电视新闻下的定义是："电视新闻是以现代电子技术为传播手段，以声音、画面为传播符号对新近或正在发生、发现的事实的报道。"

这个定义明确了电视新闻的传播手段、传播符号，强调了"新近或正在""发生"和"发现"的传播内容。但需要注意的是在电视新闻实践报道中，有些事实既不是"新近或正在"发生，也不是刚刚发现，却大量地进入新闻报道中。

（二）电视新闻的特点

电视新闻与其他诸如报纸新闻、广播新闻一样都属于新闻范畴，除了与他们具备新闻的时效性、真实性、客观性、重要性和趣味性等特点外，还具备电视这一声画合一、视听兼备的媒介所独有的传播特性。

1.即时性是第一生命力

新闻的时效性与其传播速度密不可分。广播与电视媒介的传播新闻速度已毋庸置疑，可以轻松做到对新闻事件的同步报道。电视不同于报纸，媒体可以有若干次播出，共播出若干小时，很多国家几乎每天都有电视节目，新闻节目的播出频度也非常高，观众基本可以随时通过收看电视获得全国、全世界的最新消息。这首先要求电视新闻从业者必须随时随地不间断地将拍摄的最新事件告知公众。

凤凰卫视凭借着在"9·11"事件中及时将摄像机镜头对准正在倒塌的美国世贸双子大厦的第二座大楼迅速、敏捷地直播报道，带给全球电视观众最快的信息和具有冲击力的画面，也为自己的媒体地位增加了不少话语权，赢得了不少观众和同行的尊重。

2.综合性传播手段

电视是声画合一、视听结合的媒介，其以电视视频信号和音频信号同时传播信息，是双重信息的传播。受众可以凭借视、听两个通道接受刺激，获取信息。可以说，电视新闻具有综合性传播手段。

电视新闻主要是以画面和解说词或同期声作为表达方式的。从视觉画面而言，它包含了整个新闻事件的人物形态、现场环境，这些内容均以动态视频、照片、图表、动画以及文字来说明；从听觉上讲，观众所听到的所有的内容均是用以配合画面的解说词、音乐、音响、同期声。可以说，电视是综合了报纸、摄影、广播等表达方式，形成了自己的特点：用视频信号和音频信号同时传递新闻信息。并且这些元素并不是独立存在，而是相互补充、相互加强的关系,通过组合引发艺术效果,提高传播效果。

电视新闻的综合性特点,使得电视新闻具有传播符号多、表现手法兼容的优势。电视的多元信息符号不仅是声音和影像的整合,还有文字、报纸、图示、图表等信息符号。这些信息符号不是不同媒体间的简单相加,而是围绕信息主体的多种要素的集合。随着电视制作技术特别是数码技术的发展,一个电视频道拥有同时传播两个以上新闻信息的能力。电视新闻和与之等长的或篇幅相当的广播、报纸新闻相比,其信息量远远超过了广播和报纸。如在播出新闻的状态下利用屏幕下方空间带字幕播报其他重要新闻事件;利用退底技术将演播室主持人的背景换成新闻事件的现场画面;采用双视窗口同时报道发生在两地的事件,多渠道多符号传递现场的最新动态等。这种综合性的传播手段,大大地扩展了受众的视听空间。

3.画面真实无误的传播内容

电视新闻采访的报道可以与新闻事件同时进行,这样的报道将图像、声音、文字等众多符号直接呈现在观众眼中,让人身临其境。可以说,这类新闻报道是新闻事件的现场记录,受众接受程度较高。电视新闻正是运用电视画面把具体和可视的典型形象通过电视屏幕展现出来,它所报道的事件和人物,是电视记者和被采访对象面对面的交流,是摄影机镜头对现实生活的真实记录,是形象的纪实。

它所报道的对象,绝大部分是正在发生的事件或事件的延续,是新闻人物正在做的事情。电视新闻通过技术手段把屏幕前的观众带到现场,亲眼所见、亲耳所听,体会新闻的主要内容。央视新闻节目改版后,为增加新闻报道的真实性,增加了记者出镜率,使得事件现场感大增。如果情况限制不能记者出镜,也应采用如电话连线等方式,最大限度地还原和再现新闻事实,让受众感受到新闻的真实性。

4.深广并进的传播范围

电视新闻由于其具有电视的特性而使真实的视听符号跨过山川河流达到任何一个空间,让更多的人及时了解到更多的信息。由于不受年龄、性别、文化程度等的限制,我国电视观众人数众多,多层次的参与满足了大众传播的要求。电视新闻的广泛传播使得新闻信息社会共享,使电视新闻中不同的观点意见的分析探讨形成社会共识,从而引起组织、引导舆论的作用。电视新闻全球化传播也扩大了社会性的外延,电视新闻社会性的含义也更为广泛。

从受众心理层次而言,电视新闻这种看似面对面、平等亲切的交流模式会使受众产生极强的参与心理,从而调动观众积极参与到节目报道中。从这个意义上讲,既增强了观众的收视兴趣又满足了观众对电视新闻的审美要求。

(三)电视新闻的分类

电视新闻节目有狭义和广义之分,狭义的电视新闻节目通常指中央电视台《新闻联播》等消息新闻报道。广义的电视新闻节目则是荧屏上所有以传递新闻信息为任务的各种新闻节目的总称,既包括消息类新闻,也包括专题类、言论类新闻。

电视新闻按报道形式来分,主要有消息、专题、系列(组合、连续)报道、评论和现场直播等。

电视新闻按照栏目播出来分,主要有消息、专题、评论和杂志四大节目类型。

消息类电视新闻栏目主要以动态消息组合形式,迅速、广泛地报道国内外发生的新闻节目形式。该类栏目篇幅短、时效性强、题材广泛。如《新闻联播》《经济新闻联播》《中国电影报道》等。

专题类电视新闻栏目综合运用电视表现手法和播出方式,深入、详细地报道某一种重大新闻事件、典型人物、经验、观众关心的问题或现象等。该类栏目对记者要求颇高,要求能在事实报道的基础上,对事实、问题进行一定分析,以独到的见解引起观众的共鸣和思考,包括深度报道、专题报道和新闻纪录片。该类栏目时间长、内容丰富、思想深刻、信息量大。如《话说长江》《最后的山神》《百年中国》等。

评论类电视新闻栏目是对新闻事件、思想、社会现象和受到普遍关注的问题发表议论的新闻体裁。该类栏目思辨性强、社会影响大。如《焦点访谈》《时事开讲》《新闻1+1》。

杂志类电视新闻栏目往往由若干个板块组成,通常涵盖消息类新闻节目、专题类新闻节目或评论类新闻节目。该类栏目信息量大、形式灵活多样。如《东方时空》《新闻周刊》。

事实上,除了这些界定清楚的节目外,由于电视新闻节目与栏目常常混为一谈,缺乏明确的界定,因此在电视新闻节目的分类标准上,也出现了一定的交叉和模糊。

三、电视新闻如何吸引人

在我国"四级办电视、四级办广播、四级混合覆盖"的背景下,经过几十年的发展,我国电视台出现爆发式增长。据2007年1月1日不完全统计,我国电视台总数大概有4 000多家。按照观众平均每天收看电视的时间是180分钟,其中换台100次,这就意味着观众的注意力被高度分散。

由于我国各地电视台走市场化发展道路,为迎合时代潮流,不断增长娱乐类节目的播出次数和时间。这些娱乐节目的社会功能呈现典型的双重效应,一方面丰富了人民群众的精神生活,但另一方面由于电视台把控不严,缺乏相应的指向性,出现了节目质量上的问题,如"三俗"、夸大虚假宣传、同类型节目过多过滥等现象。所以中华人民共和国国家新闻出版广电总局(简称广电总局)于2011年和2013年两次针对上星卫视颁布简称为

"限娱令"和升级版"限娱令"的《广电总局将加强电视上星综合节目管理》文件和《关于做好2014年电视上星综合频道节目编排和备案工作的通知》文件。正因如此,可以说电视媒体竞争,新闻一定是主要的竞争节目类型。

（一）以悬念吸引观众

2014年8月3日,云南昭通市鲁甸县发生6.5级地震,全国所有的媒体都进行了大量报道,央视等媒体更是进行了现场直播。尽管受到多种原因的限制,但该新闻仍然引起观众极大的关注,人民不断猜测:6.5级地震虽然震级不是特别大,但是为什么会失丧人数这么多? 鲁甸是山区,抗震救灾过程中如何避免发生因次生灾害的再次损失? 受灾群众的衣、食、住、医情况如何? 因为有疑问,所以观众一方面会猜测,一方面会更加关注事态的发展情况。截至8月23日,百度"云南鲁甸地震"检索相关新闻513万条。这足够说明观众对信息的选择取向。凤凰卫视中文台副台长刘长乐曾经说过:"猜测是直播过程中的卖点。"猜测源自新闻事件中的不可预知性,重大新闻价值事实中的不可预知性会大大提高观众的关注程度,使之紧紧跟随现场直播,锁定播放媒体。

电视新闻报道的改革其中很重要的一条就是变"过去完成时"为"现在进行时",跟踪报道是最能体现这种变化的报道方式。跟踪报道也称连续报道,现场直播实际上是一种不间断的现场感更强的连续报道。

目前我国电视现场直播日益增加,但依然存在三方面的缺失:一是有直播没有报道,整个新闻就是简单的影像直播,没有经过新闻策划、没有深入报道。二是有直播没关注点,就是说没有重要的新闻价值,仅仅为直播而直播。三是有直播没悬念,不能展现从未知到已知的过程,没有情绪的波澜彼伏。

（二）对不确定的事件边报道边核实

在传统观念和认知中,不确定的事情当然不可以告知他人,更不要说在大众传播中进行传播。但新闻事件发展的"不可预知性"同时也表现在新闻事实的"不确定性"上。"不确定性"顾名思义,是指未经证实的新闻信息。未证实的信息不能成为一个完整的、合格的新闻报道,但这个"不确定性"却可以成为新闻报道中的一部分,成为新闻报道的切入点。《焦点访谈》正是通过猜测、分析加调查取证构成了新闻事件发展的全过程,通过新闻报道,受众会明显感觉到过程远比结果更吸引人。

当然,对不确定的新闻事件报道是需要很大勇气的,记者要冒着报道失实的风险。对于重大新闻的发生,过去我们采用的方式是等所有的情况都了解清楚了再做报道,但在信息传播如此快速的今天,只会让我们在新闻竞争中处于被动地位,第一话语权就在等待与核实中失去了。其实,新闻从业者完全可以边报道边核实,知道多少报道多少,优先抢到话语权就优先抢到先机。

（三）策划"不可预知"

不可以预知的新闻事件大多属于突发事件、危机事件,对这样的新闻报道而言,现场采访有难度,组织报道需要精细,报道时机要把握精准。这实际上就是说,不可预知的事件报道也是可以策划的。

诚然,我们不能预知新闻事件将如何发展,但我们可以预测新闻事件发展的可能走向,从而进行定位策划。例如,2014年一个让更多人了解ALS(肌肉萎缩性侧面硬化病,俗称渐冻人)的"冰桶挑战赛"在全球火热蔓延,这之中存在的新闻策划的痕迹亦十分明显。

第三节　电视新闻节目的策划要点

一、电视新闻策划的环节

电视新闻策划是当今媒介竞争激烈的必然选择,需要提出的是电视新闻策划只有站在科学依据的判断基础上,通过细致、完整、有序的细致分析才可以得以实施。电视新闻策划工作者在工作中应格外重视电视媒体特有的优势和特点,以专业形式进行系统规划。

电视新闻策划不仅是对新闻报道的具体安排,更是宏观、全局的战略性思考方案。对电视频道和栏目来讲,要做出完善有效的新闻策划必须更新观念,树立新的传播环境下策划的基本理念,建立长效的新闻策划机制,从而保证电视媒介自身竞争地位的稳固以及可持续发展的潜力。

1.电视新闻策划的发展趋势

掌握电视新闻的发展趋势就是把握了电视新闻策划的宏观视野,了解进行相关策划活动前必须知晓的内容。

（1）媒介融合的大环境。随着媒介技术的进一步发展,媒介竞争不断加剧,新老媒体的融合成为大势所趋。对媒体而言,只有在这种激烈的竞争环境中取长补短,达到优势资源的整合和配置,才可最大限度地获得社会认可和经济效益。

近年来,电视传播理念的创新开创了很多新的传播方式,通过对不同媒介传播优势之间的整合,达到理想的传播效果,刺激并增长收视率。从电视新闻角度看,受到普遍好评的凤凰卫视中文台的《有报天天读》、江西卫视的《杂志天下》,就是这种对报纸、广播、杂志、电视、互联网、手机等新闻信息发布媒体的再融合。这时的凤凰卫视中文台、江西卫视就不是简单的一个新闻信息发布媒体,而是一个媒介融合平台。

由于互联网、手机等新媒体具有互动性的特点,电视媒体对这两种媒体的信息融合也使电视新闻的互动传播成为可能,许多访谈或评论性资料也源于此。例如,2008年北京奥运会开幕当晚,凤凰卫视虽然没有进行开幕式直播,但却发挥自身优势,策划了一档特别节目《热点热议:北京奥林匹克之夜》,凤凰四大评论员:石齐平、程鹤林、何亮亮、邱震海在陪伴广大观众收看奥运会开幕式的同时,还实时点评开幕式的特点和北京奥运会的深刻含义,该节目受到了观众的广泛好评。[①]

(2)资源整合的大趋势。新闻传播的本质是将客观存在的事实,通过符号转化为受众所需要了解的信息,这里提及的客观存在的事实就是新闻资源。新闻资源可通过不同渠道来源,分为新闻环境资源、新闻信息资源、新闻受众资源和新闻媒介资源。

新闻传播过程中所有的信息转换过程,不仅仅是在媒介内部完成,还必须经过媒介和外部环境、媒介和受众、媒介内部各领域之间的相互作用才能实现。因此要做好新闻,必须将这些新闻资源从整体上、从源头上进行把握。随着社会的发展、受众接受信息能力的提高,媒介资源整合成为必然选择。

以中央电视台"抗震救灾"报道为例,央视从5月12日启动直播,到5月27日,"抗震救灾 众志成城"直播连续播出超过300小时,首播新闻1 727条、专题133个。[②] 这次突发新闻的直播成功是央视通过突发事件后的紧急策划,全台联动,采编播人员共同努力,动用包括人才、技术、传播平台、品牌等各种资源和条件综合运用的结果。并且中央电视台独特的媒介形象和政治地位使其传播发布新闻确凿无误,是全国人民了解灾情的窗口,也是国内外其他媒体的主要信息来源,搭建了抗震救灾过程中最权威的信息发布平台。

(3)思维创新的大战略。理性的、成熟的创新一定是深思熟虑之后的一套完整的规划,并不是一时"拍脑袋"的主意。这要求创新者对每一个细节都要明确无误,基于自身掌握的资源,明晰对这些资源的掌握能力,并且还要有足够清晰的前景判断能力。

对于电视新闻的思维创新来讲,首要任务是找准新闻产品内容的定位,找准自己的主打内容,是新闻频道或新闻栏目取得成功的关键因素。如《南京零距离》节目将自己的内容定位为市民生活,发掘普通人生活中的各种新鲜琐事,将节目内容的关注点定位在"民生"二字上;凤凰卫视的新闻栏目则是基于香港的地理位置、信息传播优势等考虑,将主要的着力点对准海峡两岸的互动上。通过各种视角的关注事件、搜集信息;中央电视台新闻频道则是以主流眼光关注社会热点、突发事件、国际动态等多方面信息,既注重与国计民生相关的宏观话题,也关心微观的社会百态。

---

① 张晓锋,周海娟.电视新闻策划[M].北京:北京师范大学出版社,2012:25-26.
② 胡河宁.央视抗震救灾直播过程的组织传播解读[J].今媒体,2008(9):32-33.

各大电视台根据立台宗旨、受众层次、媒体优势等不同方面的考虑对电视新闻制订了不同的内容定位标准,所以找准自身所擅长的、所需要的是各电视台、电视新闻节目成功的重要保障。

需要特别指出的是,我国的电视新闻在节目创新、选题操作、表现方式等多方面有待提高。特别是各级电视发展在机构设置、管理模式、节目品质、节目形象上存在着千篇一律的情况。只从节目类型角度看,某一种电视新闻节目类型获得了成功,马上就会有很多相同类型的节目出现在荧屏上。节目没有创新,反而是一哄而上,只能导致同质化节目越来越严重,资源严重浪费。

2.电视新闻策划的结构体系

好的新闻策划需要有一个完善的结构体系,能够将个体的新闻特点融合进电视新闻频道、栏目或具体报道的整体规划中。一般来说,电视新闻策划的结构体系主要包括四个方面。

(1)创新团队。电视新闻传播的策划主体往往由组织严密、分工明确的人员集合构成。在电视新闻传播的实践过程中,策划者作为策划与组织传播的主体,因电视新闻传播的特性,不可能单独作战,而是需要相应的组合。团队组建是一个成功节目或频道策划的重要前提,是思想碰撞、创意产生的基础。

团队是整个策划工作的核心,他们应当具备全局观念、创新能力和专业知识,能够通过创意思维的组织,提出切实可行的方案。一般来说,策划人员不是只有电视工作者构成,还需要有栏目内容相关的专家。对于电视工作者而言,他们熟悉电视传播规律,能对电视新闻栏目运作的要求和具体时间提出建设性意见。而栏目内容相关的专家则是提供丰富的专业知识和广阔的视野,这对节目的内容设计发挥着巨大作用。崔永元在谈到《实话实说》的策划班底时说:"一个由北京著名的社会学者、教育学者组成的强大阵容。他们策划节目和我们电视人策划节目最大的不同是,我们只想节目的收视,他们希望在节目中体现他们的思想,在节目中体现他们的做人,这一点到今天,《实话实说》还在收益。"①

电视新闻日常报道的策划越发频繁,大量的一般性报道由栏目主持人或制片人牵头负责,记者、编辑就不同选题参与具体策划。而涉及重大报道选题,媒介整体策划的工程庞大,往往需要由频道甚至是电视台负责人组织策划小组进行设计和组织。如2008年北京奥运会的报道,中央电视台CCTV-1、CCTV-2、CCTV奥运频道、CCTV-7、CCTV-高清、CCTV-新闻以及两个付费频道对奥运赛事及相关报道所进行了迅速的全方位展示,在8月11日起又增加CCTV-3和CCTV-12两个频道转播奥运赛事。中央电视台作为中国奥运转播权的拥有者,并没有只转播有中国运动员参加的重要赛事,还通过新增频道增加了

---

① 胡智锋.电视节目策划学[M].上海:复旦大学出版社,2006:64-65.

转播场次,彰显了对待体育的国际眼界。这种全台联动式的策划对重大事件的报道起了至关重要的作用。

（2）体系设计。电视新闻策划的关键是体系设计,只有在一个较为完善的策划机制下,策划活动才能有序展开,并且在具体项目实施的过程中,继续对具体的采访或编辑行为提供帮助。一般来说,针对一个意向性电视新闻选题,它的策划体现包括解读项目与调研、外部环境的调查和把握、战略分析与竞争状况调查、确定策划方案和目标、编制策划文案、手机观众反馈信息并分析评估这六个阶段。[1]

项目调研为频道策划和栏目策划准备客观的资料,为频道和栏目的决策分析提供了必要的依据,包含电视台各方面的情况,公众对电视台的评价,公众对电视新闻节目的需求;外部环境的调查主要是研究限制选题的政策法规、领导意图以及电视频道覆盖范围的受众信息接收特点,其结果用以关注受众的审美取向和收视规律;战略分析和竞争力调查主要着眼于竞争对手的战略、目标、优缺点和反应模式,以此建立相应的策划,从而提高策划活动的效果;确定策划方案阶段主要是对经过图案多讨论的选题策划进行敲定的过程,需要注意符合新闻特征,同时要选择具有可行性、能突出主题的角度;策划方案完成后,还要对策划活动整体过程进行梳理,编制策划文案;在策划文案实施结束后,还要有意识地对已经确定、编制的文案进行效果和观众反馈的客观分析和评估。

（3）采制过程。最终呈现在观众面前并不是新闻发生之前的调研和准备,而是实际采访过程中获得的素材和通过后期各种编排手段形成的电视新闻节目。因此新闻报道形式的策划是对新闻报道资源的一种最佳配置,是对新闻报道内容的有效控制。对采访内容和编辑方式的设计,可以使新闻产生出更大的价值。

（4）有效评估。评估环境在电视新闻策划过程中有着重要的作用,但也是相对较难的一点。评估是对电视新闻前期策划的效果检查,通过电视新闻播出后所收集到的客观数据说明、主观感受的描述、受众的反馈研究、广告收益等数据项目进行逐条分析,就可得到最终效果与预期效果之间的差异了,此差异就是下一轮策划的依据。而电视新闻效果评估的难点是源自单纯的收视率调查并不能全面的涵盖节目品质,因此还得综合考虑节目传播的情境与效果。

目前,大多数电视台或频道都按照一定的原则、标准和程序,运用科学的方法,评定和估算节目质量及其产生的经济效益和社会效应。对于电视新闻节目来讲,具体的效果评估包含三个方面的内容:一是由收视率评价和观众满意度考核构成的客观评估。二是由专家评议、节目研讨和第三方媒介咨询公司构成的主观评估。三是计算策划成本和广告收益后确定的成本核算。《新闻调查》实施绩效评估体系,通过节目的价值系数和收视率

① 项仲平.电视栏目与频道策划研究［M］.北京:中国广播电视出版社,2007:67-69.

系数作为依据。节目的价值评价主要通过影响力（20%）、独家性（20%）、创新性（10%）、制片人综合评价（30%）、考评组综合评价（20%）五个方面来计算，还要根据对抗性和困难程度设定一定的附加分，根据价值评价成果确立价值系数。收视率系数则根据累计收视率的排名确定。[①]

二、电视新闻制作过程策划

一个电视新闻策划最终成型，取决于最终新闻产品的表现形态。选题、采访、编辑和编排等制作过程直接关系到节目的品质和观众的认可程度。因此，电视新闻制作过程也是需要进行策划的。

（一）电视新闻的选题策划

新闻选题是新闻频道或者节目实现价值最大化的根本保障，选题策划在较大程度上决定了电视新闻策划的成败。从《东方时空》的经验来看，电视新闻节目在这一阶段的策划工作要经过大致四道程序：一是发现、判断并论证选题的可行性；二是把握和控制报道方向；三是明确选题的传播目的；四是预设选题的传播效果。[②]

1.目标指向性

一个成熟的策划源于一个正确的选题，而每个正确的选题都应该有明确的目标指向。对于一个电视新闻节目来讲，首先要明确的是对于观众群体的定位，从而确立节目的风格、形态和功能。由于不同的地域、文化层次、年龄阶段的观众的收视习惯有差异，因此电视新闻节目对选题内容的要求也是不一样的。即使是相同的选题，由于不同的受众定位，电视新闻节目所作出的选题在角度和篇幅等方面也会出现明显的差异。

如关于刘汉涉黑案件庭审的报道所体现的一样，不同媒体根据目标指向性的差异对同一选题进行了不同的报道。央视 2014 年 3 月 31 日的《新闻直播间》的报道是《刘汉、刘维涉黑案今天开庭审理》，而 4 月 14 日的《东方时空》中则是《刘汉、刘维等 36 人涉黑案继续审理》，同样是对案件的审理情况的报道，但后面这条则更注重细节的报道，如紧皱眉头等。通过这些细节的抓取报道，更能体现刘汉的心理反应，受众更容易产生大快人心的心理感受。

正因如此，电视新闻选题的确立必须有明确的目的，要依据一定的标准来实行。否则，制作出来的新闻将会出现导向混乱，没有立场，将可能无法实现电视媒介机构对社会效益和经济效益的追求。

---

① 余仁山.解密"新闻调查"：电视调查性报道的策划与运作[M].福州：福建人民出版社,2008：29-31.
② 梁建增,孙克文.解析东方时空[M].北京：高等教育出版社,2003：40.

2.现实可能性

电视新闻策划必须在现有条件下实施,反映现有状况,取得现实效果。任何良好的愿望都必须实现以后,才能体现出成效。

策划选题首先要考虑的是能否被相关政策所允许,对于一些社会问题的选题,要认清问题的实质,也要考虑问题的报道是否有助于问题的解决,尤其是一些突发的恶性事件,在制作选题确立前一定要考虑是否会对社会造成不良反应。

从另一个角度来讲,电视新闻也要积极倡导受众的知情权,对关系到人民群众生活质量、生命财产安全的突发性事件的消息要及时发布,并且努力规避有关组织或个人的无理阻挠。

其次要考虑在选题具体实施过程中,参与报道人员和经费是否充足,采访工具是否准备妥当。这都是选题确定的硬件设备,是选题能否操作的物质基础。

3.系统规划性

策划系统性表现为纵横关系上的战略承接性。从纵向来看,着眼于谋篇布局的长期性,以不同时期不同战略的执行、实现为积累,完成整体从量变到质变的转化。从横向来看,局部每一个目标的实现都是实现共同目标的不同层次,其内在是有严谨的传承递进关系的,每一个环节的策划方案必须为其他相关方面的目标实现做好铺垫。

可以说选题策划要重视同一选题下各个具体报道之间的关联和融合,将分散或连续的多个报道有效地组织在一个主题下,形成整体的最优化传播效果。

此外,选题策划除了对于采制过程的重视,也要着眼播出、经营等各方面,要以整体规划、以系统的观点来平衡各要素之间的关系。

4.结果前瞻性

策划是行为的基础,必须对最终实施的结果负责,这就要求选题的确立必须对结果有所预见。也就是说,电视新闻选题策划的过程中,要能够对是否能实现预期目标进行判断,对各种因素进行定性或定量的分析,并且对无法预测的因素进行概率的估计。同时必须对选题进行分析和评估,预测新闻播放后可能产生的积极和消极影响,对选题的实际结果有比较准确的估计,从而优化选题,对新闻的实际采制过程进行有效控制。

(二)电视新闻的采访策划

采访占据着电视新闻节目制作过程中最基础的地位,其行为本身往往是节目的主体,采访素材更是节目的构成因素和基本形态。

从另一个角度可以表达为电视新闻很多情况是通过记者的采访获取事实的真相,了解真相之间的联系,采访的内容指引着电视视听要素的获取,对编辑过程中的解说词撰写及相关过程也起着重要的作用。

1.选择报道角度

对一个新闻事件,不同的人会有不同的关注点。题材确定后,选择一个"最佳"的视角来表达,成为前期策划中重要的环节。优秀的新闻策划应为采访选择最能体现选题主旨、最能达到采访目的,也最容易实现的策划角度。一个合适的切入角度能使新闻提纲迅速地掌握全局,又能给新闻事件提供足够深入的报道平台。

2.实施前期采访

重大的、突发的新闻事件发生后,由于种种原因,记者不太容易在第一时间梳理出事情的来龙去脉,这就要求先对新闻事件做先期了解,即前期采访。

前期采访首先是信息采集的过程,其次通过前期采访可以知晓事件中的当事方、重要的知情人,对新闻线索的相应确认,同时也对采访中可能提到的困难做必要的准备,包括政策、法规方面的限制,新闻事件发展中出现的新转折,也包含新闻当事人或相关组织和个人的阻挠。

3.拟订采访计划

通常完整的采访计划包含:采访目的和主题、采访安排(人物、时间、地点等)、采访的主要问题、采访与拍摄方案(画面和声音的要求)、预算等。具体的采访策划又根据参与者的不同分为编辑部中心制和记者中心制两类,二者常常高度结合。

以编辑部为核心的采访策划能够更好地统一调度电视采访的各部门和工种,尤其是在大型电视新闻报道中,电视台、频道或栏目编辑部统一调度人手,组织多个采访小组协作,对整个新闻事件进行全方位、多角度的采访报道。如确定不同的采访报道地点、确定相关人物和收集资料、确定采访报道的整体时间等。

电视采访中,还有一部分内容由记者亲自完成,这些策划内容相对微观,可通过逆向思维、求异思维、对比思维等方式对整个采访个案的切入点、表现角度、表现手法等进行组织和策划。

第四节　学生作品点评

《绵阳新闻说》电视节目策划

一、策划缘由

作为在校大学生,不仅仅需要学习科学文化知识,也应具备对身边新闻事件的自我认知、判断能力。因此,办一期以在校大学生为目标受众,包含校园安全问题的电视节目策划。如今,校园安全问题已然成为学生以及学校关注的焦点。

二、节目名称

《绵阳新闻说》。

三、节目宗旨

本节目主要播出内容是校园新闻,新闻的播出时长不超过5分钟。就目前为止,许多新闻节目已过于守旧,致使难以吸引学生受众的眼球,本节目旨在通过对校园资讯的播报与述评,促进在校大学生全面了解自己所生活的校园,做到"以小见大"。

四、栏目定位

1.内容定位:播报近日的新闻。

2.受众定位:全体师生及其他。

3.主持人定位:采用平等化的主持风格,力图达到平易、简练、清新的效果。

4.栏目风格:因本栏目受众主要是在校大学生,加之校园新闻的轻松性、灵活性。因此本栏目的风格是轻松、愉快的氛围。在不影响新闻真实的前提下,视频或图片资料中可加入动画成分。

五、节目内容

1.用实际操作引导观众,让观众自己心中感受到宿舍门不安全所带来的安全隐患。

2.采访学生。

3.采访宿管人员,了解宿舍楼的情况。

4.采访警察,了解学校宿舍盗窃案件情况,并且给出意见。

六、节目流程

(一)栏目片头播出,主持人开场语

"亲爱的观众朋友,欢迎收看今天的《绵阳新闻说》,我是主持人×××。今天我们所说的主题与'门'有关。也许你们会有疑问,'门'?无非不就是木门、防盗门,等等,有什么好说的,其实在古代《玉篇》称'人之所以出入也'为门;《博雅》则说'门,守也'道出了门的作用。一是供人出入,二是防守盗贼。门早在我们祖先穴居于岩洞那个年代就出现了雏形,产生家居意识。一扇门可以说是我们人生和财产最基本的保障,门可以

带给我们安全感。如果这扇门是不安全的,别人轻而易举就可以通过的一扇门,那么,你会怎样呢?"

(二)屏幕打出字幕并加配音

"你的门还安全吗?"(动画效果)

(三)解说词

在2013年这一年中,我校宿舍楼接二连三地遭到了电脑丢失、财产丢失等盗窃案。而宿舍门作为最基本的一个防盗设施,防盗门真的能做到防盗吗?

(四)屏幕播放拍摄画面

全景:一名学生正在宿舍门前用磁卡开门。

特写:门被打开。

(五)主持人讲述

"刚刚通过我们的画面可以看到,我们每天居住的宿舍门用普通的磁卡就可以打开,那么我们为什么还要带钥匙呢? 每人手拿一张卡,一刷就开了,看起来也高大上!

(六)屏幕播放拍摄画面

对被盗学生进行采访。

采访问题:

采访对象	在校学生,被盗学生
采访地点	宿舍楼里和楼外面的路上
采访目的	通过采访学生和被盗学生两类,可以让观众自己寻找共同点,而不需要用过多的语言去渲染解释
采访工具	小高清,录音设备(录音笔或者手机)
采访问题	1.自己或周围的朋友有没有发生宿舍被盗的情况? 2.发生宿舍被盗案,你认为一般是什么原因所导致? 3.当你听说宿舍门是安全门但依然可以简单地用卡刷开,你会有什么样的感受? 4.你认为当遇到宿舍被盗的情况,应怎样做? 5.你认为有哪些预防宿舍被盗的措施呢?

(七)主持人讲述

通过以上的采访我们可以得知,学校不仅在学生宿舍的防盗设施需要加强,还需要加强对校园的巡逻以及外来人员的登记。但是我们看到仅仅是学校大门管理严格还是远远不够的,在加强学校大门管理的同时也要强化宿舍门,让门真正发挥它本身的作用。这样才可以让入住的人真正把宿舍当成自己的家。最后,让我们来了解一下我们学校的丢失案件吧,让我们更加清楚明白我们身边存在的安全隐患。

(八)屏幕播放拍摄画面

镜头跟随记者走进了绵阳公安局(或者学校保卫处)。(跟拍)

拍摄记者进行采访警察。(近景)

采访问题:

采访对象	管理案件的警察
采访地点	绵阳公安局(或者学校保卫处)
采访目的	通过向警察了解学校发生的案件数和发生宿舍盗窃案的情况,让同学们更加了解,并且可以做好预防工作。
采访工具	小高清,录音设备(手机或者录音笔)
采访问题	1.请问我校这3年来每年发生多少宿舍盗窃案件? 2.宿舍被盗的最高金额达到多少? 3.宿舍发生盗窃案后应做什么? 4.公安部门可以立案的案件金额应达到多少? 5.学校对于安置摄像头方面存在哪些漏洞? 6.你认为学校宿舍楼里发生盗窃案的主要原因有哪些? 7.对于学生宿舍防盗方面,你们会给出怎样的建议?

(九)警察的建议(屏幕播放字幕,警察同期声)

其实盗窃的手段无非几类:①借口找人,投机问路;②乱闯乱窜,乘虚而入;③见财起意,顺手牵羊;④伪装老实,隐蔽作案;⑤调虎离山,趁机盗窃;⑥浑水摸鱼,就地取财;⑦里应外合,勾结作案;⑧撬门拧锁,胆大妄为。就是因为我们大家的防范意识薄弱,才给了这些小偷可乘之机,我们给大家总结了一下因上课宿舍没人,容易给盗窃分子提供机会的情景:马虎大意缺乏警惕;夏季有时不关窗户;随意将外人留在宿舍;宿舍的钥匙随意外借等。这都是需要学生自己去注意的问题,而最关键的是学生需要有一个安全的、真正能够起作用的防盗门。

(十)主持人结尾

警察给了我们很多预防宿舍被盗的建议,而我们只有加强宿舍的安全防盗设施,提高学生的安全防盗意识,才能尽可能地减少盗窃案事件的发生,只有我们一同努力,才能共同构建和谐美好的校园。感谢收看本期的《绵阳新闻说》,我们下期再见。

七、节目时长

节目时长:7分钟。

八、可能出现的问题及解决办法

出现的问题	解决办法
学生不接受采访	1.去找更多的采访者,扩大采访范围 2.通过聊天的方式消减学生对镜头的恐惧感,让采访变得更自然、更真实
警察不接受采访	1.与警察进行沟通交流 2.寻求老师的帮助

【作品点评】

作为具体的一期新闻节目的策划案,整体而言内容殷实,结构完整。尤其考虑了具体的事实环节、步骤。可实施程度高,是大二学生中优秀的电视新闻调查节目的典型代表。

就其主题而言,能根据每年频繁发生在学校里的盗窃作为节目的主要背景,从有形的门(防盗门)到无形的门(防盗意识)谈起。实则谈及了学校防盗门不防盗、学生自我防盗意识较差、校方监管不到位等问题。尤其在校方监管部分以警察的视野进行客观性评价,如摄像头的数量,是否都有开启使用等。

在整个策划案中尤其侧重了在调查过程中可能遇到的问题及解决办法,这点是为数不多的策划案中的闪光点。

但就其内容而言,策划案还不够犀利,并没有实则谈及校方作为学校管理方,对防盗门的质量把握、问题门的更换、摄像头监视器等设备的使用等多方面进行更深程度的调查。

第三章

电视社会教育类节目策划

第一节　经典节目介绍

一、《人与自然》

"观众朋友大家好，欢迎收看今天的《人与自然》……"伴随着央视著名主持人赵忠祥雄健而浑厚的语音，新一期的《人与自然》又拉来了帷幕。《人与自然》是中央电视台开播的一个老牌社教节目，于 1994 年 5 月 11 日创办，至今已走过 20 个年头。该栏目以"讴歌生命，关注环境"为栏目宗旨，以"介绍动植物和自然知识以及探索人与自然之间的相互影响、相互作用，探讨社会、经济、生态协调发展和可持续性发展的有效途径"为栏目定位。多年来，该栏目一直广受社会欢迎，为受众普及知识，开阔视野，同时以纪录片的方式展现自然不为常人所知的故事，循循善诱，以一种含蓄而内敛的方式，默默地传导着"物竞天择，适者生存"与"保护自然，人人有责"的理念。该栏目主持人的名字与栏目融为一体，形成了相互扶持的品牌效应。

时光荏苒。20 年的岁月见证了栏目的艰辛和不易，也是栏目成长和发展的过程。栏目在开创初期，大部分节目从国外进口，一小部分属于自拍节目。早期栏目由板块式节目组成，这些板块有《绿色视野》《我和我的朋友》《奥秘百科》《生物圈》等。不同板块从不同方面诠释着共同的主题，主持人赵忠祥始终以他富有标志性的解说诠释着"物竞天择，适者生存"以及"人与自然，和谐共处"。《人与自然》开播 20 年来，潜移默化地影响着人们的思想，甚至影响了几代人的成长。观众能在节目中感受到自然之美，生命之欢，更会陷入思考，受到启发。栏目的开创和成长得到了广大观众的认可、理解和支持。而主持人赵忠祥也几乎同化为栏目的标志、代言和符号。

近年来，随着时代的变化，《人与自然》节目也有了诸多相应的调整。自拍节目增加，演播室串联取消(有消息称今后可能会恢复),板块化结构取消。以纪录片解说为主,每集主题缩小化、精确化。但又始终围绕"讴歌生命,关注环境"这一宗旨展开。栏目往往用客观镜头直接记录的方式,却又能形成环环相扣的情节,似乎意在告诉观众:在自然的规律和进程面前,我们只是守望者或肤浅的参与者,绝不是改造者和决策者。其展播的画面场景壮观,画面优美,对于微观世界的呈现也精雕细刻。观众在饱览视觉大餐的同时,既增长了知识,又能从中领会到自然界中的许多道理。

二、《夕阳红》

《夕阳红》栏目开播于 1993 年 10 月 11 日,是中央电视台开办的唯一一档老年类专题栏目,多年来深受老年人喜爱。社会老龄化是长期以来国情发展的现状和趋势,而以老年朋友为收视对象的节目在我国电视行业相对空白,在收视率以及广告投资的激烈竞争面前,各台的节目往往会往娱乐方向倾斜,或者往大众方向靠拢。一些养生类节目虽然有所涉及,但也只是在某几期节目中触及老年人群身体健康问题,而在这有限的时间内,往往还在进行产品宣传。对于老年人的生活、娱乐、心理,很少有栏目能予以系统的关注,《夕阳红》栏目先进的运作机制,显示出强大的生命力和良好的市场自我调节能力,准确的定位和高质量的节目播出,使得其成为深受老年人喜爱的一档节目。其主题曲《夕阳红》唱红了大江南北,已成为深受大家喜爱的歌曲之一。《夕阳红》栏目以老年人为服务对象,以所有和老年人相关的社会群体为收视主体。《夕阳红》栏目以老年人的独特视角观照社会,以社会的不同视角观照老年人,反映的是老年人眼中的世界与世界眼中的老年人。《夕阳红》栏目突出平民意识,为大众服务,关注的往往是老年朋友都会有所需要,有所感悟的话题以及有浓重的人文意识:把老年人放在平等的地位上来看待,而不是单纯地看成是一个需要社会帮助的群体,不同于大多数节目一味讲求如何照顾、服务老年人的老生常谈,节目更多的时候会告诉我们:最美不过夕阳红! 老年人也一样可以热情洋溢,一样拥有精彩时光。

《夕阳红》既有很强的服务属性,关注老年人的生活细节,又有很强的社会教育属性,提倡尊老敬老。对于诸多忠实的老年受众而言,它更像一碗温暖的"心灵鸡汤",不但丰富了老年朋友的晚年生活,同时还大大提升了老年朋友的社会自我价值认同感,以真挚的情感讲述老年人的故事,以真心的关爱温暖老年人的心灵。

三、《今日说法》

《今日说法》诞生于 1999 年 1 月 2 日,是中央电视台第一档日播法制栏目,开播当年收视情况位于全台前 10 名。《今日说法》以类似于新闻调查或新闻记录的方式,采用视频加主持人演播室串场的模式,每天讲述一个曲折离奇的故事,或几个同类型故事的组合。(例如2014年8月14日播出的《暑期儿童安全特别报道步步惊心的童年》)从中提炼出法律据点,潜移默化中对大众进行普法教育。上承国家法制进程,下启百姓法制意识的行为能力,以真实的态度记录生活,以勇者的姿态前行,揭露丑恶,弘扬正义,为普通老百姓鸣不平!《今日说法》以隶属中央电视台社教中心的微妙身份却扛起了第一面"法制栏目"大旗,并以"人文关怀"的理想踏上了一条"平民化""大众化"的现实道路。

长期以来,《今日说法》以其严格的选题,鲜活的素材,层层递进的推导式结构以及中肯而又略带犀利的点评模式赢得了受众的认可和口碑,也是普通百姓在电视媒体上接受法律教育的一个代表性窗口。最有意思的是,《今日说法》避免了直接说教的方式,而是在选题上加以精准定位,将法律知识点巧妙地与所讲述的故事结合在一起,在需要的情节点将法律知识点进行对应嵌入。观众很容易被故事的发展情节所吸引,其真实性和生动性,让受众在不知不觉中对法律知识予以消化和吸收。

第二节　电视社会教育类节目概述

一、社会教育类节目的定义

社会教育类节目的定义,一直不是很明确。中央电视台社会教育部门几十年间几易其名,有时叫社教部(中心),有时叫专题部,屡有更改;其节目内容,也是时有增减。其实所谓社教节目,顾名思义,就是社会教育类的节目,范围包括除新闻和文艺之外的所有节目形态。这个概念最早是20世纪60年代从苏联电视界那里引用过来的。[①] 当然,几十年过去了,电视媒体的传播形态和内容已翻天覆地,电视节目无论形式和内容都已更加丰富,传统的电视节目三分法"新闻""文艺""社教"已经不能够很好地涵盖并区分现行所有的节目形态和样式了。例如,生活服务类节目在早期就包含在社会教育类节目之中,只是近年来,由于社会的客观变化,生活服务类节目开始被大量需求而求蓬勃发展,如今早已形成了独立的一套运作方式,已被看成是独立的一种栏目形态。

而电视作为一种传播媒介而言,其传播内容具有可控性和可操导性,故而相比于网络媒体,少了很多杂乱无章或乌烟瘴气的干扰信息。电视传播的信息可以看成"国家和发行人需要你知道的"。故而正如美国著名传播学者施拉姆所说:"所有的电视都是教育的电

---

① 陈活群.社教节目:正名与正行[J].南方电视学刊,2011(3):100-101.

视,唯一的差别是它在教什么。"

综上所述,电视社会教育类节目,是指以社会教育为宗旨的各种电视节目的总称,是以电视媒体为传播方式,对观众进行科学普及与社会文化教育的一种节目样式,重在传播知识,疏导理念,引正思想,指导行为。

二、电视社会教育类节目的地位

前文已经提到,在传统的三分法中,电视社会教育类节目与新闻节目、文艺节目并称电视的三大支柱类节目。在我国,广播电视是党和政府的喉舌,其任务是教育与导向,鼓舞全国人民为实现党在社会主义初级阶段的总任务而奋斗。而电视社会教育类节目在其中充当着重要的角色。[1] 社会教育类节目发展至今,虽然传统的说教式节目样式早已被淘汰,但是如今的社会教育类节目顺应时代脉搏,将传播学、戏剧与影视学及艺术学的理论广泛作用于社会教育类节目之中,对节目的样式、叙事手法及人物塑造等方面都做出了大胆尝试。如今的社会教育类节目定位清晰,目标受众明确,寓教于乐,寓教化于服务、寓宣传于信息、寓讲授于故事、寓情节于悬念。题材广泛,节目设置、编辑、播出手法灵活多样,是集中体现电视特色和电视台水准的一类节目。

三、社会教育类节目的发展特点

值得一提的是,由于电视传媒发展的日益蓬勃,单位时间内节目的内容承载量越来越丰富,因此,诸多社会教育类节目的主线走向也不是单一化发展的。主要有以下两种趋势。

(一)内部多题材互补

以央视社会教育类节目《致富经》为例,粗看是以人物题材作为主线贯穿。主要讲述某人发现了某个致富好项目,然后大胆尝试、勇于创新,历经失败后最终如愿以偿,发财致富的故事。但是细细分析,小成本换取大效益,与财经挂钩;科学发家致富,与科技知识的创新与运用密不可分。而某些节目主人公最初是为了响应号召,之后又积极先富带动后富,属于应该大力宣传的榜样,自然又带有新闻政治类属性。

(二)与其他类型栏目的互补

在长期的发展中,社会教育类节目虽然自成一派,但也时常与其他栏目融合,共同发挥着各自的正能量属性,以达到最好的节目效果。例如,每年"感动中国十大人物颁奖晚会",晚会从节目属性上讲,属于综艺类。但是"感动中国十大人物颁奖晚会",借晚会形

---

① 石长顺.电视栏目解析[M].武汉:武汉大学出版社,2008:133.

式对先进个人和集体作出应有的表彰固然是必要的,但从根本上讲,更是为了借助电视媒介对榜样人物和典型事迹进行正能量宣传,对社会道德进行思想宣传和行为引导效应。故而从这一点上来讲,节目承载的社会教育意义远大于晚会展演本身。只是借助晚会形式更好地传播社会教育思想而已。

(三)频道化趋势

从 20 世纪 80 年代末开始,随着卫星传送和数字技术的应用,我国的电视频道极其丰富。同时,地方电视台之间、地方电视台和中央电视台之间对受众和广告资源的争夺也不断加剧。竞争中,电视行业悄然从卖方市场向买方市场转型,以节目类型化、受众对象化为特点的专业电视频道纷纷破壳而出,希望通过受众细分赢得市场。1999 年 5 月 23 日,福建电视台新闻频道的开播拉开了我国电视频道专业化的序幕。[①] 受传播技术手段进步和传媒渠道扩展的影响,电视节目资源短缺的现象已经基本不复存在,"机顶盒"网络云传播模式已逐渐取代了传统的闭路有线电视传播模式。电视频道大幅度增加,双向互动成为现实,传播的媒介环境发生了变化——受众基数基本稳定而传播渠道和平台大幅度扩充,直接导致的问题就是收视份额被瓜分。故电视频道化经营成了当前中国电视生存与发展的明智选择。频道化经营要求频道在责、权、利的统一中作为经营主体,对自身资源进行科学的整合与营销参与竞争。频道专业化有利于最大限度地整合和利用资源,也利于明确频道定位和梳理频道品牌,可有效细分受众群体和层次,建立相对稳定的目标传播受众群,利于规划长此以往的发展方向。在频道专业化趋势中,有两类占了比较大的比重,一类是各级购物频道,另一类则是小众型社会教育类频道。例如,围棋频道,书法频道,美妆频道,摄影频道,甚至职业玩家游戏频道。在大众性频道中,社会教育类频道也被细分为法制频道、经济频道等。

四、社会教育类节目的类型

正确认识和规范社会教育栏目的类别,是进行社会教育类节目策划的首要工作和前提条件。但是,社会教育类节目历史悠久,形式多样,题材广泛,是一种体系庞大的类型节目。在某些范围内与其他类型的节目还有概念性分类重叠。故而社会教育类节目的分类可以被看成是最复杂的节目类型分类。

(一)社会教育类节目的细分——按照题材范围分类

大范围可分为科学方向和社会文化方向。其中科学方向包括自然科学类、自然探索类和科技创新类三种。

---

① 于溢.论电视频道专业化——兼 CCTV 经济频道改版的实证分析[D].北京:中央民族大学,2008.

1.自然科学类

自然科学,即对自然界固有的、已知现象的解读和探索。包括天文、地理、生物等。例如,记录日食、月食,解读风向潮汐,寻找奇特地形地貌,追踪候鸟南飞,角马大迁移等。例如《人与自然》等,都是此类代表性的优秀栏目。

2.自然探索类

类似于一种"百科探秘"的探索类节目样式。利用受众的猎奇心理,以侦探方式引领受众一起探索未解之谜,包括探求生活中的一些符合常规的现象等。例如《走近科学水怪系列》,多个频道曾经制作的《UFO 系列》《会自燃的墙》等。

3.科技创新类

时代在发展,科学在进步。科学的探求是无止境的,科学知识可以丰富大众的生活,帮助人们避开危险,在生活上带给我们的便利也是数不胜数的。那么,如何让普通大众明白生活中必要的科学知识,了解到最新的技术与最便利的产品。北京科教频道的《科学实验室》就是这样一档不错的节目。

社会文化方向包括新闻政治类、历史文化类、艺术特长类、财经类、人物类及普法类。

1.新闻政治类

此类节目往往以类似新闻专题的手法,报道或者反映某个重大事件或是社会热点、社会现象,并进行剖析,进行社会道德宣传和行为引导。例如,央视的《道德观察》,它作为中国唯一一档全国平台播出的道德类全日播栏目,直击种种道德事件,一方面对可歌可泣的高尚行为进行讴歌,在感动中激发每个人心中向善的力量;另一方面对种种不道德的行为进行揭露和鞭挞,在震撼中让每个人用思考完成心灵的净化,已成为"深刻反映中国道德现状、深入进行道德思考、促进中国道德生态建设"的电视互动平台。

2.历史文化类

以历史、军事、民俗、文学等方面的任务和事件为主要题材的节目。表现形式多样,往往会穿插相关纪录片、影像资料或影视剧片段。场景再现的使用也比较多。近年来,颇负盛名的《百家讲坛》,北京卫视播出的《档案》节目等都属于这一类。

3.艺术特长类

诸如此类艺术类社会教育类栏目分布较少,在普通频道中往往和其他节目类型合并。而此类节目往往集中分布于某一特定的频道中,即上文所述的频道化趋势。该频道的所有节目(除广告外)无论如何变化节目样式,均围绕同一主题进行展开,如戏曲频道、摄影频道、书法频道、钓鱼频道等。

4.财经类

财经类以财经信息、财经政策、财经状况及财经服务等为主要素材的节目。包括一些财经分析,如股评节目等。

5.人物类

以人物经历或事迹为主要线索素材,反映人物的特殊经历、性格特征或精神面貌、思想品德等。以纪录片形态居多。如2004年获得优秀纪录片奖的人物纪录片,反映人民的好警察任长霞先进事迹的《嵩山丰碑》等。

6.普法类

此类节目主要以法制宣传、普法教育等为主。例如,中央电视台社会与法频道的《普法栏目剧》,该栏目采用观众喜闻乐见的栏目剧形态,运用真实再现、情景剧、系列剧等手法,在和全国普法办等部门充分合作的前提下广泛搜集素材,进行二度创作和加工,生动普法,弘扬正气,震慑犯罪。

(二)社会教育类节目的细分——按照受众方向分类

按照受众方向分类,也就是我们通常意义上所说的按照传播对象的属性分类。

对象型节目是指向特定对象播出,并侧重表现特定范畴或兼而有之的专题节目的形态,它与电视栏目类型的划分标准一致,一般根据观众的职业、年龄以及其他方面的特点分别设置。[①] 而随着传媒行业的发展,受众小众化划分也越来越明确。以美国某节目为例,该节目的受众定位是"都市白领黑人女性,月收入2 000美元以上且有一定消费能力和消费欲望"。我们分析一下这个标准,其中的关键词分别是:都市、白领、黑人、女性、消费能力、消费欲望。这些关键词精确定位下来,目标受众已经非常明确。即:观众是生活在都市的黑人女性,她不能是家庭妇女,必须是职场中的精英,有一定的月收入,可以自食其力。她有消费能力,意味着她的家庭必然不是穷困潦倒需要接济的,也就是说,她没有太大的经济负担,除了满足自己日常所需之外,还有额外消费的余钱,也就是有条件消费。最后,要有消费欲望,即她不能是个守财奴,愿意消费。按照职业小众化划分受众,虽然看似分走了市场份额的蛋糕,但是非常利于精准定位节目,固定了长期的受众群体。

1.按照职业划分

按职业划分,有工人节目,如《当代工人》;农民节目,如《每日农经》《乡村发现》;军人节目、教师节目等其他类型节目。

2.按照传播对象身份属性划分

此类题材比较丰富,少年儿童节目,如《大风车》;老年节目,如《夕阳红》;女性节目,如《半边天》;还有妇女儿童节目、母婴节目、亲子节目等。

3.按照地域类型划分

此类型可按照受众的所在地域进行划分。一般地方台的节目都有一定的地域特点,

---

① 石长顺.电视栏目解析[M].武汉:武汉大学出版社,2008:136.

典型代表如康巴卫视。还有一些对外节目,如中央电视台的《海峡两岸》等。

4.按照受众爱好进行划分

某些节目是专门针对某些有共同爱好的受众而设置的,为他们提供学习、交流的平台。如《天下收藏》《集邮爱好者》等。

其他按照对象类型划分的还有一些针对于少数民族的节目,针对于残疾人的节目等。

第三节　电视社会教育类节目的策划要点

任何类型的电视栏目在正式创办之前必然会有反复斟酌参考的方案,来评估该节目的可行性,受欢迎程度以及未来可能的市场占有情况。策划不同类型的电视栏目,策划方法和步骤有大同小异之处,但却有不同的规划重点以及不同的思考方向。那么,社会教育类节目的策划重点是哪些方面? 又应怎样思考?

一、社会教育类电视节目的选题策划

首先,社会教育类电视节目在选题方面应格外的重视,一个好的选题等于成功了一半。选题出现偏差,即使做出再华丽的栏目包装,也不过是"金玉其外、败絮其中",很难赢得市场的长期口碑。而在新媒体时代的今天,人们所能接触的信息量早已不可同日而语。尤其针对年轻人来讲,在生活中一部手机或者是其他的互联网终端可以轻松地查询到相关信息。故而,社会教育类节目只有选好题目,才能避免受众群流失。这就意味着在社会教育片的选题策划中应遵循以下原则:

第一,最好不要选择众所周知的、太过平淡、陈旧或是已经有了充分结论的话题。一盘剩饭即使加料新炒,也终究还是一盘剩饭。有的事件已经在别的媒体平台上反复播送过了,受众已耳熟于心,自然不会再关注。这一类选题应该首先摒弃。

第二,选题应有大众话题性。大众话题性,指的是选题应针对大众口味,可在一定范围内引起受众共鸣、引起关注。而不是一味地追求新鲜和猎奇,选择高深莫测、好高骛远的话题,让普通大众如坠入云里雾里,不得其解。例如,《百家讲坛》在创立之初的选题,很大原因就是由于对受众基础要求过于专业,并且所讨论的话题过于纯学术化,脱离生活和实际,受众虽说未必听过,但是也引不起兴趣。

二、社会教育类电视节目的表达方式策划

社会教育类节目无论如何表达,总归是通过节目传达某些知识或者理念。当选题确

定,即"说什么"确定之后,下一步要确定的就是"如何说"和"怎样说"。也就是栏目的表达类型。对于社会教育类节目来讲,归根结底在于让受众体会,了解某些知识、情感或者其他方面的信息。那么,怎样去表达,才能让受众轻松接纳?这就要求社会教育类节目在表达方面必须精心策划。尤其注意的是:第一,切忌不可填鸭式直接灌输,即直接生硬的说教。第二,切忌过于包装与娱乐化,注意受众群本不是娱乐节目的专业收视人群。主持人花架子摆了半天,各种逗趣,最后实在性的东西只有一点点。目前受众比较容易接受的表达类型,简单来讲,大致有以下几种。

1.情景演绎型

这一类型即用演员表演,情景再现的手法,或者是根据所要表达的信息编写情节,进行二度创作,再由演员演出来,富于戏剧的集中表现性,故而往往能吸引人的注意。比如,普法类栏目类型就比较常用。首先,法律对于普通人来讲,除了在必要的时候用于约束自身或者寻求帮助之外,大多数情况下,其概念无非是几本厚厚的文献与生涩拗口的句段而已。而普法栏目的作用便是化腐朽为神奇,将这些长篇、生涩拗口的文字进行转换,变成一种大众易于接受、有兴趣接受的东西。在不知不觉中接受相关法律知识,如各台制作的各类普法栏目剧(根据宣传的法律知识创作剧本,聘请演员予以表演并拍摄制作播放)、模拟法庭开庭现场的《庭审进行时》等。都是根据一些真实案例进行编剧创作,在创作的过程中融入普法知识,最后以短剧的形式生动表现,既清晰形象,又易于观众接受。

2.调查报告型

这一类型类似于侦查实录,主要用于侦破调查一些热点现象,刑侦事件或者是暂时没有确切答案的未解之谜。此类型往往采用"事件简述→提出假设→寻找论据→推翻假设→重新立论"的顺序为主要叙事线索。侦查某一事件时,根据初步线索提出事件成因的一种可能性,再寻找证据与这个可能性相印证,以得到确切结果。如果推导出的可能性不成立,则再根据线索推导出另一种可能,再继续为另一种可能寻找论据,反复数次,以此类推,直到寻找到最终的真相。此类型可以使节目过程起伏跌宕,观众的好奇心理也会被充分调动。而侦查探索过程与报告展示过程的同步呈现,也会使受众有较强的参与感,节目本身就是带着受众一起探讨结论的过程,可充分调动受众的主观能动性与参与积极性。如央视推出的《走近科学》就是这一类型的代表节目。

3.交流访谈型

这一类型的应用范围十分广泛,主要是由主持人带领嘉宾与观众一起探讨一些问题,包括生活百科、情感生活、养生健康、社会科普等方面,这一类型局限性较小,可应用于不同的话题和不同的目标受众群。最后往往会由邀请者给出权威性答案或者建议。如针对老年朋友的《夕阳红》,一些介绍养生之道的节目,还有针对年轻女孩的美妆服饰类节目都常常采用这一模式。

4.讲授型

这一类型是将杂乱的线索归纳梳理后,由主持人或特邀嘉宾进行讲述,同时发表简单评论,引领受众心理,普及各类知识。如《法律大讲堂》《百家讲坛》。

5.实验竞赛型

这一类型大多数是在室内进行,少部分采用室内外相结合的模式。采用嘉宾回答问题并赢取奖品为主要节目方式。科普类型的则往往会辅助以一些室内外实验来提高节目的看点与权威性。主要代表节目有《一站到底》《科学实验室》等。

第四节　经典节目策划案例分析

一、《走近科学》

(一)节目介绍

该栏目于1998年6月1日开播,是中央电视台第一个大型科普栏目。栏目以弘扬科学精神、宣传科学思想、提倡科学方法、传播科学知识为定位,每期节目由一个或几个故事构成,通过几段主持人在演播室的讲解与演示,把整个节目串联成一个激发好奇、启迪智慧的科普主题纪录片。央视科教频道开播后,《走近科学》作为主打栏目进入央视十套在晚间黄金时段播出。近十年来,《走近科学》生产了大量优质的电视科技节目,在各类节目评奖中屡次获奖,多次受到党和国家领导人的表扬,已成为中国电视科普的一面旗帜。

(二)节目策划解析

纵观中国社会教育类节目的历史,尤其以自然科学为主要传播内容的电视栏目往往难有持续的后劲和生命力。其在日新月异的电视革命洪流中被淘汰,究其原因无非以下几点:

首先,内容过于学术化,枯燥晦涩,或者曲高和寡。和普通大众生活关系不大,故而难以吸引受众关注。

其次,叙事手法单一,仿佛是资深老学者面对一群起点为零的学生,平铺直叙,照本宣科。没有悬念设置或相应的氛围营造。缺乏吸引力。

再次,画面单一。基于某些画面实拍难度和经费的问题,故而很多画面直接用计算机技术合成讲解,缺乏现实中的画面佐证,降低了节目的猎奇性和实在感,也在无形中拉开了受众和栏目的心理距离。

最后,安于一室。诸多节目往往就在实验室拍摄一些奇趣实验,或直接在演播室进行一些科学游戏解密。对于浩瀚科学世界而言,难免显得节目"小家子气",给观众造成一种"小孩子过家家"的错觉。

那么对比一下,《走近科学》的一些优势就尤其明显了。

1.在选题上

《走近科学》一反科教节目直接从知识点出发进行节目设计的常规习惯,转而直接从普通百姓的生活中寻找话题,再进行科学原理的解读。例如,《减肥的怪圈》《沉重的睡眠》《防蚊绝招》《你不知道的厨房》《美味有毒》等。如此会使其讲述的科学知识具有实在意义,而不是让知识成为受众大脑储存的一个概念性符号,具有服务性质。除此之外,栏目组还善于收集一些地方性热点信息,进行调查式录制,例如,《水怪之谜系列》《UFO系列》《探秘巨龙阵》《太岁传奇》《香河老人不腐之谜》等。选题中的这些事件往往在一定范围内已经能够引发普通民众广泛的关注,甚至引起媒体和有关部门的热议,而同时又众说纷纭,缺乏有组织、有系统的调查取证和权威性说法结论。此类选题,从有待解决的热点下手,很好地满足了广大目标受众的猎奇心理。另外,节目组还大胆推出大型系列题材展播方式,持续引起收视热潮。

2.在叙事手法上

《走近科学》一反讲知识为主的传统做法,改变为从情节、悬念的故事叙述里,揭秘其中隐含的科学知识,正所谓"寓教于乐"。《走近科学》的编导,把每一期节目都做成一个故事或者转换成具有情节性的内容。因为故事是电视传播最擅长表现的内容,所以走故事化的传播路线,成为众多栏目的不二选择,其中不乏一些新闻栏目。《走近科学》在这方面的运作是极为成功的。《走近科学》的最大特点在于用悬念贯穿叙事,这一点是现实的需要,因为要在较短篇幅内讲述一个完整的故事,必须借助其他手段构建较快的叙事节奏,这就形成了由总悬念、大悬念、小悬念等构筑的叙事体系,即在栏目片头之前通过设问的方式,从疑问出发,设定全片的总悬念;在主持人的开场白以及过渡段中设定一个叙事片段的大悬念;而在具体的镜头表现和解说词中又不断设伏一些小悬念,通过连续不断的悬念,吸引观众持续观看直到节目结束,结尾处观众才恍然大悟。这样就把观众学习科学知识置换成了享受叙事的过程,而栏目的功能也从单纯地普及科学知识走向了在娱乐中普及知识。[①]

3.实拍过程中重塑亲身体验的魅力

该栏目的足迹可谓遍及五湖四海,上至九天云霄,下至浩瀚深海,既有崇山峻岭,也可

---

① 张国涛, 张仁昌.在电视特性与科学精神之间——评析《走近科学》现象[J].中国电视,2008(7):46-49.

观大漠风光。栏目组坚持实地拍摄,既为节目提供了丰富的画面,充实了素材,也给栏目探索发现调查取证留下了实质性的资料和证据。除了一些无法再现的镜头(如某地理奇观的形成过程)和原理不得不借助数字模拟画面外,其他镜头全部实拍。让受众在享受视觉大餐的同时,对节目组所宣传的知识或者结论产生相应的信服感。根据该栏目编导在编导手记中的记载,许多镜头需要编导蹲守、追踪,甚至还有遇到危险的可能。幕后编导们为了取得实拍画面,付出了大量的时间和心血。《流浪猫训练营》编导在手记中写道"拍摄这群猫费了不少劲,生性敏感,加上刚刚被送到粮仓,对环境有些陌生,人一接近撒腿就跑,根本不可能对着镜头表演。为了能够近距离拍猫,我和摄影师跟随尹师傅一起养了一周猫,才有机会接近。每天6时就到了猫舍,给它们喂食,打扫卫生、陪它们玩,才能争取到一点点拍摄机会。"考古系列专题《小山包上的惊天大发现》,编导长期跟拍,耗时两年才算完成。辛劳的付出理所当然应该换来成功的硕果,比之上文所提及的"室内科普",《走近科学》自当有一种特别的吸引力。

4.独特节目制作、表达视角,构建了《走近科学》的品牌价值

《走近科学》一般选取的拍摄视角有二。其一,旁观视角,类似于纪录片拍摄手法。这种方法类似于用第三者的眼睛观察。不直接介入局中,使得呈现比较客观真实,不刻意,不造作,也不特意制造某种舆论,使得整个栏目清楚明晰,风格轻松明快。如《非一般的宠物》,采取的就是此方式。其二,调查式介入。节目组以调查者的身份直接深入事件本身,探寻真相。相较于第一种视角而言,本视角让受众有明显的参与感,节目本身就是探寻真相的过程,吸引观众的好奇心和探求欲。

二、《百家讲坛》

(一)节目介绍

《百家讲坛》是中央电视台第十套(CCTV-10)的品牌栏目。该栏目是一档以一对面的讲授类型的社会教育节目。自2001年7月9日开播以来,选材广泛,曾涉及文化、生物、医学、经济等各个方面,现多以文化题材为主,并较多涉及中国历史、中国文化以及著名历史人物传记讲授方面。目前,《百家讲坛》栏目收视率逐年提高,成为我国中央电视台第十套(CCTV-10)科学教育频道的一款品牌栏目。甚至从该栏目的热播中诞生了一个新兴词汇——"学术明星"。诸多学者凭借此栏目面向大众展示了自己渊博的才学和独有的演讲风格,从高深的学术领域走进平民百姓中间,他们的名字与学术成就往往联系在一起,成为观众喜闻乐见的谈资。如"阎崇年解读清朝十二帝疑案""于丹论语心得"等。

(二)节目策划解析

一档由个人魅力支撑的学术性栏目为何屡创收视率新高? 我们首先来看看那些登坛

学者的身份以及头衔:

鲍鹏山:上海电视大学中文系教授、中国作家协会会员。

王晓秋:北京大学历史系教授、北京大学历史系中外关系史研究所所长。

高日晖:文学博士、大连大学副教授。

喻大华:辽宁师范大学历史文化旅游学院教授、硕士研究生指导教师。

王树增:国家一级作家、大校军衔。

王新陆:山东中医药大学校长,教授、全国著名中医内科专家。

周汝昌:著名红学家、古典文学研究家。

莫砺锋:南京大学中文系教授、博士生导师。

蒙曼:中央民族大学历史系副教授。

乔良:现任空军政治部创作室副主任,空军少将,中国国家安全政策委员会副秘书长。

孟宪实:现任中国人民大学历史系、国学院副教授。

于丹:北京师范大学艺术与传媒学院教授。

金正昆:中国人民大学教授,知名礼仪与公共关系专家。

刘心武:当代作家。

阎崇年:北京社会科学院满学研究所研究员、北京满学会会长、中国紫禁城学会副会长。

周岭:87 版电视剧《红楼梦》编剧、红学家。

赵晓岚:湖南师范大学文学院教授,文学博士后,博士生导师。

毕淑敏:国家一级作家、北京作家协会副主席,曾从事医学工作 20 年。

……

据不完全统计,在笔者随机抽取的 100 余位参加过《百讲讲坛》的学者中,计有博士后 9 人,副教授 13 人,教授 59 人,博士生导师 8 人,作家 17 人,一级作家 5 人。此外,还未统计诸位学者在各自领域内所获取的研究成果以及职务。

对于中国的受众群体而言,受过精英教育的受众毕竟不是整个电视媒介受众中的压倒性群体。对于庞大的中国电视受众而言,接受高等教育的人群毕竟在少数,亦鲜有机会与特定学术领域内泰山北斗的人物秉烛夜谈、评古论今。在此情况下,《百家讲坛》的出现在某种意义上犹如久旱中的甘霖,它不仅在有限的栏目时间里传送特定选题的学术内容,而且是在圆观众心中的一个梦、一个虔诚的求知之梦。对比国内节目,洗净了铅华,摒弃了浮躁,整个栏目并无过多的包装,只有平等相对的讲授者和聆听者,如同学术本该拥有的信仰,干净、澄澈。

其次,《百家讲坛》的成功在于以通俗易懂的形式将许多晦涩知识传播于民众之中。

作为电视传播媒体的栏目而言,传播对象是各层次、各领域的受众而非对应的专业领域人群。也就是说,对于栏目所要讲授的知识,大部分受众并没有早期的专业铺垫,甚至在"零基础"上直接对节目传播内容予以消化和吸收。故而内容选材和讲授方法十分重要。在这一策划程序中,《百家讲坛》也不是一开始就找准定位和目标的,栏目创办早期也经历了瓶颈和挣扎。

在《百家讲坛》创作伊始,对于究竟"讲什么""对谁讲""怎么讲"明显存在概念模糊,或者说,早期的百家讲坛是对于节目具体形态样式的一种尝试、一种摸索。《百家讲坛》节目内容涉及人文科学、自然科学、哲学、音乐、美学、艺术、养生、收藏等。从表面上看,内容包罗万象、丰富多样。但从 2001 年节目开始,《百家讲坛》收视率平平,到2003 年,收视率尴尬。直到 2004 年,策划人、制片人邀请北京社会科学院满学研究所研究员、北京满学会会长、中国紫禁城学会副会长阎崇年登坛开讲《清十二帝疑案》,收视率出现井喷式增长。到 2006 年前后,随着于丹等一批"学术明星"的争相面世,《百家讲坛》才算真正走入大众的视线,以一种势不可挡的姿态,迅速席卷全国。

那么,何以造成此种传播现象呢?笔者统计了《清十二帝疑案》前后的主题,发现在《清十二帝疑案》之前的主题涉及的领域方向比较平均,物理、数学、生物、地理、历史选题的出现频率基本处于相对平均的趋势。从《清十二帝疑案》之后,历史素材比重开始倾斜,自于丹登台后,这一趋势尤为明显,节目整体重心倾斜加剧。历史题材选题,尤其是历史人物题材选题几乎统领了半壁江山。而随着节目策划的方向性转变,《百家讲坛》的收视率也一直稳居不下,成为明星节目。

综上所述,我们可以把《百家讲坛》多年以来的摸索与尝试,看成能否正确地主题定位对于一档节目存在至关重要的影响。天文地理、生物化学、美学哲学……此类的题材受众想要弄明所讲授的知识,就必须有知识铺垫,否则与听天书无异。节目的学术高端性,事实上却反而成了阻挡收视率的弊病。节目前期大刀阔斧追求学术路线,不仅有伪精英化之嫌,还在某种程度上轻视了观众的收视体验。另外,长期变换的主体也不利于建立长期稳定的目标受众。打个比方,今天讲授的是物理选题,也许有相关爱好者会收看并且对节目产生兴趣,可是明天这群物理爱好者打开电视发现讲的是生物,于是观众开始流失,而新的观众也会重复这个过程,如此一来,只能拉拢当期节目的观众而不是建立整个栏目的固定收视人群。故收视率起伏不定,栏目难有喘息之机。而历史知识以及历史文学知识的便利在于,题材本身就比较生动,用白话文的形式讲述历史故事,经典的人物或事件。很容易让老百姓去接受并喜欢上它,没有枯燥的研究过程,没有高深的专业术语,也不需要事先弄懂一堆公式和原理。一切都如同是在讲故事,时时刻刻扣人心弦,很容易让大众喜欢,对受众的素质要求起点相对来说要低得多,那么目标受众人群基数也会大得多。

《百家讲坛》的栏目宗旨是："汇集百家学养,追慕大师风范,平和开放的胸襟,通向大众的桥梁。"从一开始,《百家讲坛》就不是为高级知识分子准备的专利和特权,普通老百姓从中有所收获才是成功的风向标!

那么,《百家讲坛》还有哪些方面的策划特点呢?

1.故事化的讲授

《百家讲坛》最为纯熟的叙事技巧就是类似"讲故事"的授课方式。这也是《百家讲坛》颇受欢迎的原因之一。

首先,这样的方式很平易近人,容易拉近受众和讲述人的心理距离,也将很多错综复杂的实例变得浅显易懂,使任何学历的人都能听得懂,不会因为受众本身的知识差距而产生理解误差,可以说是"有教无类"。

其次,故事化的讲授方式,会使内容生动,悬念叠生,引人入胜。节目制片人万卫坦言:"这个讲座就是按照戏剧化的结构来做的。悬念性、单线条、戏剧性是其特征。"根据需要,《百家讲坛》往往在演讲时间内设置一个总悬念和若干个分悬念。总悬念一般在节目开始时出现,往往当期的题目就以此命名,或者在片头介绍中就会予以正面提出,并统领着演讲的主要内容和走向。而在讲述过程中,往往还有分悬念被不断提出,使整个节目环环相扣,让人欲罢不能。

2.多媒体呈现方式辅助理解

在有条件的正规课堂上,教师除了讲授和板书之外,为了让学生更为直观地了解吸收,往往会借助多媒体技术手段,将重要的图片、字幕、影像资料等直接投影展示。《百家讲坛》类似于对课堂的再现和缩影,在每一期节目中,往往插入人物肖像、相关背景或是影视剧的片段并配以恰当的音乐,当出现重要概念或文献诗词时,也会及时出现原文供受众理解。

3."学术明星"效应的推动

有了可讲的内容,还要求有一个好的表达者。这个表达者除了要有学术水平,还要有良好的表达能力,以及独树一帜的鲜明的演讲风格。如此才能在维持栏目学术权威性的基础上保持节目的新鲜感和吸引力。《百家讲坛》的制片人万卫提出对主讲者遴选的三个标准:学术水平、表述能力及人格魅力。随后,《百家讲坛》按照明星机制对主讲者进行包装和推介,"学术明星"们的名字与主讲内容连在一起联合推出,形成个人品牌效应。而个人明星效应累积的结果就是最终形成与《百家讲坛》栏目本身不可分割的联合品牌效应,从而以其明星效应与大众建立起稳定的心理和节目收视认知。同时,依托这一庞大的明星品牌效应,各类书籍、音像制品等栏目的衍生产品陆续跟进,形成良性循环。这一点,在国内的社会教育类节目中是不多见的。

第五节　学生作品点评

学生作品一：《大手拉小手》节目策划案

一、节目播出背景分析

由于随着当今社会的发展、进步，各种企业需要大量的人才，所以在生活中我们的身边会有很多人为了生活而不停地去工作挣钱，有的人在本地工作，当然也有到外地去工作的。而到外地工作的人们，他们的孩子有的会交给孩子的爷爷奶奶，有的会交给亲戚朋友，也有的会让孩子独自生活。虽然我们不能给他们带去父母的那种温馨的感觉，但是我们会把社会对于他们的关爱带去，让他们知道社会中有很多人在关心他们的生活，很多人在关爱他们。带去一份知识，教会良好习惯；带去一份爱，带回一张张幸福的笑脸；带去一份温馨，传递社会的关爱。

二、节目播出预期

每一个孩子都希望自己的父母在身边陪着自己开心快乐的生活，父母不在的日子他们的生活可能不是那么的无忧无虑，通过这次活动希望能给他们带去些开心和快乐，让他们知道除了父母还有很多的人在关心和爱护他们。同时我们也希望通过这类活动来增加社会人士的社会责任感，提高人们的道德修养，树立正确的世界观、人生观和价值观，让更多人了解到目前留守儿童所处的困境，让更多人帮助他们。

三、节目名称

《大手拉小手》。

四、节目主旨

关爱留守儿童。

五、节目观众

社会爱心人士和广大观众。

六、节目内容

节目制作组通过前往山区看望留守儿童并实际调研留守儿童的生存处境,如:

1.留守儿童存在严重的"亲情饥渴",以彰显亲情的抚慰与关怀对孩子的成长起着至关重要的作用。

2.大多数留守儿童学习成绩中等偏下:尽管有许多留守儿童也表现出了强烈的求学愿望,然而,留守儿童实际学习情况却不容乐观。

3.心理封闭和情感缺失问题:据调查显示,留守儿童监护人对留守儿童的心理健康问题介入较少,关注不够。

4.监护人缺乏保护意识导致的意外伤害比例较大:因为大部分留守儿童属于未成年人,缺乏自我保护的意识和能力。

5.留守儿童的行为习惯较差:大多数留守儿童自我控制能力不强,生活习惯不良。

6.监护人自身综合素质偏低:留守儿童监护人大多数是老年人,年纪较大,文化层次不高。

并在节目中介绍一些解决方法,如:

1.家庭方面:主动与子女的任课老师、村主任联系,加强沟通。向老师说明自己的情况,了解子女的发展变化,共同商讨教育孩子的策略和方法。

2.学校方面:

(1)建立健全留守儿童档案:及时向监护人和外出务工家长通报其成长情况,形成学校、家庭共同教育的局面。

(2)为与留守儿童沟通提供方便:可开通亲情热线电话,为外出务工家长与子女沟通提供方便,权衡利弊,最好能建立起封闭式教育。

3.社会方面:净化社会环境,加强对学校周边环境的监督管理力度。

七、节目长度

节目时长:30分钟。

八、播出时间:

每周五、周六7:30—8:00。

次日12:00—12:30重播。

【作品点评】

这份策划案粗看似乎很完整，并且主题立意较高。毕竟，留守儿童不是一个个别情况，而是我国某些农村地区大范围出现的普通情况，"留守儿童"已成了一类群体的直接代名词。但是细看，问题很多。

第一，该节目没有计划内的受众对象。虽然策划中点明了是要为留守儿童争取到更多的社会帮助，但是根据受众的不一样，节目的侧重点也会不一样。比如，如果目标受众是孩子，那么节目的侧重点普遍会倾斜于教育富裕地区的孩子，对比软硬条件的区域性差异，从而起到提示受众群体珍惜生活，关爱弱势群体，同时为留守儿童呼唤来自城市同龄人的关注。如果目标受众是青壮年知识分子，那么节目需要争取的援助则可以恰当往师资力量方面去争取。因此，受众的确定会直接影响节目的发展制作方向。当然，受众也可以是全民，不过也应当在文案中予以注明。

第二，在主题选择方面，留守儿童虽然是一个并不罕见的群体现象，但是从一个节目要长期发展的角度来讲，选题范围就过于狭窄了。虽然作者在文案中列举了诸多方向，包括留守儿童所存在的问题，对社会长远的影响以及需要社会各界予以帮助的方方面面。但是这些方面归根结底只围绕一个大问题在展开，在长期的节目制作过程中，这点素材很快会消耗殆尽，再有，也不过是反复言说，穿新鞋走老路而已，竭尽心力，也不过再多挖掘出几个人物来勉励死撑而已。

第三，该文案缺少真正实行方面的策划设计。节目的形态究竟是什么样子的呢？节目的流程和板块是怎么划分的呢？是纪录片手法还是现场访谈？需要出镜主持人吗？每一个流程各自占用的时长是多少？会不会邀请嘉宾？因此，我们通过上述文字只能看到一个简单的主题构想，至于这个主题如何去表现、如何去实行、如何具体操作、如何占有市场，以及可能会出现的问题等，显然并没有成型的可行性计划。故简言之，与其说是栏目策划，不如说只是一个栏目的主题构想。

综上所述，该栏目策划案缺少诸多必须的部分，思维不够清晰，对于所策划节目的市场可行性没有进行深入分析与实地探查，计划缺少说服力和可行性。虽然具体分析了留守儿童的诸多问题和社会方面的态度等，但是这些并不是一个策划案首要要求的部分，更不应该在策划案中占据更多的笔墨和篇幅。策划案提出的是一种具体的、有一定可行性的创作构想，而不是一份社会问题反馈报告。

学生作品二：《我的高一、高二、高三》节目策划案

一、栏目名称

《我的高一、高二、高三》。

二、栏目定位

1.观众定位：中学生和家长。

2.内容定位：介绍不同地方、不同学习层次的学生、不同专业（如学习艺术、体育）学生的生活。

3.形式定位：访谈节目。

三、节目播出时段

播出时段：每周六晚。

播出周期：一周一次。

播出时长：2小时30分钟。

四、节目具体播出流程

1.每半小时进一次五分钟的广告。

2.前半段以让学生回顾自己的学习生活为主。

(1)主持人开场白。

(2)播放音乐，嘉宾（学生）上场（开场音乐可以定期更新，调换只要符合本场主题即可）。

(3)嘉宾进行简单的自我介绍。

(4)VCR播放（主持人个人喜好的时间来播放，可先放可后放）。

(5)嘉宾与主持人交谈（学习层面）。

(6)主持人邀请嘉宾父母。

(7)插播广告。

(8)VCR播放。

(9)定期定档邀请同龄时代的明星嘉宾做客，并邀请他们和大家谈谈他们高中时代所经历的一些趣事，和大家分享他们高中时代最大的收获和最大的遗憾是什么。

(10)主持人与嘉宾交谈（学习或生活）。

（11）插播广告。

（12）继续交谈。

（13）主持人请出特别嘉宾(老师或同学,可以是一位老师,也可以是多名同学一起登场)。

（14）大家与特别嘉宾交谈(爆料)。

（15）插播广告。

（16）可让嘉宾才艺展示或继续交谈。

（17）添加观众与嘉宾游戏互动环节,增加现场活动氛围,显得亲民。

（18）在屏幕下方公布信息平台(以短信、微信、微博等客户端为基础的)联系方式,让电视机前的观众也能够充分的参与到电视节目中来。

（19）让电视机前的观众朋友们在本节目的信息平台上提出问题,并由主持人从中抽出五个问题来让嘉宾现场作出解答。

（20）让嘉宾说出自己的愿望(事先了解,如容易满足节目的需要)。

（21）写一些话在便利贴上,贴在白板上。

（22）隔一段时间之后,将重新邀请嘉宾做客,谈谈过去几年中所发生的变化;并播放往期节目中的某些片段作对比。

（23）主持人致结束语。

（24）播放音乐,节目完成。

五、场景设置

圆形的舞台设计,中间一个半圆形的沙发,沙发左侧有一个白板,后面是一个可以开合的大屏幕,沙发前面是一个茶几,上面可以放花或者水果作装饰,沙发上可以放一个玩具公仔让嘉宾放松。

四台摄像机分别位列四个摄像机位:第一台放置在主持人对面,第二台放置在嘉宾对面,第三台放置在正中以便拍摄全景,第四台做游机来随机跟拍摄观众。

在第一台摄像机和第三台摄像机之间是该档节目主持人的通道和观众通道,方便出入。

六、节目组人员设置

导演一名、节目编导两名、主持人两名(一男一女)、摄像师四名以上、灯光师两名、后期剪辑师一名、节目组后勤人员若干。

七、市场因素

插播广告:

(1)类型:学生用的文具或化妆品、青春偶像剧、体育用品、电子产品广告。

(2)播放频率:每半小时一次。

(3)时长:5分钟。

用于给嘉宾休息时间,电视台收取利益;也将不同的谈话分开,使不同的话题间衔接不至于太突兀。同时也扩充节目组融资渠道,为节目获得更多的资金支持,使节目可以拥有持续的活力,创办得更加精彩。

与此同时,在同一时段的广告播放中,也可实行广告拍卖制度来进行招标。

八、该档节目的社会意义

1.介绍成功考入知名大学的优秀学生的学习经验。

2.让没有考入大学的学生解开心结。

3.用学习不好的学生,通过努力最终考入大学的例子来鼓励差生。

4.介绍艺术、体育或高职学生的学习生活,为有这方面意向的学生提供参考。

九、该档节目的经济效益

广告商可借机推销,电视台也可带来一部分收视率。

学生作品三:《年龄铛铛铛》

一、节目背景

从《爸爸去哪儿》《宝贝看你的》,还有《中国新声代》等很多节目的走红,我们看到的一个现象是亲子类节目更让大家喜欢,少儿类节目则趋向于平淡。模仿年代秀的形式,我们要打造的是一个纯粹的孩子的世界,让爸爸妈妈和观众去感受没有别人指导时,孩子们的思想是怎样的。

二、栏目宗旨

现在的"00后"小孩很多都是多才多艺的,家长很重视对小孩的特长培养,而且他们乐于展示自己的个性,秀出自我风采。所以节目也不会过于平淡。

三、节目名称

《年龄铛铛铛》。

四、受众定位

受众面较广,较偏向于儿童和青少年。

参赛者必须是6~11岁的孩子。

五、节目风格

轻松活泼,现场气氛要很活跃。

观众席可设有后援团、粉丝团等与台上进行互动。

六、节目制作安排

摄制模式:室内演播厅录播。

节目时长:2小时左右一期,每周一期。

节目时间:每周星期五晚上18:00—20:00。

七、节目内容及特色

开场由主持人带领小朋友出场跳《铛铛铛》舞(导演组编排),然后小朋友分别展示才艺。年龄位于6~7岁的三个小朋友一组,8~9岁的三个小朋友一组,10~11岁的三个小朋友一组分成三个组分别坐在三个不同的沙发上。

节目分为三个模块,分别是"我问你们答""你问你来答"和"铛铛铛铛"。

第一个模块——"我问你们答"

首先,主持人让各位小朋友一起回答同一个问题,问题设置像年代秀中那样,先问一个问题,再有人上来表演,小朋友来猜测答案的可能性。例如,小蝌蚪找妈妈中,小蝌蚪第二个认为谁是自己的妈妈。然后扮演者上台装扮成小蝌蚪,将小蝌蚪找妈妈的顺序打乱演一遍,下面由小朋友进行选择。

第二个模块——"我问你来答"

由主持人来问一个问题,小朋友来回答,这个环节不计分数,但是回答的小朋友都可以得到玩具奖励,比如,如果有一天你走在森林中,你希望会出现谁?A.唐僧师徒四人;B.白雪公主和七个小矮人;C.迪迦奥特曼;D.王子。

分别让不同年龄阶段的小朋友选择并说出原因。

第三个板块——"铛铛铛铛"

一组一组的小朋友出来,分别面对不同等级的难度(年龄小难度小),共同去完成请出魔术师,然后魔术师出来,说着"铛铛铛铛"变出小朋友喜欢的玩具。例如,难度大的是:让小朋友一起修一个长城。看小朋友在合作时不同年龄不同的反应。

八、主持人风格分析

要有耐心,能随机应变(这也是作为一个主持人的基本素质),会哄小孩,声音有亲和力,长相当然不要很恐怖,一般来讲,少儿节目主持人必须学习儿童心理学,了解学龄前儿童不同年龄段的心理特征,掌握他们的需求;未成年人观众心智尚未成熟,世界观、人生观还没有完全形成,主持人要加强传播责任感和使命感。

九、注意事项

随时让孩子的父母在场,但不能让孩子看到自己的父母,防止孩子出现情绪失控时无法处理。

主持人要与孩子保持亲和,让孩子流露出真实的心情,尤其是在第二个阶段,让孩子自己说出自己心里的想法。

可以选择一个休息室让爸爸妈妈们在里面等待,镜头可以在适当的时间切给他们一些。

保证录制现场没有尖锐的东西,防止孩子摔倒受伤。

【作品点评】

这两个作品较之于作品一,可谓细致得多,至少有了大致的节目操作步骤,可以让读者明白是一个什么样的节目。比如,作品二的主要样式很明显是访谈模式,作品三则主要是趣味问答和游戏模式。不过这两个作品,同样存在一些问题。

如果说作品一是缺少"如何做"的部分,那么作品二和作品三缺少的就是对于做的"效果"方面的可行性评估以及长远规划。任何一档栏目都必须注意非常重要的一点,也就是栏目的"节奏",受众会有审美疲劳,会有视听疲软,如果长时间纠结在一个点上,会让受众产生厌烦情绪,从而流失。打个比喻,偶像剧中男主角终于对女主角表白了,两人幸福地牵手了。好,那么这就是一个情节点,可以有一些其他的包装、修饰和渲染。但是如果导演在此处还要安排十几分钟的言情对白,估计观众很难有耐性看下去。因为这不但冗长,而且这十几分钟的对白,其实并没有情节上的转折和推进,只是停留在原地反复吟唱同样的东西。那么,我们可以在作品一中看出,预计每期两个半小时,而本节目和作品一相同,均是围绕一个大主题在展开。对于同一组嘉宾,与此主题相关的也许就那么一点事情,在两个半小时里反复吟唱,是件多么可怕的事情!对于非明星嘉宾,也就是普通的学生嘉宾来讲,大多数没有舞台经验,也不懂得如何去发挥,于是乎,可以想象在该节目中如果真的按照现有方案在进入实录,那么最可能出现的场景应该是这样的:主持人累死累活使尽浑身解数,学生嘉宾非问不答,非常"守规矩"地坐着。在访谈中有一条技巧,就是嘉宾尽量邀请媒体人士,或者说是传媒圈范围内的人士(特定嘉宾除外,比如,必须是某一行业的权威性人士),这一类嘉宾了解传媒,有较为丰富的自我表现欲望,懂得给自己"造戏",也明白应当如何配合主持人,懂得如何在恰当的时机插科打诨,推动舞台氛围。而普通的中学生,往往做不到这一点,保持着谨小慎微的态度,也不知道"说话"的技巧,不明白怎样才能把一件事情说得感动或者好玩。虽然这是嘉宾的真实状态,但是对于节目本身来讲,是非常不利的。因此可以想象,这档节目,估计很难"好看"了。再来看作品三,作品三是一档少儿节目,在设计上集智益与乐趣为一体。对于嘉宾的划分也比较细腻。类似作品一的错误,该策划设定的节目播放时间是晚上 18:00—20:00。整整两个小时,那么这种类似作品二的错误就不多说了。另外,晚上 18:00—20:00 是属于黄金时段,这个时间段大多数频道会安排几档不同的节目,例如,先是少儿,再来一段娱乐,然后是新闻,之后是电视剧。为的就是合理划分抓住不同的受众将黄金档收益最大化。而我们看到策划者无疑是将所有的鸡蛋砸到了同一个篮子里,只安排一档节目,只抓住一个阶层的受众,将黄金时间所有的收视期许都寄托到小朋友们的身上。这种"粗放型"安排,实在是不具备长远发展的可行性。

另外,两份文案都做得很细致,甚至连机位安排和注意事项都安排到了。两位同学值得鼓励,不过这类初期文案,此类可以稍稍放一放。大量的篇幅笔墨还是要回到节目策划本身上去。

最后还有一点,栏目的文案创作是严肃的,关系着栏目究竟能不能顺利审核通过和播出,故语言必须规范,措辞必须严谨。如非必要,一些非书面化语言,比如,网络语言和一些流行口语,是绝对禁止在一份正规文案上出现的。比如,文案三中要求"女主持人不能长得很恐怖"这类说法,就是非常不严谨的,需要以正规书面表达方法进行修正。

第四章

电视生活服务类节目策划

传统的电视节目分类方法有三分法、四分法两种。三分法即将电视节目分为新闻节目、娱乐节目、社教节目;四分法再将生活服务类节目从社会教育类节目中独立出来,成为第四种类型①,这种类型,就是本章所涉及的内容。我们将从经典的生活服务类节目介绍入手,引入此类节目相关的一些知识点,再重点介绍生活服务类节目的策划要素以及结合一些具体的案例进行分析,最后根据课堂教学中学生提交的作业进行点评。

第一节　经典节目介绍

电视生活服务类节目从 1979 年诞生至今,走过了 30 几年的历程,在此期间,有许多经典的节目值得我们去了解。在本节的内容中,我们将按照播出时间的先后顺序,对一些优秀的生活服务类节目作一简单介绍。

一、《为您服务》②

栏目名称	《为您服务》	首播时间	1979 年
类　　型	生活服务类	播出频道	CCTV-2
节目时长	30 分钟	播出时间	周一至周五 18:00
主持人	沈力、张悦、王小骞等	播出方式	录播

央视《为您服务》栏目是我国生活服务类节目诞生的标志,于 1979 年 8 月 12 日开播,它见证了生活服务类节目在中国电视节目中的发展历程,自身也经历了由"盛转衰"到

---

① 石长顺.电视栏目解析[M].武汉:武汉大学出版社,2008.
② 央视网。

"重新崛起"再到"停播"的过程。

1979 年,《为您服务》开播时,没有规范的节目内容、播出时间和长度,直到 1983 年 1 月 1 日进行了改版,中央电视台正式固定开播《为您服务》栏目,每周一播出,自此,《为您服务》栏目有了固定名称、固定播出时间和固定主持人,沈力也因此成了第一个因为栏目而知名的主持人,她亲切大方以及拉家常式的主持方式得到了广大观众的喜爱,再加上新鲜的节目内容,《为您服务》的收视率曾一度仅次于《新闻联播》,成为央视的一个品牌栏目,并在 1991 年获社会教育类节目优秀栏目奖。

进入 20 世纪 90 年代以后,人们的生活发生了翻天覆地的变化,《为您服务》过时的节目内容已经满足不了人们的需求,再加上栏目自身没能及时吸收时尚元素创新调整,《为您服务》栏目于 1994 年被迫停播。直到 2000 年 7 月 3 日,《为您服务》才重新改版复播,内容突出消费时代的服务性,突出时尚品位。栏目采用"杂志式"的编排方式,包括四个子栏目:《家事新主张》《法律帮助热线》《旅游风向标》《生活培训站》。[①] 内容丰富多彩、栏目倡导全方位的服务。

2003 年 7 月,《为您服务》再次改版,包括六个子栏目:《健康新主张》《律师出招》《火线答题》《生活智多星》《寻宝智多星》和《旅游风向标》。其中《律师出招》针对日常生活中人们可能遇到的纠纷或麻烦,律师出招帮助求助者解决问题或是明确方向;《生活智多星》通过展现危机现场,提醒观众注意日常生活中隐含的各种危险,并提供自我解救的方法和建议,解决生活中的小难题;《旅游风向标》通过外景主持人的旅游体验,向观众提供全面的旅游出行信息和服务。

改版重播后的《为您服务》走过了 10 年的时间,于 2010 年停播。

二、《天天饮食》

栏目名称	《天天饮食》	首播时间	1999 年
类　　型	美食类	播出平台	CCTV-1
节目时长	15 分钟	播出时间	每天早上 6:35
主持人	刘仪伟、陈志峰、王雪纯等	播出方式	录播

《天天饮食》是中央电视台 1999 年 2 月 22 日开播的一档以介绍做菜为主要内容的生活服务类节目。2006 年,在栏目开播 7 周年的时候,节目进行了全新改版,增加了饮食制作、生活小窍门、营养小常识等内容,播出时间调整到早间,并改为日播节目。现在,这个

---

① 石长顺.电视栏目解析[M].武汉:武汉大学出版社,2008.

节目每天早上 6:35 在 CCTV-1 播出,每期节目 15 分钟左右。《天天饮食》是中央电视台开播最早,也是唯一的一档日播饮食栏目。早期的主持人是刘仪伟,中间经过了多次变化,现在主要是陈志峰和王雪纯在主持,主持风格活泼有趣。

在内容上,《天天饮食》以介绍做菜方法、畅谈做菜体会为主要内容,每期节目向观众介绍一道居家常吃的家常菜的做法。节目一开始,主持人和专业厨师在厨房以聊天的方式讨论今天将会做的菜,介绍做菜会用的食材和配料,偶尔还会教给大家一些食材选购知识,然后开始介绍做菜方法以及中间需要注意的一些事项。整个过程中,主持人会站在观众的角度提出一些疑问,让厨师进行解答。做菜完成之后,为了让广大观众更加明了,节目会对做这道菜的关键步骤进行再一次的说明,通过画面加字幕的形式。节目至今仍在播出,最后还有一个《天天锦囊》的板块,通过解说加画面的形式,给大家介绍一种小菜品的做法。整个节目融知识性、趣味性、服务性为一体。

一般情况下,节目会在厨房背景的演播室中进行,但有的情况也会把录制现场搬到室外,比如,2014 年 9 月的一期节目中,主持人王雪纯和厨师就来到了一所山区小学,给孩子们做营养午餐。

三、《交换空间》

栏目名称	《交换空间》	首播时间	2005 年
类　型	家装类真人秀	播出平台	CCTV-2
片　长	60 分钟	播出时间	每周六晚 18:30
主持人	王小骞、宋鹏飞(现主持)	播出方式	录播

《交换空间》是中央电视台财经频道在 2005 年开播的一档生活服务类节目,于每周六晚 18:30 首播,每周四下午 16:53 和周日下午 14:05 重播,节目时长 60 分钟左右。《交换空间》以倡导自主动手、环保装修为栏目宗旨,所有准备家装的、正在家装的、已经家装的,热爱生活、热爱家庭布置的人群都是节目的受众。整个节目省去了演播室环节,全部采用外景拍摄,用摄像机镜头真实地记录下两个家庭装修对方家居空间的全过程,给广大观众提供装修知识与创意。

在每一期节目中,会有两个家庭出现,他们都准备对自己的房屋进行装修可又不知道如何动手,于是向节目组求助。接下来,节目组会派出两名设计师对两个家庭的房屋进行现场勘查设计,在装修团队的帮助下以及设计师的带领下,两个家庭互换空间进行装修。在这次装修任务中,时间规定为 48 小时,花费预算为 10 000 元装修基金和 8 000 元家电基金,两个家庭必须在规定时间内和有限预算内完成装修任务。首先,节目中的两个家庭以及设计师,都是自己报名参加《交换空间》的,两个家庭通过参加这个节目,只需付出劳动就可以完成房屋装修;而设计师,可以通过节目展示自己的设计才能,可以说对两者都是有益的,所以该节目的嘉宾源应该是非常广阔的。再者,节目中的装修基金和家电基金,都是由节目的赞助商赞助的,我国有着世界上最大的建材市场,与家装相关的各个领域都有可能对栏目进行赞助,再加上节目本身的收视率、受众群,所以说基金到位应该是不成问题的。

生活服务类节目讲求实用性和服务性,这在《交换空间》中都有体现。该节目的导演张铁忠认为,真人秀其实不是《交换空间》最吸引人的地方,为什么有那么多成年观众痴迷? 关键在于节目的实用性。48 小时,10 000 元装修预算金和 8 000 元家电基金,随意挥洒个人创意……这一切看点都是建立在"实用"这个基础之上。在保证实用性的前提下,节目还更多地呈现了一种服务性的理念,它除了让参与节目的两家人在 48 小时内互换装修住所空间,还让他们更多地体会到了另一种积极的生活方式,另一种对生活的热爱;同时,节目也为平时工作繁忙的设计师提供了一段平时难遇的自我时间和设计对象——他们几乎可以完全按照自己的理念进行设计。

四、《家政女皇》

栏目名称	《家政女皇》	首播时间	2009 年
类 型	生活服务类	播出平台	河北卫视
片 长	30 分钟	播出时间	每天 17:55
主持人	方琼、程成	播出方式	录播

《家政女皇》是 2009 年 10 月 26 日起河北卫视开播的一档生活服务类节目,每期节目30 分钟左右,每天 17:55 播出。

《家政女皇》运用全新的电视理念,在节目中以生活服务内容为主,辅之以综艺娱乐的表现方式,让观众在轻松愉快的氛围中观看节目。节目内容以日常生活中大家关心的"衣食住行"等为主,主持人是方琼和程成,在节目中,两位主持人既是朋友,也是我们常说的"损友",经常会相互挤对、互相揭短,这也成了节目的一大看点,轻松诙谐、幽默的主持风格,给观众带来笑声、带来欢乐。此外,《家政女皇》的节目录制环境是以客厅或厨房作为背景,比如,请专家谈论健康话题,会在客厅中进行,一张长桌旁,一边坐着主持人,另一边坐着嘉宾,谈话的环境就和我们平时在家里聊天的场景差不多。而到了介绍美食环节,又会到厨房中,厨师边做边给大家介绍,当然主持人也会在旁边不断地打趣。这样的环境、这样的场景让大家感觉既熟悉又亲切,和栏目名称中的"家政"也非常一致。

《家政女皇》栏目开播以来比较知名的板块有《老方琼叨叨》《省时省力系列之生活妙招》《厨房美食系列之女皇上菜》《女皇大连线》《读信时间》《高招在民间》等。①

第二节　电视生活服务类节目概述

一、电视生活服务类节目的界定

电视生活服务类节目,相比于电视行业的三大支柱性节目:新闻节目、社会教育类节目和娱乐节目,出现时间较晚,关于电视生活服务类节目的相关书籍和研究也比较少,根据《广播电视辞典》上的阐释,对于电视生活服务类节目,它是这样界定的:以实用性内容为主,直接为观众日常生活、学习、工作服务的电视节目。② 这类节目通过传播信息、解答问题和反映群众呼声,帮助受众解决日常生活、工作和学习中的各种实际问题,为社会提供直接、具体的服务。节目注重使用价值,力求满足现实生活中的各种服务需求。

在《电视生活服务类节目:定位、形态与包装》一书中,对电视生活服务类节目下了一个非常宽泛的定义:传播者针对受众日常生活的衣、食、住、行等方面制作的节目,都可归为生活服务类节目的范畴。③

综上所述,本书认为,生活服务类节目即以实用性内容为主,为观众日常生活中的衣、食、住、行等提供服务的电视节目类型。

二、电视生活服务类节目的特征

根据以上对于电视生活服务类节目的界定,可以提炼出电视生活服务类节目具有两大特点,讲求内容的实用性和服务性。除此之外,在形式上还呈现出多样化的特点。

(一)实用性

我们采用四分法把电视节目分为新闻类、娱乐类、社会教育类与生活服务类,实际上所有的电视节目都或多或少地有其服务性,那么怎样把生活服务类节目和其他三者进行区分呢?

---

① 百度百科。
② 赵玉明,王福顺.广播电视辞典[M].北京:北京广播学院出版社,1999.
③ 冷智宏,许玉琪.电视生活服务类节目定位、形态与包装[M].北京:中国广播电视出版社,2003.

和其他类型的电视节目相比,电视生活服务类节目传达给观众的信息一定要具有实用性。新闻给观众提供了很多信息,可是这些信息往往和切身利益无关;娱乐节目更多的是博观众开心,所提供的信息也非常少;电视生活服务类节目所不同的是,节目内容需要与受众相关,能够对受众的日常生活产生直接或间接的影响,即提供各种实用有效的信息,满足受众日常生活中的实际需求。比如说,吃饭穿衣、出门旅行、购物等。

实用信息是生活服务类节目的核心,也是电视生活服务类节目区别于其他类型电视节目的最本质特征。

(二)服务性

电视生活服务类节目讲求服务性,就像新闻讲求新鲜性、娱乐节目讲求娱乐性、社会教育类节目讲求知识性一样。之前我们所说的其他类型的电视节目也或多或少有其服务性,但是服务性却往往不是它的第一性,如新闻的第一性是新鲜性,随后还会有时效性、客观性等,在考虑了这些因素之后,才会去想它的服务性。而电视生活服务类节目则不同,首先必须考虑的就是它的服务性,而且是与生活息息相关的一些服务。

服务性,要求创作团队要有"以人为本"的理念、平民化的心态和视角,以服务对象为中心,实际上就是以受众为中心,想观众所想,为观众提供服务和帮助。就像我们在第一节里说到的《为您服务》栏目,一听名字,就可以感受到栏目为受众服务的宗旨。还有湖北卫视的《生活·帮》栏目,帮助观众解决生活中的难题。

(三)多样化

实用性和服务性,主要是从节目内容而言,除此之外,电视生活服务类节目在表现形式上还呈现出多样化的特点。像前面提到的湖北卫视《生活·帮》栏目,在整个节目中有记者的体验调查、实验室的科学实验,还有主持人现场讲解和专家权威解答,融合了事件模拟、道具演示、访谈讲座等多种表现手法。还有在第一节中我们提到的《家政女皇》栏目,采用综艺娱乐节目的表现方式,《交换空间》采用真人秀的方式进行拍摄制作,这些都是生活服务类节目在形式上多样化的表现。

我们需要采用多样化的形式对生活服务类节目的内容进行包装,用观众更喜爱的方式去表现内容。实际上,表现形式的多样化,也是服务性的一种体现。

三、电视生活服务类节目的发展

我国电视事业从 1958 年 5 月 1 日北京电视台试验开播正式起步,至今已走过了 50 多个年头,相比之下,我国的电视生活服务类节目出现较晚,一直到 1979 年《为您服务》栏目开播,我国的电视生活服务类节目才正式诞生。从 1979 年至今,电视生活服务类节目经历了从起步到发展创新再到今天繁荣局面的发展历程。

（一）起步期（20世纪80年代）

20世纪80年代，是我国电视生活服务类节目的起步阶段。1979年8月12日，中央电视台《为您服务》栏目开播，标志着我国的电视生活服务类节目的诞生。在第一章里已对《为您服务》栏目进行了较为详细的阐述，在此就不再重复。除了中央电视台的节目外，一些地方台也纷纷开办了一些生活服务类栏目，如广东电视台的《家庭百事通》、湖北电视台的《生活之友》、湖南电视台的《社会与生活》、上海电视台和浙江电视台的《观众中来》等。[①]

总的来说，这个时期的生活服务类节目数量较少，节目内容较单一，制作较粗糙，主持方式在今天看来有些呆板，但对于当时来说，生活服务类节目是一种比较新奇的节目类型，节目内容和大家的生活息息相关，因而从一开始就受到了大家的青睐。

（二）发展创新期（20世纪90年代）

20世纪90年代初，《为您服务》栏目走向了鼎盛时期，成为电视生活服务类节目的第一品牌，各省级电视台纷纷效仿，生活服务类栏目成了各电视台的必备节目。但效仿的背后势必出现节目的千篇一律，内容相近、形式趋同、缺乏创新。与此同时，外面的时局正发生着翻天覆地的变化，手机、计算机、汽车、股票等新事物进入了人们的日常生活，观众的视点发生了变化，早期的生活服务类节目的内容已满足不了大家的需求。在内因和外因的双重作用下，《为您服务》栏目没能继续走下去，于1993年停办，电视生活服务类节目进入了低迷期。[②]这样的状态一直持续到了20世纪90年代中后期，《生活》栏目的出现。

1996年7月1日，中央电视台经济生活频道《生活》栏目开播，标志着我国生活服务类节目进入了创新时期。《生活》栏目关注消费、关注时尚、关注科学，在社会上引起了巨大反响，成为生活服务类节目的又一里程碑，荣获多个奖项。与此同时，全国各地的生活服务类节目也在不断发展。

这个时期的生活服务类节目专业性增强，出现了专门的美食节目、旅行节目、健康节目等；内容上创新，开始关注消费、时尚、科学等内容；制作也比起步期精良。

（三）繁荣期（21世纪以来）

进入21世纪以来，电视行业进入了飞速发展的时期，电视节目丰富多彩，生活服务类节目也出现了繁荣的局面。各地的生活服务类节目如雨后春笋般涌现，如同在第一章里提到的《交换空间》《家政女皇》《快乐生活一点通》，还有《生活·帮》《完全时尚手册》等。

---

①② 魏珑.电视编导[M].杭州:浙江大学出版社,2007.

这个时期的节目内容更加宽泛,形式也多种多样,出现了生活服务类节目与新闻节目的结合,如北京电视台的《7日7频道》,该节目以平民视角,关注百姓所关注的事,以反映北京生活热点、讲述百姓生活故事为基本定位,以帮助作为节目宗旨,以评论作为节目气质,以故事作为表现手段,为求使节目有用、有趣、有情。

此外,生活服务类节目中还加进了娱乐元素,融表演、娱乐、竞赛等内容于节目形式中,如《满汉全席——中华美食烹饪电视擂台赛》。

在节目内容、形式变化的同时,还出现了专门的生活服务频道,如北京电视台生活频道、上海生活时尚频道、杭州电视台生活频道、海南旅游卫视、中华美食频道等。

四、电视生活服务类节目的分类

生活服务类节目的类型多种多样,按照不同的划分标准,可以将其分为不同的类型。

(一)根据节目内容划分

根据节目内容的不同,可以把生活服务类节目分为动态讯息类、咨询服务类、指导培训类、广告宣传类等。

1.动态讯息类

动态讯息类主要给观众提供一些与生活息息相关的信息、资讯。比如天气预报,帮助大家了解天气情况,为出行、穿衣做准备;还有交通讯息,帮助您出行选择适合的交通工具和交通路线。

2.咨询服务类

咨询服务类解决观众急需了解的一些问题。目前,很多电视台都有热线电话,那么观众可通过拨打热线电话向栏目组咨询日常生活中遇到的难题,然后这些难题将通过电视节目的形式将结果传达给受众。比如禽流感出现之后,很多观众对吃禽类肉制品心存疑惑,那么一些电视台就会制作一些关于如何预防禽流感以及如何选购放心禽类肉制品的节目,帮助观众答疑解惑。

3.指导培训类

指导培训类对观众的一些生活技能、技巧进行培训、指导。比如,在第一节里介绍的《天天饮食》栏目,通过主持人和专业人士的指导,教你如何做出美味的食物。除了现在流行的美食节目外,还有很多养生、时尚类的节目,指导你如何保持健康、如何保持美丽等。

4.广告宣传类

电视广告是一种常见的电视节目类型,通过广告宣传,让观众了解这一商品。除了商品广告之外,还有我们平时见得比较多的节目预告,也属于这一类。

根据节目内容进行划分,主要分为以上四种,当然有的电视节目并不是单一的属于以上任何一种,而可能是几种的一个集合体,包括后面介绍的几种分类方式,也是如此,它们之间是存在交叉的。

(二)根据受众进行划分

根据生活服务类节目受众面的不一样,可将其分为普及型和特定对象型。普及型即是面向所有的受众进行传播,不管男女老幼,比如北京电视台生活频道的《快乐生活一点通》,即使三代同堂的多口之家,也都能从中找到自己喜欢看的内容;反之,特定对象型,即是对节目的受众进行了严格的划分,只是针对这部分观众传播节目,比如《交换空间》,对装修房屋感兴趣的人才会成为节目的观众。

特定对象型节目可以按照受众的性别、职业、年龄的不一样,再进行进一步的划分。按照性别分为男性节目和女性节目,当然现在专门的男性节目比较少,女性节目比较多,如一些电视台有专门的女性频道;根据职业分为农民节目、工人节目、学生节目等;根据年龄分为老人节目、青年节目、少儿节目等。根据不同的服务对象,可以把生活服务类节目进行不同的划分。

(三)根据节目形态划分

根据节目形态的不一样,可以把生活服务类节目分为单一型和综合型。

单一型生活服务类节目,服务内容比较单一,一般只介绍一项具体的服务,比较集中,比较深入,让人一看名字就知道所介绍的内容,如《天天饮食》《天天养生》,内容都主要集中在美食和养生上,其他的则不会涉及或很少涉及。

综合型生活服务类节目,服务项目较多,涉及的领域较广,在一期节目里吃、穿、住、行都有可能涉及,各类观众都可在里面找到自己需要的服务项目。如《为您服务》,包括了《生活情报站》《律师出招》《生活智多星》《旅游风向标》等板块,集生活资讯、法律难题、外出旅行等内容于一体,服务内容多样,服务面广。

第三节　电视生活服务类节目的策划要点

电视生活服务类节目是以实用性内容为主,直接为观众日常生活中的衣、食、住、行等提供服务的电视节目。它与其他类型的电视节目有所区别,讲求服务性、实用性,由于节目的特殊性,在策划时对策划人、策划流程、策划要点上会呈现出自己的一些特点。

一、策划人

随着电视事业的发展,电视节目的策划人已经从个人发展成了群体,很多知名电视栏目背后都有自己专门的策划团队。

策划人的工作贯穿了整个节目创作的前期、中期和后期,前期需要对市场有一个良好的把握,确定节目的选题;中期制订拍摄方案,参与到节目的创作中,发现问题及时调整;后期对节目的播出效果进行分析总结,为下一期节目做准备。

作为电视节目的策划人,需要具备综合素质、专业素质和一些特殊素质。综合素质包括广博的知识面、人际交往能力、语言沟通能力等;专业素质主要指懂电视、懂市场;特殊素质如敏锐的判断力、创新能力、开阔的视野等。

作为生活服务类节目的策划人,除了具备以上这些素质之外,还需懂生活、有服务意识。

懂生活、爱生活是电视生活服务类节目策划人必须具备的素质。生活服务类节目,和大家日常生活中的衣食住行息息相关,离不开柴米油盐酱醋茶这么一些话题,试想,如果让一个不食人间烟火的人去做这类节目的策划人,会出现什么结果呢?就像美食节目的主持人,如果连基本的食材都不认识,难保不会在节目里说出让人啼笑皆非的话语。为了避免这样的问题,身为生活服务类节目的策划人,应多深入生活、了解生活、体会生活,切实做到从生活中来,到生活中去。

作为生活服务类节目的策划人,还需具备服务意识。服务意识,就是把策划人和观众假想成"仆人"与"主人"的关系,策划人在策划节目时,需揣摩"主人"的心思,投其所好。但是在投其所好时,也需注意正确引导观众,多宣传一些积极健康向上的内容,摒弃那些不良的生活习惯和观念。为了更好地做到服务观众,策划人需要更多地站在观众的角度思考问题、看待问题,选择一些大家都感兴趣的话题作为选题,在传播形式上也应采用大家都喜闻乐见的形式。

二、策划流程

生活服务类节目的策划流程和其他类型的电视节目相似,分为五个步骤:选题、构思、设计方案、执行、总结,与我们平时说的前期、中期和后期也是相对应的,选题、构思、设计方案属于前期工作,也是策划的重点,执行和总结属于中期和后期的工作,作为策划人也需参与其中。由于前面章节已经对各步骤作了详细的阐述,在这里,我们只针对生活服务类节目需要注意的问题进行补充。

(一)选题

电视节目策划人在确定生活服务类节目选题时,需注意四点:一是根据服务对象确定选题;二是选题要贴近生活;三是选题要注意地域化差异;四是选题考虑季节因素。

首先,根据服务对象确定选题。电视栏目在成立之初,都对本栏目的受众有一个明确的规划,就像我们之前介绍的,是属于普及型还是特定对象型。如今,媒体分众化传播的现象比较明显,特定对象型节目占绝大多数。针对这部分特定对象型的生活服务类节目,策划人在确定选题时,首先需要考虑的就是服务对象。根据服务对象的不同需求,选择不同的节目内容。比如,栏目的受众主要是老年人,可以多一些健康养生的话题,老年人比较关心;如果受众是中年妇女,则需要选择一些居家或者小孩教育的内容。

其次,选题要贴近生活。生活服务类节目的内容讲求实用性,只有选择一些与我们日常生活息息相关的东西,观众才会觉得实用。因此,生活服务类节目的选题一定要从现实生活中去寻找、从目标受众群的日常生活中去发现。

再次,选题要注意地域化差异。根据相关数据显示,截至2007年1月1日,我国的电视台数量就达到了4 000多家,其中包括很多地方性质的电视台。对于央视、省级卫视等一些面向全国观众传播的电视台而言,地域性特点可能不是很显著,但是针对地方性电视台来说,地域性特征就非常明显了。我国地域辽阔,不同地方的人们有着自己不同的生活方式,就拿吃来讲,北方以面食为主,南方以米饭为主,同样是美食节目,如果是针对北方观众传播的话,就会以介绍面食为主要内容,而如果是针对南方观众传播,面食内容就会少一些,这就是我们说的地域化差异。根据电视台的不同传播区域,结合当地的特色,策划节目进行播出。比如咱们四川省内的很多地方电视台,在播出节目时会采用四川话,让观众感觉既亲切又有趣。

最后,选题要考虑季节因素。一年四季,春夏秋冬,各有特色。在确定节目选题时,电视策划人要结合不同的季节,推出不同的节目内容。比如,还是说美食节目,冬季和夏季应有所不同,冬季策划人要注意推出一些进补御寒的食物,夏季则应清淡一些。

(二)构思

选题确定后,就进入下一个环节——构思。构思,简而言之,就是对节目具体内容、结构、形式等考虑;具体而言,包括根据选题确定具体内容、节目各部分的结构安排、表现手法、拍摄方法、剪辑风格、电视手段的运用等。

策划人在构思时,需要足够熟悉题材,从受众的角度去考虑节目内容和结构,形式上要做到有新意。比如,之前说到的《交换空间》,采用真人秀的方式进行拍摄,还有青岛电视台的生活服务节目《生活天天秀》,采用情景剧的方式将生活小窍门生动形象地演绎出来。

(三)设计方案

节目创意出来之后,就进入具体的设计阶段,实际上,就是用书面文案把所想的表述出来,方便今后执行时有据可依。书面文案,就是平时说的策划案,具体而言,包括目的意义、节目内容、节目定位、节目形式、人员设置、时间进度、经费预算等。

策划案在写作时应做到简明扼要、形象生动、条理清晰、逻辑性强,具有可操作性。

(四)执行

策划案出来之后,策划人的工作并没有结束,执行是整个节目策划的一部分。在具体执行过程中,需要策划人现场进行指导和解释,包括对拍摄人员和后期制作人员,对于一些实际与计划不一致的地方,需要策划人进行修正和补充。

(五)总结

节目制作播出之后,需要搜集反馈信息,及时总结与预期效果是否有差异、成功或失败的原因、存在的问题、今后如何克服等。

三、策划要点

(一)丰富服务内容

根据节目形态,电视生活服务类节目可分为单一型生活服务类节目和综合型生活服务类节目,不管是单一型还是综合型,电视策划人都需要在丰富节目服务内容上下功夫。

首先,先谈一下综合型生活服务类节目,以央视早期的《为您服务》和《生活》两档栏目作为代表。《为您服务》1979 年开播时节目内容主要集中在烹饪、衣着、养花等方面,1983 年固定播出之后,把集邮、摄影等内容加进来,并不定期举办毛衣编织、时装设计等比赛,2000 年重新开播之后,服务内容更加广泛,包括生活资讯、生活小窍门、法律咨询、旅游等内容。《生活》同样也是如此,自 1996 年开播以来经历了多次改版,一开始设有《背景》《消费驿站》《百姓》三个板块,1998 年改为《生活报道》《消费调查》《时尚接触》,1999 年《生活报道》板块改名为《有话好好说》,2000 年节目再次改版,设置《生活帮助》《生活驿站》《生活发现》《投资理财》四个板块。综上所述,综合型生活服务类节目要根据时代的不断变化,及时把一些新的内容加入进去,不断扩展自己的服务面,而对于一些过时的东西,也要大胆地摒弃,做到与时俱进,增加节目的信息量。

单一型生活服务类节目,同样也是如此,需要丰富自己的服务内容,可以从两个方面进行理解,一是开办新节目,比如,早期单一型生活服务类节目主要有美食、养生、时尚、旅游等,但随着时代的发展,婚恋交友、求职励志这一些节目也走入了大家的视线,像《非诚勿扰》《职来职往》这些栏目,都打着生活服务类节目的口号;二是对于已有的单一型生活服务类节目,也可以进行相关的扩展,如介绍饮食的节目,绝大多数都是请一个专业厨师把做菜方式介绍给大家,那么进行相关方面的扩展,就可把前期的选择食材,还有这道菜的功用、适合哪些人群食用等知识普及给大家。

(二)让观众参与互动

随着人们意识水平的不断提高,广大观众已不仅仅满足于坐在电视机前观看节目,他们更多地希望可以参与其中,成为电视节目中的一员或者说可以表达自己的观点意见。为了满足这一需求,进入 21 世纪以后,诞生了很多平民选秀节目,越来越多的普通人走上了电视这一舞台,而随着互联网等新媒体的发展,许多电视节目开始借助这一平台与观众展开互动。作为电视生活服务类节目,与大家的日常生活息息相关,更需要了解观众的想法,与观众进行互动,包括与现场观众和电视机前观众的互动。

在一些节目的录制或直播现场,设有现场观众,观众可以第一时间观看节目并参与节目互动。比如,央视的《健康之路》,在节目中就设有现场观众,观众的参与性也比较强。下面以《健康之路》为例,谈谈里面设置的互动环节。首先,主持人冀玉华在现场会进行提问,观众可参与回答,如在一期名为《甩掉脂肪一身轻》的节目中,节目组请来了两位专家,不过他们的身份有所不同,一位是减肥达人,另一位是减肥方面的医学专家,一开场这两位出现的时候,主持人就向现场观众提问,猜哪位是医学专家,哪位是减肥达人。其次,现场观众除了可以回答问题,还可以主动提问,《健康之路》就是如此,医学专家到现场,就是为了回答观众的问题,在提问时,并不只是主持人提问、专家回答,而更多的是让观众提问,专家去解答。为了让问题更具有针对性、层递性,在节目中,会请一些嘉宾代表,提前对问题进行搜集,代表观众向专家提出问题。如在刚才说的《甩掉脂肪一身轻》这期节目中,除了有专家、减肥达人外,还有一位想减肥的女性作为嘉宾,代表观众提问。最后,观众还可参与现场选择答案。前面两种参与互动的方式,只是针对少数观众,为了让所有的观众参与其中,《健康之路》还设置了选择环节,每次在题板上出现一个问题之后,会有相应的 A、B、C 三个或多个选项,观众通过选择器选择自己认为正确的答案,节目组会对选择结果进行统计,然后由专家进行解答,哪个选项是正确的。综上所述,节目现场观众可通过提问、回答问题、投票选择等方式参与节目互动,除了这些方式之外,还有其他一些方式,比如,嘉宾在现场做了减肥果蔬汁,主持人邀请现场观众一起品尝,还邀请了运动专家,带动现场观众一起进行一些减肥运动,或者直接让观众上台,参与一些活动。电视策划人在策划电视节目时,可以设置如上这些方式,调动现场观众的参与互动。

前面我们说的是,有现场观众的电视节目,那么针对一些没有现场观众的电视节目以及电视机前的观众,参与互动的方式又有哪些呢? 许多电视栏目自创办之初,都会设有一个热线电话,通过这个电话与外界展开联系。电视机前的观众参与节目互动,比较传统的一种方式也就是通过这个栏目热线电话,把自己的一些诉求、观点、意见以电话或短信的形式传达给栏目组。这是比较早期的一种方式,不过这种方式也一直沿用至今。而随着网络等新媒体的发展,许多电视节目开始借助这一平台与观众展开互动,通过开通栏目网站、邮箱、微博、贴吧等方式让观众了解自己的节目、参与自己的节目。这是如今比较盛行的一些方式,观众参与节目互动的方式越来越多。如《交换空间》里的嘉宾和设计师,作为每期节目的主角,都是自己报名参加的。

作为电视生活服务类节目的策划人,需要综合运用以上各种方式,把场内外观众的情绪都调动起来,切实了解观众的需求,更好地为受众服务。

(三)注重节目的趣味性

电视生活服务类节目出现的时间相对较晚,不像其他类型的电视节目发展比较成熟,各种制作手法也非常丰富,但是生活服务类节目可以借鉴其他类型节目的制作手段与方法,尤其是与综艺娱乐节目接轨,让服务过程充满趣味性。

现在生活节奏非常快,辛勤工作一天的人们回到家里打开电视,更希望看到的是可以让自己放轻松、变愉悦的电视节目,而生活服务类节目作为给大家提供服务的电视节目类型,让观众的身心保持愉悦是本节目的一个宗旨。为此,电视生活服务类节目应该从内容和形式上下功夫,让节目内容充满趣味性,远离枯燥乏味。下面我们以《家政女皇》为例,谈谈节目中的趣味性传播。

河北卫视《家政女皇》节目,不同于以往的生活服务类节目,它用综艺娱乐节目的形式来表现生活服务类节目的内容,这是一个全新的电视理念,再加上主持人的搞怪风格,让整个节目从头到尾充满了趣味性。首先,整个节目录制的环境以客厅和厨房作为背景,在客厅部分,主持人方琼和程成会邀请一位专家,给大家介绍一些生活常识;在厨房部分,主持人会请一位大厨教大家做一个菜。整个选景让大家觉得轻松自在,有家的感觉。其次,在内容上虽然选择的也是一些比较专业的话题,比如健康养生,但是在整个表现上却是采用的一种非常生动有趣的方式。如在一期节目中介绍"35岁了,床头该有三件宝",一开始,方琼就追问程成的年龄,两人幽默的话语,再加上浮夸的演技,一下就吸引了观众的眼球;随后,医学专家让程成从抽屉里拿出"三件"宝里面的其中一件,程成表现得非常不好意思,方琼趁势在旁边追问,结果拿出来的是一把梳子和一面镜子,随后专家介绍这些东西的功用。在这里,从内容到主持人,从台词到道具,都充分体现了其趣味性。最后,整个节目在音乐音效运用上,也非常有趣。说到某个笑点或质疑点时,会配上观众的笑声或其他一些搞怪的音效。总之,从内容到形式上,《家政女皇》都有很多提前的设计,确保让观众在轻松愉快的氛围中,获取一些生活知识。

综上所述,为了让节目生动有趣,电视节目策划人可以从话题、主持人、选景、台词、道具、音乐音效、字幕等方面下功夫,让生活服务类节目实现娱乐化、趣味性传播。

(四)个性化的主持风格和节目包装

一档成功的电视栏目,离不开一个主持风格独特的主持人,正是有了个性化的主持人,才有了栏目兴盛的理由。说到电视生活服务类节目的主持人,经历了几个发展转变阶段,电视生活服务类节目诞生的初期,也就是20世纪80年代一直到90年代初期,主持人大多数是平和质朴型的,以《为您服务》的主持人沈力和张悦为代表。到了20世纪90年代后期,则以青春靓丽型的主持人为主,如《生活》的主持人文清。到了21世纪之后,生活服务类节目增多,观众需求不断提高,主持人的风格也呈现出了多样化的特点,有新闻型的主持人,如《7日7频道》的主持人元元;有时尚型的主持人,如《生活》的赵琳、熊雄;有富有亲和力的主妇型主持人,如王小骞;还有表演娱乐型的主持人,如《家政女皇》的方琼。我们这儿说主持风格多样化,实际上也是个性化的体现,打造个性化的主持人,可以从形象和语言两个方面着手。

1.主持人的形象

主持人的形象是非常重要的,一开始选择主持人时需要考虑这个人的外貌、气质、年龄是否适合主持生活服务类节目,比如,你让《新闻联播》的主持人来主持生活服务类节目,可能观众就会有些不适应。在选定主持人之后,还需对主持人进行个性化包装,俗话说"人靠衣装马靠鞍",后期的包装也是非常重要的,包括主持人的发型、妆容、服饰等。如早期的《家政女皇》,两位主持人的穿着打扮都是比较奇特的,正是这些不一样的造型,给大家留下了深刻的印象。

2.主持人的语言

形象重要,语言更重要,主持人不同于模特儿,模特儿站在那里让人欣赏就可以了,主持人更多地需要用自己的话语去感染观众。我们这里说的语言,既包括口头语言,也包括肢体、表情、动作语言。生活服务类节目的主持人在进行口语表述时可随意化,不像新闻节目有标准的表述模式,生活服务类节目的主持人语言可以更加生动、口语化,一些地方台的生活服务类节目甚至可以采用方言播出,让观众在听懂的同时,也觉得非常亲切、具有生活气息。在整个节目中,应以现场语言为主,后期配音为辅。除了口语之外,适当的肢体、表情、动作语言也是非常有必要的,像我们说的《生活·帮》《家政女皇》,主持人在节目中很多时候需要表演,为了达到更为真实的效果,必须配上合适的表情和动作。

3.栏目个性化

除了个性化的主持人外,还要有个性化的包装。包装,主要是针对节目形式而言的,包括片头片尾、音乐音效、字幕、特效等。通过个性化的节目包装,给观众耳目一新的感觉。如《天天饮食》的片头,用了一段搞怪的音乐配上动画,动画大致内容是从采购蔬菜到烹饪蔬菜的过程,与节目主题非常一致。再说《百科全说》的片头动画,给人天马行空的感觉,一本书翻开,显示不同的内容,有古人钻木取火,有牛顿被苹果砸中……这些片头大胆创新,却又紧扣栏目主题。

第四节　经典节目策划案例分析

一、《天气预报》

《天气预报》自1980年开播以来,一直受到广大观众的喜爱,保持着很高的收视率。节目定位是一档生活服务类节目,每次五分钟左右,在《新闻联播》与《焦点访谈》之间播出。通过主持人通俗易懂的语言再加上丰富的图文信息,把天气情况以最快的速度传达给观众,给人们的生活、出行等提供参考。

《天气预报》在1980年开播时,当时还没有现场主持人,采用的是图像加配音的方式介绍天气信息。1993年,《天气预报》一改之前没有主持人的局面,推出气象先生、气象小姐,宋英杰、赵红艳成了首批出现在电视屏幕上的预报员。之后,裴新华、杨丹也先后加入了《天气预报》的主持队伍。2001年,《天气预报》的图像质量上了一个新台阶,比以往更加清晰,主持人用手指代替以前的指图棍指图。2007年,运用了新的背景图形系统,主持人开始使用遥控器。2008年,《天气预报》在包装上引进了国外优秀的设计,更加精美,使用更加通俗易懂的图例,让观众方便理解,信息量也有所增加。还有两个新主持人王蓝一和冯殊,也先后亮相《天气预报》。

30多年来,《天气预报》被称为中国收视率最高的电视节目,也是普通老百姓最关注的一个节目,究其背后的原因,在这里从内容和形式上进行简单的分析。

(一)从内容上看

《天气预报》之所以受到广大观众的喜爱,最根本的原因还在于其内容,对于《天气预报》的内容,我们用四个词加以形容:实用、准确、及时、全面。

1.实用

通常所说的生活服务类节目是以实用性内容为主,直接为观众日常生活、学习、工作服务的电视节目。而以《天气预报》为代表的电视气象节目是以"传播气象信息提供生活资讯"为主要内容的服务性节目,它所提供的气象信息非常具有实用性,和大家日常生活中的衣、食、住、行息息相关。通过观看《天气预报》,广大观众可以知晓天气情况、气温情况,根据这些决定吃什么、穿什么或者是否出行的问题,如果气温降低,就会考虑加衣服,或者去吃火锅;如果要下雨,就会考虑不出门或者出门也会准备雨具,或者房屋漏雨就会提前整修,这些和生活密不可分的事情都需要根据天气情况作出正确的决定,所以说,掌握天气信息对于我们的生活是非常有帮助、非常实用的。

2.准确

准确地预报天气,确保内容的准确性,是一切工作的重点。内容是否准确,和制作方是否专业有很大的关系,下面我们来看一下《天气预报》的制作方法。一开始,《天气预报》的制作是由中央电视台和中国气象局一起完成的,从 1986 年起,中国气象局开始独立制作天气预报节目,并成立了中国气象局业务处电视天气预报制作组,1993 年,华风声像技术中心成立,专职负责电视天气预报制作及发布。此后,《天气预报》节目一直由中国气象局华风集团制作。专业的制作团队,让节目的准确性有了保障。

3.及时

《天气预报》同新闻一样,也讲究及时性,不能等时间都过去了,新闻都成了旧闻才播出。《天气预报》的及时性,体现在其不是对过去天气的介绍,而是最新的气象信息,对未来 48 小时内的天气情况都作了说明,让观众对明后天的气象信息有所了解,能够及时地调整自己的出行方案。此外,《天气预报》的播出时间安排在《新闻联播》之后,是黄金时段,观看的人数较多,观众能够及时在第一时间掌握天气讯息。

4.全面

《天气预报》的内容比较全面,对全国各地主要城市的天气情况都作了说明,不管是身在何处的观众朋友,都可以看到自己所处地区的天气情况。内容的全面性,也让《天气预报》节目拥有广泛的受众群。

(二)从形式上看

虽说内容起了决定性作用,但形式同样也不可小觑。《天气预报》从形式上来讲,可以简单理解为形式新颖、包装精美。

《天气预报》节目短短的五分钟时间,包括了三个部分的内容:首先,是主持人在地图前对全国各地的降雨及气温情况的一个介绍;其次,是全国各地主要城市(包括省会城市和各直辖市)的天气情况,采用图片、字幕加配音的方式;最后,是其他城市的天气情况,采用滚动字幕的方式进行。这三个部分,实现了在最短的时间内,把最大量的信息通过一目了然的方式传达给观众,而且第一个部分做得形式新颖,在地图上会配以各种天气符号,随着气温的变化,地图各部分的颜色也会随之改变。

此外,《天气预报》的主持人,都是专业的主持人,用专业的话语再加上清新自然的主持方式,很受观众喜爱。《天气预报》的背景音乐《渔舟唱晚》使用了很多年,旋律流畅优美,成了它的标志性音乐。

二、《生活·帮》

　　《生活·帮》是湖北卫视 2012 年全新打造的一档生活服务节目,节目口号是"生活帮,会生活",节目宗旨是"带您走出生活的误区,快乐地生活"!《生活·帮》周末版于 2012 年 1 月 1 日正式开播,播出时间是周六、周日 11:50—13:00,《生活·帮》晚间版《金装生活·帮》于 2012 年 5 月 17 日开播,播出时间是周三、周四 22:00—23:00。

　　《生活·帮》只听这个名字,就知道是为我们的日常生活提供帮助,名字简单又一目了然。在节目中根据当下的流行话题,对广为流传的谣言进行实验,通过记者体验调查、实验室科学实验、主持人现场讲解和专家权威解答来还原真相。节目以轻松舒展的形式,为您解开生活中的谜团。下面以具体的一期节目为例,对《生活·帮》栏目进行分析。在 2014 年 9 月的一期节目中,介绍了这样一些内容:

　　(1)拍死蟑螂,是否会感染寄生虫;蟑螂死后虫卵是否还能存活,如何彻底杀死蟑螂;一只蟑螂背后可能有一万只蟑螂吗?

　　(2)加湿器是否有辐射;加湿器多久洗一次,如何洗;加湿器除甲醛可信吗?

　　(3)生活小妙招:怎样轻松去除地上的油污;巧封食品袋。

　　(4)知识时刻:身体的止疼开关。

　　(5)减肥七日断食疗法可行吗?

　　(6)互动时间:回答观众提问。

　　(7)隐性肥胖你知道吗? 如何预防? 局部减肥靠谱吗? 局部锻炼有何好处? 出汗越多越能减肥吗?

　　《生活·帮》的内容大多数是一些和生活息息相关、大家都普遍感兴趣的话题,如上述的"灭小强""减肥"等,都是我们经常挂在嘴边的,因为关心所以大家都愿意看。而且《生活·帮》在讲述时很注重话题的延展性,比如,上述这期节目,一个小时的节目实际上就说了三个话题,分别是"蟑螂""加湿器""减肥",在说"减肥"时,从网上的"减肥七日断食疗法"到"隐性肥胖"再到"局部减肥",最后是"出汗与减肥",它在保证内容丰富的同时没有让内容过碎,而是让人觉得有一个整体性、连续性,试想,如果一个小时的节目中,有十几个小节目,每个小节目都是单独的一个内容且毫无关联性,定会让观众觉得琐碎繁杂。

　　下面我们再看一下第一条内容"拍死蟑螂,是否会感染寄生虫",整个节目的流程是这样的:

　　首先是四位主持人洪洋、小熙、小勇、小艳在演播室的一段讨论:

　　洪洋:问你们一个问题,你们知不知道世界上最古老的生物是什么?

小熙：你这个问题太小儿科了，当然就是那可爱的小强。

小勇：不是恐龙吗？

洪洋：这恐龙哪能和蟑螂比啊！你们不知道吧，这蟑螂可是恐龙的太祖爷爷辈的。话说回来，如果真遇到蟑螂，你们会怎么处理。

小艳：我一般会用杀虫剂，不过好像时间久了，它们也就有了免疫力不起作用了。

小熙：麻烦，我一般都是直接拿起拖鞋拍死它。（说话的同时手拍向小勇）

小勇：这个画面我都不敢想象，太美了。

洪洋：这个就是女汉子，（小熙准备拍洪洋）你还拍我啊。女汉子，你知道吗？这方法有问题。

小熙：能有什么问题啊？难道你还有什么更好的办法。

洪洋：网上不是说了吗？这蟑螂被你一拍，这体内的寄生虫就会被你打得四处飞溅，很有可能感染疾病。

小熙：不会吧，可是我也没染什么病啊。

然后是接一段视频，介绍蟑螂，解说词是这样的：它是地球上最古老的生物之一，比恐龙都要早出现一万年，它是地球上最强悍的生物之一，科学家曾断言，如果地球发生核战争，唯一能存活下来的生物就是它，它是什么呢？它竟然就是今天的新四害之首——蟑螂，它们无处不在，身上还携带着40多种细菌和大量寄生虫，如果您与它狭路相逢，您会？

采访观众：观众一：拍死它！

观众二：拍死它！

观众三：拍死它！

进入外景部分：

主持人雨岐：的确，当我们遇到蟑螂时，很多人的第一反应就是拿起东西赶紧把它拍死，不过最近网上有这么一个传言，让很多人在拍死蟑螂之前，有一丝丝的犹豫，那究竟是怎么回事呢？

配音：原来，这条传言说当蟑螂被拍爆时，体内寄生的筒线虫就会窜到家具、餐具和食物上，一旦进入人体，就会寄生到舌头、肠胃、食道等器官里。

主持人雨岐：这如果真像传言中所说的那样，拍打蟑螂的时候它体内的寄生虫会四处飞溅，这听着还挺瘆人的，那事实是否真是这样，我们还是决定为您用试验结果说话。

配音：这个试验应该怎么做，我们来到湖北省疾控中心，找到熊进峰技师，熊技师专门从事蟑螂研究，经验较为丰富。

采访熊进峰：我们在方形的玻璃缸内，放入几只蟑螂，用干净拖鞋去拍死它，然后在拖鞋底部和玻璃缸内侧都分别采样，在显微镜下观察，看是否有活的筒线虫。

配音:我们准备了一个边长30厘米的玻璃缸,还有干净的拖鞋,再往玻璃缸里放入几只蟑螂,小强啊小强,你的好景不长了哦,我们找准时机,对准蟑螂,3、2、1,啪,看,这只小强已经一命呜呼了,之后,我们在拖鞋底部和玻璃缸内壁用棉签进行了采样,然后将五个样品放到显微镜下去观察,会看到怎样的结果呢?

采访熊进峰:通过显微镜观察,我们发现,刚才尸体采样的结果是有活的筒线虫,但是玻璃缸内壁采样并没有发现筒线虫。由此可见,拍死蟑螂,并不会引起筒线虫的扩散污染。

配音:专家告诉我们,筒线虫在进入哺乳动物消化道之前,确实会寄生在蟑螂体内,一旦脱离蟑螂这个临时的住所,必须要通过口腔或者伤口才能进入人体内。

采访熊进峰:到目前为止,中国仅仅出现了一百多例的筒线虫感染病例,感染源都是因为喝生水或者是误食蟑螂和蝗虫,实际上感染筒线虫的概率是非常低的,在日常生活中,如果手部接触到了蟑螂,只要及时用肥皂洗手,就可以避免感染。

外景部分结束,回到演播室:

小熙:你说的吓死人了,你看这只是网上的传言而已。

小勇:就是,这么多年,都是这样打蟑螂的,也没听说得什么病。

洪洋:好吧,现在被证实了,这是属于谣言,但是这小强还有一个特别可怕的地方,就是它的繁殖能力特别强。

小熙:这一点大家都知道吧。

洪洋:还有你不知道的呢,这小强即使被拍死,或者是被杀虫剂杀死之后,它还有可能产卵,孵出小蟑螂。

接下来又进入外景部分,讲述下一条内容"蟑螂死后虫卵是否还能存活,如何彻底杀死蟑螂"。

……

整个节目的大概流程就是这样,既有演播室部分,也有外景部分,通过演播室主持人的幽默交谈,把各外景部分的内容巧妙地组合在一起,让观众觉得各部分衔接顺理成章、不生硬。演播室的主持人环节应该说是整个节目的一个亮点,四个主持人既负责主持,也负责表演,让观众在看的时候,既像是看一群好朋友在聊天,又像是在观看一台室内情景剧,主持人幽默的话语、搞笑的演技,让节目不失娱乐节目的趣味性。

针对网上、生活中的一些谣言,《生活·帮》不只是简单地请出专家来辟谣,这是大多数节目惯用的手法,在节目中,还会通过记者或志愿者的亲身体验或实验室科学实验,用实验结果来说话,这就增加了节目的可信度。如网上流传"拍死小强会感染疾病",通过在疾控中心的实验,结果并非如此。而在"减肥七日断食疗法可行吗"中,请了三位志愿者亲自尝试这种减肥方式,结果表明这种减肥方式不健康也不科学。如果只是口头说,很多人可能会不信,但是对于实验的结果,大家却不会过多怀疑,这正是整个节目的过人之处。

《生活·帮》整个节目节奏较快,符合现代人的收视习惯。就像上面举例的这一段,短短几分钟,包含了演播室环节、外景主持人出像、观众采访、专家采访、科学实验等。节目中不仅主持人的话语幽默,配音也同样搞怪,像"小强啊小强,你的好景不长了哦,我们找准时机,对准蟑螂,3、2、1,啪,看,这只小强已经一命呜呼了",不管是从文笔上,还是语气语调上,都会让人觉得充满趣味性。

第五节　学生作品点评

在平时教学的过程中,学生提交了一些作业,笔者从中选取了两个比较有典型性的生活服务类节目策划案,在此作一些点评。

学生作品一:《夕阳之路》栏目策划

一、背景分析

在当今中国,老年人在社会比例中也占据了不可小觑的地位。一个国家的富强不能仅仅局限在年轻人的生活状态,更应该体现在老年人的生活水平以及幸福上。根据美国的一份报道指出:发达国家老年人幸福程度是与国家 GDP 有直接联系的。因此我们应该多多关注老年人的生活需要,然而一档好的老年节目也是必不可少的。

二、栏目宗旨

做老年人需要的节目,做年轻人也会关注的节目。

三、栏目定位

这是一档老年旅游节目,由老年人参与节目的每一个环节。立足于带给常年居家的老年人一份别样的快乐。

四、栏目要求

室内主持人应当选取年龄在 40 左右的女性主持人,言谈举止温文尔雅,语言幽默而得体。能与老年人很好交流的主持人。外景不需要主持人,但会配备一名随行医生,负责照顾老年人的身体。

五、栏目形态

外景为主,演播室为辅。因为节目主要以老年人在旅行过程中发现的美食和当地有特色的对老年人有益的特别旅行之处详细介绍。

六、栏目风格

不超出老年人接受程度外的活泼。

七、栏目播出

由于老年人生活作息的特殊性,将时间安排在每周星期二下午3:00—4:30。重播时间安排在每周星期三下午3:00—4:30。

八、栏目设置(以绵阳安县的拍摄来详细介绍节目设置)

(1)节目首先以演播厅的形式拉开序幕(演播厅舞台设计为一个舒适宽阔的半弧形沙发,正面是观众台。演播厅的灯光选择温和不刺眼的颜色)。主持人登场,介绍本期嘉宾(嘉宾主要选择对老年人疾病健康很有研究的从医人员)。

(2)主持人和嘉宾向观众介绍一种对老年人身体有好处的食物或者药材(本期介绍绵阳安县魔芋,安县是川西北最大的魔芋生产、芋角和精粉加工的基地及集散地,每年芋角生产和收购量有2 000~3 000吨)。

(3)主持人通过VCR介绍本期参加外景拍摄的四位老年人。节目开始进入外景拍摄内容。

(4)外景拍摄一共两天一夜。第一天早上出发到达安县佛山,体验佛山佛教文化,中午品尝佛山独具特色的斋饭。下午游览佛山周边的乡镇。晚上到达安县罗浮山,入住绵州酒店,体验安县罗浮山温泉(温泉热浴可使肌肉、关节放松,达到消除疲劳的功效。温泉热浴可扩张血管,促进血液循环,加速新陈代谢。瀑布浴可活络筋骨,减轻酸痛等症状)。

(5)第二天由罗浮山出发至山下很有特色的"焦鸭子"饭店,参观"焦鸭子"的专业养殖场,中午在"焦鸭子"饭店品尝全鸭宴(鸭肉中的脂肪酸熔点低,易于消化。所含B族维生素和维生素E较其他肉类多,能有效抵抗神经炎和多种炎症,还能抗衰老。鸭肉中含有较为丰富的烟酸,对心肌梗死等心脏疾病患者有保护作用)。

(6)下午到达安县都乐魔芋厂,参观魔芋的制作过程(结束行程)。

（7）外景播放结束，主持人请出四位老年人。与四位老年人进行互动。台下观众向四位老年人提问。提问结束，由嘉宾介绍外景中出现的几种安县特产对老年人的好处，以及注意事项。主持人进行总结，主持人，嘉宾，四位老年人以及观众喊出节目口号"夕阳之路，我们在路上！"本期节目结束。

九、人员安排

一位室内主持人，一位嘉宾，外景一位随行医护人员，两位随行编导，摄影师四位，室内灯光师一位，音响师一位，后期制作一位，观众30位。

十、栏目总结

此栏目旨在立足于做好老年人喜爱的节目，让收看此节目能成为他们生活的一部分，通过对旅游地的介绍，让老年人的生活不仅局限在家里，而让他们更多地体会到老年人结伴而行的一种快乐。也让年轻人更加关注老年人的幸福健康，使社会生活更加幸福和谐。

十一、补充说明

（1）四位老年人全部由老年人自己申请，投票选出。每月换一次人员。

（2）节目开始嘉宾介绍的食物或是药材都将会在外景拍摄地出现，前后是会照应的，这也在选景地上提升了一定难度。

【作品点评】

栏目定位比较独特，内容定位在美景美食健康上，受众定位为老年人，现如今旅游节目与老年节目都较多，但是能把两者进行结合，为老年人做一档旅游节目，不得不说，这个想法是很好的，体现了中华民族尊老爱老的传统美德。而据相关调查数据显示，老年人看电视的时间是最多的，儿女们为了孝敬父母，也会有选择性地观看一些老年节目，如该同学策划的《夕阳之路》，就比较适合，为儿女们孝敬父母提出了一个很好的建议，送他们出去旅行或者选择健康的食物，从这个层面上来讲该节目的受众面还是比较广的。

该节目采用演播室与外景相结合的方式，演播室部分是传统的访谈形式，而外景部分采用流行的真人秀方式进行，两者穿插，能有效地避免枯燥。但是也有不足之处，如节目一开始主持人就让嘉宾谈了魔芋的功效，而后老年人在旅行地的时候又说到魔芋加工厂，实际上两者可以结合，放到一起说。通过解说的方式或者穿插访谈的方式都可以，包括温泉和"焦鸭子"，这里也可以采用同样的方式。

《夕阳之路》策划案可以通过两种方式进行改良。第一种方式，将演播室部分与外景部分更好地结合，该同学的思路是从演播室到外景再回到演播室，节目也就结束了，每部分内容过长,观众会产生视觉疲劳。为了避免这种情况出现,可以在演播室与外景之间进行多次穿插,全程通过演播室的人看老人们旅行影片的方式进行串联,中间可设很多讨论的环节,就像看一部电影,在看的过程中,每个人都可以提问、发表意见。按照这种思路,节目一开始演播室部分就介绍本期的四位老人以及邀请的嘉宾,然后一起看他们去旅行的影片,看到温泉那里,主持人提问由嘉宾回答温泉对身体的好处,中间还可以有观众的提问,针对嘉宾的或者是老年人的问题都可以,然后由他们回答。依次进行,后面到了"焦鸭子"饭店和魔芋加工厂也是如此。多次交叉,让人时刻充满新鲜感,这是一种方式。

第二种方式,可以采用真人秀的方式进行,四个老人去旅行,全程进行真实记录,中间穿插解说词,把演播室部分去掉。当然时下这类节目比较多,如江西卫视的《带着爸妈去旅行》、东方卫视的《花样爷爷》等,在做策划时,要注意和别人区分开来,如其他节目是明星嘉宾,这个节目是普通老人;其他节目是去国外,这个节目选择国内极具地方特色并适合老人去的景点;其他节目重点是旅行,这个节目重点是发现……如果做成全真人秀的模式,需要注意老人的选择,年龄跨度可以大一些,从五十多岁到八十多岁,这样,年轻的可以照顾年长的,还有就是嘉宾不需经常更换,即使要换也要保持两个左右的固定嘉宾,方便观众记忆。

以上两种改良方案,第一种比较现实,同原方案相差不大;第二种改动比较多,还需做更多的准备工作,提出来以供参考。

此外,该策划案还不够完整,缺少一些内容,如老人的选择(包括年龄、个性、地域等),作为节目的主要人物,前期应有一个设想,尽可能选择一些个性不一的人在一起旅行,才会发生一些有趣的事,而这正是观众想看到的。如景区的选择,只看到了一个绵阳安县,根据策划案所述,这个地方是比较适合老人去,但是这样的地方应该还有很多,在前期策划时,至少应想出几十个这样的地点以供选择,因为节目一旦播出,每周都会进行,这也要求策划人应该有一个长远的打算,而不能只顾眼前。还有经费预算、时间进度等也都没有看到,需要补充完整。

学生作品二: 美食节目《大城小食》策划

一、栏目宗旨

突破常规的美食节目,不再只是单纯地介绍美食制作。《大城小食》是一款为学生制作的美食节目,把各个高校的美食展现给大家,通过节目可以了解到每个城市高校周边的美食环境。体会到"一所大学养活一条后街"的道理。

二、栏目名称

《大城小食》。

三、栏目时长

10~15 分钟。

四、栏目结构

（1）节目前期，通过采访员在四川文化艺术学院对多名学生的采访，得出他们心中这所学校后街最好吃的食物，由于南北文化差异，可筛选。

（2）外拍，主持人下课之后来到后街吃饭，以边走边吃边逛的形式来做节目。可以拍出后街的地理位置，商贩与后街的紧密关系（采访一家饭店，餐馆老板在与主持人交流的过程中道出自己的心情或者故事）。

（3）节目结束，主持人总体概括。

五、栏目内容

男主持：大家好，欢迎收看新一期的《大城小食》，我是××。（全景）

女主持：大家好，我是××。

男主持：××你在大学里会安安心心地天天在食堂吃饭吗？

女主持：作为我这样一个资深吃货，当然不会在食堂安安心心地吃饭了，我会经常去学校的后街改善一下伙食。

男主持：后街的确是大学生的一个重要活动地方，一所大学养活一条后街不是没有道理的。每所高校的后街定然有许多的美食，今天我们就来到了四川文化艺术学院的后街寻找美食。

（摄像机不动，主持人继续走，然后走出画面）

（画面切换，切到豌杂面馆，黑场转换）

男主持：我们现在来到了豌杂面馆，这家面馆深受学校北方学生的喜爱，现在让我们快去品尝一下吧。（中景）

女主持：好的。

（镜头跟随主持人进入面馆）

男主持：老板，来一碗特色豌杂面。

（画面黑场）

男主持：来，尝一下，看看怎么样？

（吃面的画面）

女主持：这家面的调料很有味，吃起来很香，这可能就是他家豌杂面很火的原因。

男主持：嗯，是的，让我们去后厨看看他们家的独特配料。

（找到老板）

女主持：老板，我发现你们家面的调料很独特，这应该是你们的豌杂面如此受欢迎的原因吧？

女主持：能详细说说有什么配料吗？

（老板回答）

（画面黑场，切到调料的特写，还有放调料的特写，配以轻柔的音乐）

（画面回到主持人身上）

男主持：××刚才的面还可以吧？

女主持：嗯，是的，非常好吃，可是现在还想吃点甜品。

男主持：你可问对了，我正好要给你推荐一款甜品——手工酸奶。

女主持：好呀，快带我去吃吧。

男主持：好的，这不就到了吗。

（男主持手一指，镜头摇到手工酸奶店，主持人走上前去）

男主持：拿两杯酸奶，一个原味的，一个芒果的。

男主持：××你喝过这种手工酸奶吗？

女主持：以前倒是经常喝酸奶，这种手工酸奶还是第一次喝。

（在主持人聊天的时候，老板把酸奶拿了过来）

男主持：××第一次喝这种手工酸奶感觉怎么样？

女主持：很好喝呀，酸奶味很重，很好吃。

男主持：这种酸奶好喝是好喝，但保存也是很重要的。

男主持：老板，这个酸奶你是怎么保存的？

（老板回答）

女主持：哇，听起来都觉得好特别呀。吃过面食又品尝了甜品，现在感觉肚子好撑啊，××咱们在后街逛一逛吧，看看有什么好玩的。

男主持：好啊。

（回答之后黑场，从酸奶到大盘鸡的路程加快播放速度当过场，到了大盘鸡门前结束）

男主持：不知不觉就到了晚上啦，四川文化艺术学院的这条后街真是名不虚传，不仅有美食还有好多好玩有趣的小铺呢。

女主持:是啊,怪不得大家都往后街跑呢,我听同学说后街还有一家大盘鸡貌似很不错哦,××咱们今晚要不要去品尝一下呢。

男主持:那是肯定的啊,我也已经垂涎好久了,走。

女主持:好的,走吧,走吧。

男主持:您好,老板,来两份大盘鸡。

(在等大盘鸡的时候男主持人介绍)

男主持:××你知道吗,大盘鸡是著名的新疆特色菜肴,相传发源地是新疆沙湾县,因为新疆本地人都知道,沙湾大盘鸡曾经在新疆20世纪90年代风靡一时,有口皆碑。

女主持:这大盘鸡的来历我倒是第一次听说。

(黑场,接大盘鸡上来的画面)

男主持:快尝尝怎样。

(吃大盘鸡)

女主持:嗯,很好吃,这个土豆我喜欢吃,沙沙的,并且入味很足,鸡肉也很鲜嫩,真的很不错。

男主持:是的,这个大盘鸡有很独特的风味,让我来问一问老板。

男主持:您好,你们卖的这个大盘鸡的土豆很沙甜,鸡肉也很嫩,请问你们在选用土豆和鸡肉时有什么讲究吗?

你做得这么好吃,在做的时候有什么秘诀吗?

放的这配料有些什么讲究呢?

(特写大盘鸡,加音乐?)

(之后主持人结尾)

男主持:××这次的四川文化艺术学院的后街之行还满意吗?

女主持:很满意呀,非常好吃,吃得也很饱。

男主持:那好,那这期的《大城小食》就到此结束了,希望大家下次继续收看。

女主持:大家下次再见。

(黑场慢慢结束)

(片尾特效结束)

六、栏目风格

生活服务类,风格定位在轻松娱乐搞笑类,贴近学生群体或青年群体。

七、栏目要求

自然,风趣,搞笑是主持人的风格定位,主持人要有1~2位,现场嘉宾一位。主持人要有缜密的逻辑思维和很强的语言功底,讲话大胆,内容丰富不枯燥,调节气氛,不冷场,给人贴近生活的感觉,拉近距离。必须要求播音专业的学生来当主持人。视频要尽量突出美食的色香味俱全,以最少的时间向大家介绍后街美食,做到不拖沓。美食的选择一定要符合南、北方人的口味。

八、制作步骤

1.前期先和饭店老板沟通好,确保可以进行采访。

2.规划好采访路线,不要走弯路。

3.主持人在品尝美食的时候要有交流,不能冷场,要有幽默感。给主持人表情特写。

4.摄像机跟拍时,适当抓拍一些学生在后街买东西、吃饭的场景。也给一些美食特写。

5.结尾可预告下一期节目内容,让观众有新鲜感和期待感。

【作品点评】

想法比较新颖,美食节目很多,但是专门介绍学校周围美食的节目却比较少,学生能够结合自己生活的需要发现这样一些选题,是很不错的。之前,在介绍生活服务类节目选题的时候也讲到,策划人需要根据服务对象去确定选题、选题要贴近生活,在这份作业中,这些要点都有体现。

通过这份策划案可以看出,学生好像混淆了节目和栏目的概念,这份作业更像是一期具体节目的策划案,而对这档栏目总的规划少了一些。因为该作业从头到尾都是针对学生所在的学校——四川文化艺术学院的后街上的美食进行介绍,主要选了三个点,由男女两位主持人带领大家去认识。如果说是一档栏目的策划案,则太过局限了,应该多列一些学校,把学校周围的美食都提出来,可以在其中详细介绍一期节目内容,但栏目总的规划还是要有的。建议可以先把栏目策划出来,包括目的意义、节目内容、节目定位、节目形式、人员设置、时间进度、经费预算等内容,之后再在后面附上具体一期节目的内容。

在主持人的选择上,作业中有说到邀请嘉宾,但是在具体的这期节目中却没有看到嘉宾。像这类美食节目,最好有一个固定主持人,到了不同学校的时候再邀请一位该校学生作为嘉宾主持,两人一起进行节目的录制。因为本校学生对学校周围的美食会更加了解,而主持人由于不是很清楚刚好可以代表观众去提问,这样两人在一问一答的聊天氛围中使节目轻松愉快。

做美食节目,所推荐的美食一定要确实是美食,而不能为了经济报酬昧着良心说话,因此在美食品尝点的选择上,最好由学生投票选出。节目中也说到要进行随机采访,但是到了具体节目内容中,却没有看到,这点一定要加上。节目中所推荐的美食,是大众心目中的美食,这样的节目播出后才能得到大众的认可,这样节目也才有了立足之本。

该策划案虽说是美食节目,但是在节目开始前最好能对该学校进行一个简单的介绍,不然有些人可能都不知道这个学校。还有每个学校周围的美食要尽可能做得不一样,不然千篇一律之后,观众也会厌烦,最好能把该校的特色融入进去。

第五章

电视综艺娱乐节目策划

　　丹麦未来学家沃尔夫·伦森认为,人类社会经历涉猎社会、农业社会、工业社会和信息社会之后,将进入一个以关注梦想、历险、精神和情感生活为特征的梦幻社会。在这里,人们消费的注意力将主要转移到精神需要上,娱乐便是这场盛宴的主题。而电视作为一个穿越时间和空间的载体工具,观众通过手上的遥控器,体验着一种上帝般的感觉。这种感觉随着改革开放中国经济的飞速发展而纷至沓来——市场经济生活模式的悄然来临使得大众面临诸多压力与变动,在解决温饱住行等基本需要之后,更多的情感与宣泄需要一个更为简易轻松的途径,而电视综艺娱乐节目便是开启这扇大门的钥匙。娱乐通过激发或释放人的内在本真自我,提供一种快乐和幸福,进而实现生命的自由、解放和救赎。2004 年的"娱乐文化年",2005 年的"超女"风暴,2006 年的真人秀景观,2007 年的"跳舞时代",2008 年的"K 歌时代",到 2010 年的"全民娱乐时代",2011 年的"创意娱乐时代",2012 年的"后娱乐时代",①电视娱乐节目试图用电视技术的即时传输性,压缩时空,将原来处于一个封闭空间的游戏活动转变为一种大众的狂欢。一档成功的电视娱乐节目离不开前期的优秀策划,怎样做一个好看的节目? 讲一个好故事? 不仅仅需要制作人的呕心沥血,主持人的妙语连珠,演员的努力配合,镜头、灯光、服装、化妆、布景、道具、音乐、配音、字幕、编辑、动画、后期制作、市场运营……每一个环节都需要完美结合,无缝衔接才能让这个栏目获得观众认可。本章进入电视节目里"最广泛的平民狂欢"栏目,了解身边这个"最熟悉的陌生人"它的"前世今生""武林门派"和"制作流程"为大家详细剖析电视综艺娱乐节目的策划要素和分类方法,对具体案例进行分析。

---

① 李林容.中国电视娱乐文化批评[M].北京:法律出版社,2014:2.

第一节　经典节目介绍

一、综艺娱乐晚会

《春节联欢晚会》几亿中国人的狂欢

节目名称	春节联欢晚会	首播时间	1983 年
类　　型	节日晚会	播出平台	CCTV-1、CCTV-3、CCTV-4 等
片　　长	4~5 小时	播出时间	农历腊月三十 20:00
节目形式	歌舞、语言、戏曲、杂技	播出方式	现场直播
标　　签	世界收视率最高的综艺晚会;世界上播出时间最长的综艺晚会;世界上演员最多的综艺晚会		

"亲爱的观众朋友们,伴随着农历马年的新年钟声的敲响,新的一年已经来到,大家春节好……"在零点钟声敲响后主持人面对着电视直播的亿万观众分享着春节的喜庆,电视机前的人们起身互相祝贺,放鞭炮庆祝。这个场景对于任何一个中国人来说都不会陌生,"春晚"这两个字已经融入中国人的内心深处,虽然在走过 30 年的岁月中,也遇到不少争议,但每年大年三十全家团圆守在电视机前,全中国的人都在分享着春晚带给大家的喜庆与快乐。这种全民性的狂欢是毋庸置疑的,这甚至都成了一种"过年"的标志与风俗。在 2014 年的马年春晚开篇中,以一段采访视频来巧妙地回答了在不同的中国人心中"春晚到底是什么?"(见图 5.1)

图 5.1　《春节联欢晚会》

——"春晚就是喜庆,就是热闹,就是红火,就是吉祥,春晚就是团圆,就是吃,就是喝,春晚就是舌尖上的中国,春晚就是全世界华人的年夜饭,春晚就像贴春联,放鞭炮,一年必须热闹一次,春晚就是老百姓的一个伴随,春晚是想你的 365 天……"

"春晚"是中国中央电视台春节联欢晚会的简称。在 20 世纪 80 年代,省级电视台还没有上星,电视荧屏节目类型十分单调,娱乐形式匮乏。随着改革开放的深入以及经济制度的确立,到了 20 世纪 90 年代初期,电视成为文化传播的主力军,1983 年,中央电视台推出第一台"春节联欢晚会",造成了万人空巷的盛大景象。

　　央视春晚不仅仅只是一台大手笔、高质量的综艺晚会,更是广大老百姓享受节日气氛的娱乐节目、精神寄托和文化习俗的盛会。因此,央视春晚的定位是以中华民族五千年悠久历史为背景,以"和谐、温馨、喜庆、团圆"的气氛为基调,以传统民俗与社会热点作为主要素材,以全国各地各阶层的国民大众为目标观众。[①]

　　央视春晚是一台涵盖多种艺术形式的大型综艺晚会,每年春晚播出的时间是在农历除夕北京时间 20∶00(早期曾经在 20∶00 之前开始播出),节目时间持续 4 小时 10 分至 5 小时,直到凌晨 1∶00,节目最后以《难忘今宵》合唱结束(此曲是为 1984 年春节晚会创作的,后被 1985 年、1986 年、1990 年春晚作为结束曲,并从 1990 年沿用至今,2012 年结束曲为《天下一家》)。晚会不仅有歌曲、舞蹈、戏曲与相声小品等传统节目,还加入了武术表演、杂技和滑稽表演等其他艺术形式的作品,以歌舞类节目为主。在编排上为了照顾各类观众口味,歌曲、舞蹈、相声、小品、杂技及戏曲等各类节目编排错落有致,带着浓郁的节日气氛,晚会伊始观众热情高涨,这时节奏明快、色彩绚丽、热情奔放的贺岁歌舞片先声夺人,给人以欢快、愉悦、振奋的视听冲击,抓住观众眼球;随着进程推进,晚会节奏逐渐舒缓,此时通常选择一个相声节目或小品来进行过渡,以幽默来承接观众欢快心情,之后舞蹈、歌曲、杂技、小品和相声等类型节目按照一定的间隔逐一登场,晚会进入平稳阶段。在这一阶段,节目搭配是春晚收视的关键,不同的节目内涵对于"启、承、转、接"起着不同的作用。为调节观众情绪以及现场气氛,基本上是每种艺术形式一个节目交替进行。另外,组曲或联唱等稍长歌舞节目可以舒缓观众的疲劳,适当调整他们的状态。在零点钟声敲起之后,观众或准备休息或开展其他活动,晚会则主要安排歌舞节目,在歌声中迎接新的一年,在歌声中结束这盛大的晚会。[②]首届春节联欢晚会就开创了很多先例,比如,设立节目主持人、实况直播、开设热线电话等,这些创新先例成了日后春晚一直沿用的"规矩"。

　　2013 年春晚总导演哈文从多家卫视中的选秀歌手中选出 3 位上春晚,包括《中国好声音》《声动亚洲》《星光大道》等 12 个选秀节目,这是中央电视台"开办"春晚的第一次创新。

　　社会学家、文艺家艾君认为,春晚是伴随着改革开放后电视的普及和发展,由央视打造出来并诞生在文艺百花园里的一朵奇葩,也是春节联欢晚会这种文艺形式中的变异儿。

　　春晚在演出规模、演员阵容、播出时长和海内外观众收视率上,一共创下中国世界纪

　　①② 李文欢.从绚烂归于平淡——历届央视春晚收视比较[J].收视中国,2007(3).

录协会世界综艺晚会 3 项世界之最,入选中国世界纪录协会世界收视率最高的综艺晚会;世界上播出时间最长的综艺晚会;世界上演员最多的综艺晚会。2012 年 4 月,我国中央电视台春节联欢晚会荣获吉尼斯世界纪录证书。2014 年 1 月,我国中央电视台春节联欢晚会首次升格为"国家项目",与奥运会开幕式等同。

在节俭风的倡导下,2014 卫视春晚相比往年有所减少。保留的辽宁、湖南、北京、湖北、东方、天津、深圳卫视春晚和山东电视台网络春晚收视都进入 TOP20(见表 5.1)。马年央视春晚播出当天有 28 个上星频道并机直播,合计收视率为 32.07%;其中 CCTV-1 首播收视率为 9.39%,遥遥领先其他频道;CCTV-3 收视率为 6.77%。

表 5.1　2014 央视和卫视春节晚会收视排名 TOP20

排　名	名　　称	频　道	收视率/%
1	中央电视台 2014 甲午年春节联欢晚会	CCTV-1	9.39
2	中央电视台 2014 甲午年春节联欢晚会	CCTV-3	6.77
3	2014 辽宁卫视春节联欢晚会	辽宁卫视	2.74
4	2014 春节联欢晚会	湖南卫视	2.46
5	中央电视台 2014 甲午年春节联欢晚会	CCTV-4	2.20
6	2014 北京电视台春节联欢晚会	北京卫视	1.83
7	中央电视台 2014 甲午年春节联欢晚会	CCTV-少儿	1.75
8	中央电视台 2014 甲午年春节联欢晚会	湖南卫视	1.42
9	中央电视台 2014 甲午年春节联欢晚会	CCTV-7	1.06
10	中央电视台 2014 甲午年春节联欢晚会	浙江卫视	1.00
11	全球华人年夜饭湖北卫视 2014 春节大联欢	湖北卫视	0.95
12	中央电视台 2014 甲午年春节联欢晚会	北京卫视	0.75
13	中央电视台 2014 甲午年春节联欢晚会	东南卫视	0.75
14	中央电视台 2014 甲午年春节联欢晚会	湖北卫视	0.74
15	情暖东方 2014 新春大联欢	上海东方卫视	0.72
16	中央电视台 2014 甲午年春节联欢晚会	天津卫视	0.72
17	2014@ 梦想第八届全球华人网络春节联欢晚会	山东卫视	0.66
18	美丽天津团圆年 2014 年天津电视台春节联欢晚会	天津卫视	0.61
19	2014 年代秀春节特别节目	深圳卫视	0.61
20	中央电视台 2014 甲午年春节联欢晚会	辽宁卫视	0.57

数据来源:CSMinfosys 日数据 33 中心城市网组.

二、娱乐谈话、脱口秀

《天天向上》寓教于乐的典范之作

节目名称	天天向上	首播时间	2008 年 8 月 4 日
类　　型	礼仪公德文化脱口秀	播出平台	湖南卫视
片　　长	90 分钟	播出时间	周五 20:15
主持人	汪涵、欧弟等	播出方式	录播
标　　签	"青春励志""传统礼仪"	获得奖项	2010 中国电视博雅奖

2008 年 8 月,湖南卫视自主研发了一档定位为以礼仪、公德为主题的娱乐脱口秀节目《天天向上》(见图 5.2),每周五 19:35 开始 110 分钟时长的这档栏目(后由于限娱令颁发,2014 年播出时间改为周五 20:15,时间缩短到 90 分钟)。在此之前,国内的综艺节目类型贫乏得可怜,除了选秀就是访谈类,而主打娱乐的"芒果台"在《快乐大本营》之外,大胆地推出了形式新颖的脱口秀《天天向上》。这个节目的出现不仅丰富了我国娱乐谈话栏目的形式,还丰富了我国娱乐类栏目的内容,拓宽了"娱乐"的概念,丰富了谈话栏目的功能,真正是"寓教于乐"的典范之作。它创下了我国电视综艺娱乐栏目的 4 项纪录:主持人最多、嘉宾种类最多、栏目使用元素最多、栏目传播方式最新。

图 5.2 《天天向上》

《天天向上》的高明之处在于它在内容上做得十分"正能量",却在形式上很搞笑灵活。节目内容是介绍世界各地的文化和礼仪,即便有明星参与,也不会将八卦作为噱头。全然没有其他脱口秀的"愤青"气息。《天天向上》最独特的地方是在形式方面,将主持人娱乐化,打造成"偶像主持人团体"。汪涵博闻强识、贯通古今、幽默诙谐的主持风格可谓和此节目相得益彰。当然娱乐中也少不了欧弟、田源他们的搞笑角色,让观众在娱乐嬉笑中感受中国传统文化的精髓和伟大。在周五黄金时段播出,多次获得全国同时段收视率前三,掀起收视狂潮。它被湖南卫视第一副台长张华立认为是继《快乐大本营》之后,湖南卫视第二个可以延续十年以上的节目。

节目进行过程中除了访谈之外,穿插进行歌唱、舞蹈、情景表演、与场内观众互动等,着力彰显"秀"的特点。在一种节目形态中,融合了多种节目的类型与元素,集多种特点于一身。一档娱乐节目的成功离不开事先的精心策划,湖南卫视在这方面可谓独树一帜,《天天向上》的节目策划更是做到了"炉火纯青",嘉宾选择、主持人的服装、开场音乐、场景设计、插播音乐、与观众的现场互动等各个环节都与节目主题相得益彰。节目在策划之初编导会通过网站、电视、报纸等相关媒体寻找当下最热门和时尚的话题和事件。这些话题和事件涉及的群体各行各业都有,主要集中于高校、特殊行业、影视娱乐圈,以及涉及一些相对敏感或是特殊边缘化的行业,例如节目中经常邀请一些空乘人员、ZD 列车员、IT 专员。由于节目日趋高端化、国际化,节目中有时也聘请一些在国际上有影响的嘉宾团体。确定好话题之后,编导就会组织联络涉及话题的人物嘉宾,了解他们的生活并走进他们的故事,挖掘嘉宾的一些隐私以增加节目的卖点,通过嘉宾来探讨相关行业的礼仪文化知识,根据嘉宾身份的特点设置一些匹配的服装道具,制作一些有趣的游戏。在内容题材上又有所创新:

(1)关注极具特色却很少被大众媒体关注的群体,比如,中国杂技团、中国棒球队、火车乘务员、战机飞行员、医院医生护士等。

(2)加强了主持人与嘉宾、观众之间的互动,创新了节目互动的形式。比如,2011 年 5 月 6 日播出的《天天向上——梅葆玖首登娱乐节目现场》中,节目安排了一些时尚的模特,手持一些关于梅葆玖先生的父亲梅兰芳老先生的问题和介绍走秀,然后再停下来提问。这种方式是极为新颖的,让观众耳目一新。在 2011 年 4 月 29 日播出的《天天向上——小荷才露尖尖角,我家有女初长成》中,主持人就让现场的观众上台来与嘉宾和主持人对戏。而且《天天向上》的嘉宾经常会带来一些独具特色的小礼物,在适当的时候送给现场的观众们,这也是与观众互动的方式之一。

在内容安排上,每期《天天向上》共分为:节目导视+开场音乐+主持人出场+嘉宾出场+嘉宾访谈(或采访)+游戏(嘉宾才艺)+主持人与嘉宾组队 PK+节目总结(结束)。由于《天天向上》节目不断地创新、不拘一格、打造复合型节目形态,它的节目板块因此常常是变动的。

在栏目环节承接上,《天天向上》采取了一种自然、和谐、"寓教于乐"的方式。该栏目在中间环节设置连接点,一种是古装戏表演,一种是百晓生与阿毛的礼仪教学班。该栏目定位中"礼仪功德"的主题就是如此体现的,它同时承担起发扬中华美德的社会责任。这个教学班通过娱乐通俗、深入浅出的手法将严肃的主题表现出来。阿毛的可爱、百晓生的一本正经与面对阿毛顽皮时的无奈、在百晓生解说礼仪时演员生动的肢体表演等,都让观众在欢声笑语中学习、了解我国的礼仪。《天天向上》不是追求纯娱乐,它含有"快乐学习"的元素。没有目的性很强的教与学,但让观众在无意识中了解各种行业的人和他们的生活,自然增长了知识。

2010 年《天天向上》经过两年的市场历练已逐渐成熟。因此其凭借稳定的收视率也获得了稳定客观的广告收入:全年节目 48 期,广告标底价格为每半年 2 510 万元,仅用两年时间就坐上了湖南卫视综艺娱乐栏目创收品牌栏目的第二把交椅。在获得高创收的同时,该栏目还捧得了 2009 年中国媒介创新营销奖广播电视类金奖。

三、游戏娱乐

《快乐大本营》天天好心情

节目名称	快乐大本营	出品时间	1997 年 7 月 11 日
类　　型	嘉宾访谈游戏综艺秀	播出平台	湖南卫视
片　　长	90 分钟左右	播出时间	每周六 20:10
主持人	何炅等	播出方式	录播
标　　签	清新、青春、快乐、激情、八卦、生活	获得奖项	15 年来中国较有影响力的电视节目之一

"欢迎大家在星期六晚上收看快乐大本营,我们是快乐家族!"相信这一句开场白对于中国大多数年轻人都不会陌生。在中国大多数家庭里,每周六晚上打开电视机收看《快乐大本营》已经正如这个栏目的口号一样,给人天天带来好心情。《快乐大本营》是湖南卫视于 1997 年 7 月 11 日开办的一档综艺性娱乐节目。该节目是湖南卫视一直保留的品牌节目,也是中国综艺娱乐节目的领头羊,在全亚洲 40 多亿人心中都有着一定的影响力。

自 1997 年节目开播之初,湖南卫视就把其作为周末品牌栏目,节目融入青春、幽默、游戏等元素,受到许多青少年和中年人的喜爱。它借鉴了日韩和港台综艺娱乐节目中的游戏元素,从老少皆宜的"开心一刻"到让人忍俊不禁的"快乐小精灵",从考验智慧的"IQ 无限"到激励人心的"太阳计划"以及如今的"谁是卧底""天才笨笨碰""啊啊啊啊科学实验站"都以游戏性贯穿始终。青春靓丽的美女俊男组合,主持人以机智幽默的语言,让现场的观众和嘉宾在游戏中玩得不亦乐乎。在 2004 年的《新周刊》中,《快乐大本营》与中央电视台的《实话实说》一道被评为"15 年来中国最有价值的栏目"。在《快乐大本营》的带动下,全国各地很快刮起一股"快乐旋风",同行各界纷纷模仿,在短短的时间内出现近百档同类节目。

1997 年 7 月,《快乐大本营》亮相全国,它打破了传统综艺节目拼盘式简单呈现明星表演内容的形式,增设游戏环节,调动观众的参与性,注重主持人、明星嘉宾和现场内外观众的互动。节目所展现的娱乐性、大众性、互动性开始逐渐被关注并得到了前所未有的重视,当时的《快乐大本营》也无可争议成了日后带动中国电视节目娱乐热的先行者。

近年来,《快乐大本营》打破原有主持人的固有模式,以"快乐家族"5人主持组呈现给观众,同时增加外景拍摄,增强棚内互动环节,不断推出主题性节目单元,同时配合相应的外景主持,请不同类型的嘉宾,不过都是明星大腕。从前的《快乐大本营》请来很多明星进行现场互动,现在的《快乐大本营》只请1~2位明星,主持人也是明星,它们进行丰富的互动。5位明星主持人的语言风格、行为更是大胆、前卫、时尚、幽默。栏目主题也更为契合日常生活。但大多数是以一种情绪为主题。并不像港台娱乐栏目每期都有一个吸引人的题目,将最抓人的内容放在题目中放大,吸引观众。

《快乐大本营》新创意的主题性综艺节目,为普通观众或草根团体及组合打造了一个展现个性的"全民娱乐"平台和分享快乐的机会,同时也极力为电视机前的观众推介时尚、新奇的文艺表演形式,传递"快乐至上"的娱乐精神,突出了以观众为主体的"娱乐天下"的节目理念。虽然老牌综艺娱乐栏目《快乐大本营》暴露出许多问题,但其凭借多年的王牌价值仍然居多项排行榜的首位:百度数据2008年1月1日至9月30日,2008年最受关注的综艺娱乐电视栏目榜首——《快乐大本营》,以53.632%的成绩战胜《百家讲坛》,超过台湾名牌栏目《康熙来了》。在2009年,《快乐女声》重战"真人秀"市场,《快乐大本营》依然没有受到太大影响,在2009年1月至8月的百度数据中,以关注度为12.64%的成绩位居2009年电视栏目关注度第二,《快乐女声》以27.15%荣居第一。该数据榜首前四项均为湖南卫视电视栏目。2010年,《快乐大本营》凭借其勇往直前的快乐精神以及内地综艺大哥大的身份,以每半年2 840万元的价格位于中国第一电视娱乐品牌——湖南卫视的头号"明星"栏目。①

四、益智竞技类栏目策划

《开心辞典》中国版的《谁想成为百万富翁》

节目名称	开心辞典	出品时间	2000年7月7日
类　　型	益智竞技类	播出平台	CCTV-3
片　　长	100分钟	播出时间	每周二20:30
主持人	李佳明、王小丫、尼格买提、李思思	播出方式	录播
标　　签	一人努力,全家开心		

---

① 刘婷.我国当前综艺娱乐栏目策划研究[D].乌鲁木齐:新疆大学,2010.

《开心辞典》是中央电视台倾力奉献的名牌栏目、面向大众的益智节目;提供广泛的参与空间和机制;搭建刺激的智慧擂台。它是一个集趣味、益智、知识、紧张、惊险、幽默于一身的有奖问答节目;一个引进国外先进电视形态、由高科技网络、声讯手段支撑的游戏节目;一个现场气氛空前紧张激烈、引人入胜、扣人心弦的全新大型娱乐节目;一个从参与到收视完全面向普通百姓,参赛人数无限多,选手选拔机制更科学、更公平,决赛选手水平更高的平民化节目。

《开心辞典》——一个中央电视台经济频道倾力奉献的名牌栏目;一个由高科技网络、声讯手段支撑、完全面向普通大众的大型益智节目;提供最广泛的参与空间和公平的参与机制;搭建最刺激的智慧擂台。

《开心辞典》是中央电视台经济频道 2000 年全面改版时于 7 月 7 日推出的新型益智类节目。仅用 6 个月的时间,收视率就跃居央视二套第一,最高收视率达 3.79%;此后收视率稳居央视二套前两位,成为每周五 22:05 中央电视台所有频道同一时间档固定节目中观众最多的节目。作为一档新型的益智类娱乐节目,不仅在开播之初给人耳目一新的感觉,经过四年的锻造,《开心辞典》更加完善和成熟,逐步成长为央视二套的品牌节目之一。

栏目在借鉴国外同类节目的基础上同样对其进行了本土化的改造,将电视手段的卖点和社会文化心理的卖点区分对待,保留电视手段的卖点,改善社会心理的审美文化。《开心辞典》创制了独特的中国电视益智节目形态,针对中国的家庭情况,首创"家庭梦想"的概念,对国外同类节目的博彩成分进行了成功解构,在为普通人提供参与节目、只是博弈的同时,也给更多的普通家庭提供了互相表达爱心与真情的机会。利用"家庭梦想"和"平民智力英雄"等核心概念,满足了观众日益旺盛的娱乐消费需要,取得了非同凡响的市场效果。节目开播至今,共播出 190 余期,收视率稳居央视二套前茅,并于 2003 年 6 月以央视二套的精品节目之一率先闯进央视一套播出,拓展了节目的收视平台。

五、真人秀

《爸爸去哪儿》温情明星亲子互动

节目名称	爸爸去哪儿	出品时间	2013 年 10 月 11 日
类　　型	亲子互动真人秀	播出平台	湖南卫视
片　　长	2 小时	播出时间	每周五 22:00
主持人	李锐	播出方式	录播
标　　签	零差评		

图 5.3

2013 年,真人秀来势凶猛。真人秀元素蔓延至音乐、跳舞、竞技、跳水、亲子、求职等多个题材类型中。《我是歌手》《爸爸去哪儿》《超级演说家》《中国梦之声》《中国星跳跃》《星跳水立方》等真人秀节目把竞争推向了白热化。在众多真人秀节目中,可以说湖南卫视的《爸爸去哪儿》(见图 5.3)最为吸引广大观众的眼球,几乎创下了"零差评"的收视纪录。《爸爸去哪儿》是中国湖南卫视从韩国 MBC 电视台引进的亲子户外真人秀节目,由《变形计》制作人谢涤葵及其团队和《我是歌手》制作人洪涛及其团队联合打造。节目中,五位明星爸爸在 72 小时的户外体验中,单独照顾子女的饮食起居,共同完成节目组设置的一系列任务。相对于韩国版的《爸爸去哪儿》,湖南卫视的《爸爸去哪儿》更加注重的是"爸爸"和"孩子"之间的互动和交流,节目编排的节奏比较紧凑,更加适合国人的收视习惯。跟喧嚣、嘈杂的选秀节目相比,《爸爸去哪儿》的推广算是低调的。没有炒作、没有绯闻、没有微博的话题推荐,完全靠节目内容口碑自然聚合和传播。但是,跟以往的电视节目不同,话题讨论量的峰值并没有出现在播出日,而是出现在节目播出的第二天(10 月 12日)。这表明,节目播出后观众的"评",在社交网络上快速发酵,把话题讨论量推向一个高峰。通过社交网络传播,可以让原本不是父母的观众,也去关注一档"亲子"的电视节目,让"小众热点"变成大众娱乐狂欢,在放大节目影响力的同时,也让商业价值无限放大。[①] 真人秀节目分类列表见表 5.2。

表 5.2　真人秀节目分类列表

真人秀类型	代表节目	播出频道
表演选秀类	《中国好声音》	浙江卫视
	《快乐男声》	湖南卫视
	《舞林争霸》	东方卫视
	《中国好歌曲》	中央三套

---

① 赵晖,吴凡.国内真人秀节目发展特征及趋势浅析[J].收视中国,2014(4):13.

续表

真人秀类型	代表节目	播出频道
职场类	《非你莫属》	天津卫视
	《职来职往》	江苏卫视
婚恋类	《非诚勿扰》	江苏卫视
	《百里挑一》	东方卫视
	《我们约会吧》	湖南卫视
	《转身遇到TA》	浙江卫视
亲子类	《爸爸去哪儿》	湖南卫视
	《老爸老妈看我的》	青海卫视
励志类	《中国达人秀》	东方卫视
	《最强大脑》	江苏卫视
	《中国梦工厂》	重庆卫视
益智闯关类	《开门大吉》	中央三套
	《一站到底》	江苏卫视

数据来源:CSM 媒介研究。

第一季节目于 2013 年 8 月开始录制,10 月 11 日播出,由明星父子组成嘉宾阵容,进行农村放羊、野外爬山、上船捕鱼等活动。《爸爸去哪儿第二季》于 2014 年 6 月 20 日推出,在原来 12 集的基础上增加至 16 集,节目播出时间横跨整个暑期档。

为了保证节目内容的真实完整,节目组无缝录制,现场记录的素材超过 100 小时,并且去到现场要作好各种预案,任何情节都不会重新来过,所以各部门外出拍摄的工作人员逾 150 人,医疗团队也需待命。现场加上监控共有四十几个机位,每天节目组都会在早会中梳理当天的拍摄流程,拍摄过程中,两名编剧和摄像分别紧跟在明星父子的身边,摄像负责记录影像,编剧则记录拍摄内容,方便后期剪辑,近 1 000 小时的素材才能剪出一期节目。在后期剪辑方面,抛弃传统的贴罐头笑声的方法,采取实况声效录制,节目中加入的笑声都是当时真实的反应。《爸爸去哪儿》获得了电视的高收视率、网络视频的高点击率和社会的高关注度。明星效应、明星平日优裕生活与特殊状态下艰苦日子的强烈对比、难以预料的故事情节等因素,共同促成了该节目的走红。

继《爸爸去哪儿》获得空前成功后,各大卫视纷纷推出亲子类真人秀,如 2014 年 4 月 24 日浙江卫视推出的《爸爸回来了》、2014 年 6 月 29 日北京卫视的《妈妈听我说》等。

第二节　电视综艺娱乐节目概述

一、相关概念的探讨与界定

什么是"娱乐"？我国《现代汉语大词典》中，将"娱乐"作了这样的定义：（1）欢娱快乐；使人欢乐。《史记·廉颇蔺相如列传》："赵王窃闻秦王善为秦声，请奏盆缻秦王，以相娱乐。"（2）快乐有趣的活动。《北史·齐纪中·文宣帝》："或聚棘为马，钮草为索，逼遣乘骑，牵引来去，流血洒地，以为娱乐。"①"娱"字在古代又通"悟"，领悟的"悟"。而"乐"，在甲骨文中是成熟的麦子的意思，所以娱乐是领悟之后的感受和成熟之后的喜悦；我们应当把自己在生活中的情绪，通过自己的节目传递给大家，这才是真正的娱乐精神。娱而悟，悟后乐，这才是娱乐的根本。而从审美角度来看，有学者认为："娱乐的原始含义是一种审美游戏，是在游戏中获得审美快感。"②因此，我们可以看到娱乐包含了使人身心快乐，相对自由的活动；在相对闲散的时间里进行的使人获得美的感受和满足，表现人的态度观和生活方式，其内容和形式多种多样。

什么叫娱乐节目？在业界研究中，一直不是特别清晰，电视本身就有娱乐功能，从这个角度看，任何节目都可以称为娱乐节目，在对其细分之后，朱羽君教授认为："通过一定的中介形式和大众参与，在相互交流中形成一种娱乐氛围的节目形态，是单纯以娱乐性、消遣性和趣味性为突出特点的节目。"③"广义上的电视娱乐节目即是指有媒体传播的、大众广泛参与的，以审美性、愉悦性、观赏性和趣味性为突出的电视节目。其节目的具体形态可以根据不同的形式或内容特点来划分，以观众欣赏为主的综艺晚会型、谈话脱口秀型；在与观众相互交流中形成娱乐氛围的益智型；按照特定规则，以竞技竞赛为核心的游戏型；根据一定情景设计的、以纪实手段完成的真人秀型等。④ 它是一种重要的大众传播形式，包括以下几个特征：视听兼容的共识性、固定性和连续性、形态多种多样、受众主动参与、交互性、以娱乐大众为目的。"⑤

---

① 汉语大词典：第4卷[G].上海：汉语大词典出版社，1989：360.
② 周雪梅，张晶.在审美与娱乐之间——当代中国电视的价值取向[J].现代传播，2003（1）：71-74.
③ 朱羽君.减压阀：电视综艺娱乐节目——电视节目形态研究之一[J].现代传播，2001（1）：92-96.
④ 梅文慧.快乐电视选秀——解码"超级女声"引发的选秀现象[M].北京：团结出版社，2007：2.
⑤ 李林容.中国电视娱乐文化批评[M].北京：法律出版社，2014：20.

1.我国电视娱乐节目兴起的背景

人离不开娱乐,娱乐作为人类心灵能力的载体之一,通过激发或释放人的内在本真自我,提供一种快乐和幸福。尼尔·波兹曼在《娱乐至死》一书中详细地阐释了这个时代对于娱乐的需求:"我们的时代正在经历着深刻的蜕变和社会转型,无论是在西方还是在东方,娱乐都作为一种重要的力量登上历史舞台,成为凌驾于一切之上的文化标志。娱乐化节目、足球的娱乐功能、网络游戏的狂欢化,营销传播娱乐、教育和政治领域的娱乐化话语表达,甚至西方在电视上,宗教也被明白无误地表现为一种娱乐形式。"

在我国,电视娱乐文化经历了一个过程的转变。儒家思想对于内修和礼教的关注使得在中国古代社会中,"教"重于"乐","乐"从属于"教",在经历"文化大革命"后的思想解放和改革开放经济腾飞后,世俗化的趋势使"乐"从对于"教"的依附中解脱出来,有了独立的地位和意义。20世纪90年代以来,尤其是进入21世纪以后,当市场经济取代了计划经济体制,消费文化、大众文化、都市文化变得无处不在,社会出现分化,审美文化格局发生裂变,娱乐文化开始勃兴。中国民众摆脱了对"初级需求"——温饱需求之后,更多地开始关注其本身的情感需求,电视的出现让大众感受了"遥控上帝"的支配感与满足感。

随着市场经济生活模式的悄然来临,大众面临着诸多压力与变动,需要以一种轻松自在而又容易得到的途径去宣泄排解压力与烦恼,电视成为他们的首选。纵观我国各地方电视频道的自我定位,江苏卫视的"幸福中国"、湖南卫视的"快乐中国"、吉林卫视的"幽默中国"、重庆卫视的"麻辣中国"等都逃不出"娱乐"的怪圈。通过电视在这个特定的社会背景下,文艺晚会、游戏娱乐、访谈脱口秀、电视真人秀等类型的综艺类娱乐节目如火如荼。

2.电视节目与电视栏目的区别

电视节目是指电视台或者社会上制作电视节目的机构为播出、交换和销售而制作的,表达某一完整内容的可供人们感知、理解和欣赏的视听作品。电视节目是电视传播内容和形式相结合的基本单位,同时也是电视台播出的具体项目和单元。而电视栏目则是把一些题材内容、性质、功能目的,功能相近的小节目纳入一个定期、定时长播出的某时段冠以名称,这一冠名播出时段的节目习惯称为电视栏目。电视栏目有固定栏目名称、固定的播出时间、固定的栏目周期和固定的栏目宗旨。二者有联系也有区别。

电视栏目是一个长期的节目,它常常是固定的,不会这一期有下一期就没有了,而电视节目就不一定了。例如,著名的电视栏目《康熙来了》,这个栏目的播出时间是固定的,栏目的主持人是固定的,但是每一期《康熙来了》中的节目内容是不一定的,比如,请的嘉宾、谈论的话题等。而整个《康熙来了》就是一个电视栏目,组成它的各个环节,如歌手唱歌,品尝美食,与嘉宾面对面交谈……就是一个个的电视节目了。还有我国的《快乐大本营》,韩国的《running man》等电视栏目都是如此。而越来越多的电视节目正趋向栏目化了。如果按照通俗理解来讲,电视栏目包含了许许多多电视节目,电视栏目更加系统化。电视栏目是由各种小的电视节目所组成的。

二、电视娱乐节目的地位

电视娱乐节目是电视节目中重要而又独特的一种,在整个电视节目中具有重要的地位与作用。就目前来看,青年人是娱乐节目的主要受众群,观看节目的过程中就是对青年人的价值观、生活观、婚恋观的再塑造,因此,娱乐节目有着重要的社会影响。选择"娱乐至上"的纯粹娱乐价值还是选择寓教于娱乐之中的价值,决定了电视娱乐节目的品位和层次。也就要求策划人要有良好的引导力与价值观。

三、电视娱乐节目的特点

首先,电视娱乐节目要符合大众心理,迎合大众口味。

我们都知道,无论是电影还是电视,从一开始就是以营利为目的,收视率和广告投放更成了各电视台的首要关注目标。大众口味要与人们息息相关,新鲜、重娱乐、时尚、潮流,哪怕有些娱乐节目较为俗气、浅薄、出位,在娱乐和猎奇中,走大众化之路,观众才能在轻松娱乐中接受电视节目传达的信息。娱乐节目的定位往往是以大众的心理需求为目的。

因为观众收看娱乐节目的理由是高兴、取乐、放松、转换心情、解除精神紧张,而这些主要是心理上的需求。而这个隐秘的世界会把大众的窥视欲和好奇心调动到极限,在谈话类节目以及一些游戏节目中这一点是非常明显的,强调教育性。

其次,注意与观众互动,选择对嘉宾及对节目熟悉、热爱的现场观众。湖南卫视的很多节目,比如,《天天向上》《快乐大本营》在这方面就做得很好,甚至在节目录制过程中以游戏娱乐方式邀请观众上台互动,这个拓展的空间是开放性的,人们在这里自然舒适,不管是名人还是普通人,均能打成一片。

四、电视娱乐节目的发展

要学习电视娱乐节目的策划流程,首先要了解中国电视娱乐节目发展史。中国电视娱乐节目经历了几个时期的不断发展,从最初的以"寓教于乐"为特征到以综艺娱乐为标志,再到以娱乐选秀为新风的平民造星时代,到现在真人秀的全民体验参与,显示了源源不断的生命力与创造力。从娱乐模式上看,中国电视娱乐节目主要经历了以下四种模式。

（一）综艺模式

娱乐节目初期为"明星+表演"，主要追求艺术观赏、享受与浅层次的感官刺激。后期为"明星+游戏"。

以1983年春晚开始，全国刮起大大小小晚会风揭开了娱乐节目的序幕。1990年3月14日，中央电视台《综艺大观》的正式开播，标志着中国电视综艺娱乐节目的开始。《综艺大观》是一个标本式的电视文艺晚会栏目，延续了春晚的主要风格，可以看成是日常版、微缩版的《春节联欢晚会》。《综艺大观》同《春节联欢晚会》一样，开播后得到了观众的认可，收视率在全国综艺节目中长期稳居第一，平均收视率为18%，平均每期收视人数达2亿人。紧接着，《东西南北中》《曲苑杂坛》等衍生栏目相继出现，并且均取得了较好的收视效果。《春节联欢晚会》与《综艺大观》等晚会节目的成功，得益于文艺演出与电视媒体的结合；1998年，湖南广播电视台经视频道（简称"湖南经视"）的崛起，因为一个综艺栏目——《快乐大本营》，改写了篇章。湖南卫视的这一栏目几乎颠覆了人们对于电视综艺节目的概念，综艺原来不一定非得是晚会，演员原来不一定非得演戏、唱歌，主持人原来不一定非得稳重端庄，游戏原来不一定非得在私下。这一明星参与的游戏节目让观众感受到了前所未有的快乐，开播后收视率节节攀升，奠定了日后湖南卫视"快乐中国"口号的基础。

（二）真情模式

该模式主要是"明星+真情""观众+真情"。

以《艺术人生》《鲁豫有约》为代表。明星在节目中流露真情，倾吐心声，他们鲜为人知的生活琐事与个人隐私成了娱乐的热点与卖点。

（三）益智模式

该模式主要是"观众+智力游戏"或"观众+冒险游戏"。

以1999年，同样是中央电视台，12月16日，改版后的中央电视台经济频道推出了引进自欧洲的益智类综艺节目《幸运52》。不久之后，同为益智类综艺节目的《开心辞典》开播。从此，中央二套开启了中国娱乐综艺节目的一个新时代。随后江苏卫视在2010年9月24日播出的《老公看你的》和2012年3月2日推出的《一站到底》把益智模式的电视节目推向了另一个高潮。

（四）真人秀模式

该模式主要是"全民娱乐+互动"。

2005年8月26日，湖南卫视播出的《超级女声》落下了帷幕，一个普通的成都女孩以3 528 308票的高票数，成为这场平民选秀的冠军。见证这一时刻的，是电视机前近4亿的观众。不久后,这名女孩上了《时代》周刊亚洲版的封面,成为"亚洲英雄"。在中国电视诞生的 47 年后,娱乐节目走向了癫狂。随着电视市场竞争的加剧,真人秀的创新领域也在不断扩充,其内涵和外延都不断地丰富发展:生存挑战、情景体验、表演选秀、技能应试、身份置换、益智闯关、游戏比赛、异性约会等。

五、电视娱乐节目的类型

电视娱乐节目的分类比较复杂,类型也比较多,这里参照复旦大学胡智锋主编的《电视节目策划学》来进行分类比较。

(一)按播出样式分

1.常规性栏目

栏目有固定的播出时间、固定的时段时长以及相对固定的主持人、节目模板、节目流程等。如《开心辞典》《康熙来了》《天天向上》《快乐大本营》等众多栏目。在常规栏目的架构上,还衍生出了以下两种形式:

(1)特别节目

特别节目是指常规栏目为特定的节日、假日和主题专门制作并在特定时间播出的节目。如为香港回归制作的系列节目,五一、国庆央视综艺频道的《欢乐中国行》"五一特别节目",还有湖南卫视联手台湾媒体的两岸泳儿横渡台湾海峡的节目都属于特别节目。

(2)系列节目

系列节目是指常规性栏目围绕同一主题或者按照同一节目模式制作并在特定时间连续播出的节目,如《艺术人生》推出的年度系列节目。

2.综艺晚会

综艺晚会是综艺节目的一个重要形式。它能够更加自由地汇集众多的大牌明星和各种娱乐表演样式——音乐、舞蹈、相声、小品、魔术、杂耍等。综艺晚会是电视综艺娱乐节目的一种主要播出样式,最具代表性的电视综艺节目是自 1983 年开始举行的《中央电视台春节联欢晚会》,它还可以将某个公众关注的、具有特殊意义的人物请出场,演绎成一段搞笑的或煽情的脱口秀、真人剧等。有些重大晚会本身还兼有新闻发布的功能(如各种颁奖晚会),这些元素的集合,给晚会带来了巨大的影响,使之常常成为高收视和高收益的节目。[①] 综艺晚会的分类比较多,总结一下,大致可分为以下四类:

(1)节日晚会

以重大节庆日为由,多以喜庆、欢聚、祥和氛围为基调,凸显主旋律,彰显社会安定和

---

① 宗匠.电视娱乐节目[M].北京:中国广播电视出版社,2003:209.

谐,这一类型晚会以央视的《春节联欢晚会》为代表,各大卫视每年举办的中秋晚会、元旦晚会以及衍生出来的跨年晚会;还有国庆晚会、香港回归等重大晚会等。

(2)颁奖晚会

以晚会颁奖方式表彰为此作出突出贡献的个人或集体,兼有新闻发布的功能,典型例子就是 2002 年央视打造的一个精神品牌栏目,由新闻中心社会专题部活动直播组承办的《感动中国》,它以评选出当年度具有震撼人心、令人感动的人物为主打内容,被媒体誉为"中国人的年度精神史诗"。还有以音乐、影视为主的各大颁奖晚会。

(3)开幕式晚会

以重大赛事仪式等为主的文艺表演,场面恢宏壮观,展现国家风采。最具代表性的是 2008 年北京奥运会开幕式晚会。

(4)专题晚会

以专门主题设置、表现同一题材的晚会形式,1991 年 3 月 15 日,中央电视台经济部率先推出现场直播"3·15 国际消费者权益日"消费者之友专题晚会。从开播以来,晚会揭穿了无数的骗局、陷阱和黑幕,维护了公平公正,改变了许多人的命运和人生。还有各行业举办的护士节晚会、廉政综艺晚会、中国诗歌节晚会,或是以怀旧为主题的《同一首歌》等。

3.赛季节目

近年来,许多播出类赛季节目盛行荧屏,以活动为载体,融入综艺娱乐元素,如服装设计模特电视大赛(2014 年 8 月,东方卫视开播的《女神新衣》)、舞蹈大赛、青年歌手电视大赛(湖南卫视的《超级女声》以及浙江卫视的《中国好声音》等)、电视节目主持人大赛(湖南卫视《闪亮新主播》)等。

(二)按节目要素分

1.娱乐谈话类节目

娱乐谈话是一种热闹好看的谈话节目或有内涵的综艺节目,娱乐性是它的第一要求,而从谈话中所表达出来的信息量又使它具有较丰富的内涵,从而易于被高端受众所乐于接受。从形态上看,它结合了谈话和综艺两种节目的特质。节目的谈话性质定为轻松活泼型,不同的嘉宾可以自由发言,使观众没有拘束感,明星们发表自己的看法,有的节目观众还可以互动。娱乐谈话类节目舞台形式安排得比较自由,节目中还可以自由穿插嘉宾们的表演以表现嘉宾才艺。娱乐谈话类节目的主题内容形式五花八门,从时尚生活咨询、百姓谈笑到各类明星八卦谣言都可以成为节目的讨论主题。此类节目类型的策划需要注意的是:话题的设置与处理;嘉宾的选择;气氛的营造;谈话方式和表演元素这几个方面,具体有以下两种类型:

（1）真情访谈节目

此类节目通过交谈，以真情打动观众，属于情感类谈话节目。以 1998 年湖南经济电视台推出的《真情》节目，成了当时国内首个"触摸华人情感世界"的电视节目。以及凤凰卫视推出的《鲁豫有约》、中央电视台的《艺术人生》都是真情访谈节目的翘楚。

（2）娱乐生活、脱口秀节目

此类节目范围较广，上自时事新闻评论、风土人情，下至娱乐八卦，多以幽默的方式展示达到娱乐的效果，如湖南卫视的《天天向上》、台湾中天综合台的《康熙来了》、凤凰卫视的《锵锵三人行》以及陕西卫视的《老梁故事汇》等。

这些谈话栏目之所以受到观众广泛关注，原因之一就在于其"寓教于乐"，取得良好经济效益和社会效益双丰收。而目前，人们对于谈话类栏目的要求也逐渐提高，娱乐谈话类栏目也开始逐渐转型，从内容上、形式上都有了一定程度的改进。栏目首次播出时间一般在周末晚上《新闻联播》后的黄金时段或在晚间 9：00 到 10：00 的黄金时段。重播一般在周日上午 12：00 左右和下午 3：00 左右。

从娱乐谈话类栏目的包装方面来看，它们都有一个独特的标志，有些栏目的标志是包含冠名单位的组合标志，在体现冠名权的同时还不影响受众对栏目本身标志的认知，如《鲁豫有约》《天天向上》《背后的故事》等。主持人一律采用具有亲和力的男士、女士，他们被打造成某个领域的"意见领袖"，从他们嘴里说出的话被人们追捧，主持人着装相对较为轻松且不失时尚感。这些栏目通常在互动性较强的演播室进行录制，录播分离。栏目播出现场氛围和谐、安静，在较适合谈话的环境中进行。这类栏目很少进行现场直播，只有在特殊嘉宾、特殊情况时会采用直播。

2.益智博彩类

益智博彩类节目最早兴起于美国，由 20 世纪三四十年代电台的智力竞赛节目转化而来，1955 年开始在电视上播出，带来轰动效应，全球著名的益智博彩类节目有《百万富翁》等，益智博彩类型的节目具有一定的竞争性、刺激性、参与性和真实性，节目风格以竞争性和物质刺激性为特征，最适合刻意营造紧张气氛，在快节奏中通过持续不断的刺激抓住观众的眼球。在我国，以中央电视台的《幸运52》和《开心辞典》为肇始，涌现出一大批益智博彩类节目，如江苏卫视的《一站到底》《老公看你的》等。

3.综艺游戏节目类

综艺游戏是娱乐节目中一种十分常见，也是通常创造高收视率的节目形态。它经常被放在周末的黄金时段，以才艺表演、杂耍、滑稽表演等为主要表现手段。相对于谈话节目，游戏节目更加注重搞笑元素的充分发挥，而将煽情、猎奇等元素退居十分次要的位置。这种类型的娱乐节目主要有北京电视台的《东芝动物乐园》、湖南电视台的《快乐大本营》

和江苏电视台的《欢乐总动员》、安徽卫视的《超级大赢家》、深圳卫视的《年代秀》等。

4.真人秀

"真人秀"是最近几年里新出现的一种节目样式,它集中了纪录片的纪实手法、电视剧的故事性,对原始的人性和个人隐私予以公开展示,从而极大地满足了观众的窥私欲望。隐私的公开化、冲突性;拍摄手法的纪实性都是真人秀节目的重要特征。节目需要一定的情景设定和规则的设定,故事和戏剧冲突都是此类节目的关键。近两年,真人秀节目来势凶猛。从《非诚勿扰》《中国好声音》《爸爸去哪儿》《爸爸回来了》《妈妈听我说》到《花儿与少年》《神探医生》《超级演说家》《中国梦之声》《星跳水立方》《如果爱》到最近的《十二道锋味》《奔跑吧,兄弟》等,真人秀元素已经蔓延至音乐、舞蹈、竞技、跳水、亲子、求职、相亲等多个题材类型中,有生存挑战型、情景体验型、表演选秀型、技能应试型、身份置换型、益智闯关型、游戏比赛型、异性约会型、生活技艺型等。真人秀节目列表分类见表5.3。

表 5.3　真人秀节目列表分类

真人秀类型		代表节目	播出频道	首次播出时间
表演选秀类	歌曲秀	《超级女声》	湖南卫视	2004 年
		《中国好声音》	浙江卫视	2012 年 7 月 13 日
		《星光大道》	央视三台	2004 年 10 月 9 日
	舞蹈秀	《奇舞飞扬》	湖南卫视	2013 年 1 月
		《舞林争霸》	东方卫视	2013 年 2 月
		《中国好舞蹈》	浙江卫视	2014 年 4 月 19 日
	明星秀	《我是歌手》(歌曲)	湖南卫视	2013 年 1 月
		《舞林大会》(舞蹈)	东方卫视	2006 年 10 月
		《如果爱》(异性约会)	湖北卫视	2014 年 5 月
		《十二道锋味》(美食)	浙江卫视	2014 年 8 月
		《奔跑吧,兄弟》(游戏竞技)	浙江卫视	2014 年 10 月
	行业竞技秀	《闪亮新主播》	湖南卫视	2005 年
		《超级新主播》	光线传媒	2013 年
婚恋类		《非诚勿扰》	江苏卫视	2010 年
		《我们约会吧》	湖南卫视	2011 年
		《百里挑一》	东方卫视	2010 年 1 月 6 日
		《爱情连连看》	浙江卫视	2011 年
亲子类		《爸爸去哪儿》	湖南卫视	2013 年
		《爸爸回来了》	浙江卫视	2014 年
		《妈妈听我说》	北京卫视	2014 年

真人秀类型	代表节目	播出频道	首次播出时间
励志类	《变形记》	湖南卫视	2006 年 9 月 4 日
	《中国达人秀》	东方卫视	2010 年 7 月 25 日
	《最强大脑》	江苏卫视	2014 年 1 月 3 日
职场类	《非你莫属》	天津卫视	2011 年
	《职来职往》	江苏卫视	2010 年 12 月 10 日
益智闯关类	《开门大吉》	中央三套	2013 年
	《一站到底》	江苏卫视	2012 年 3 月 2 日

5.娱乐资讯类

娱乐资讯类节目在电视台普遍存在,内容以报道近期或当日发生在明星演艺圈、大众娱乐圈的新闻资讯,具体呈现方式为"演播室的主持人播报+现场报道"。这类节目一般情况下使用一个或多个主持人,以外景主持和外拍画面作为节目的主要内容。这类节目既具备新闻节目的性质同时又兼具娱乐大众的轻松活泼风格。最早出现在 1996 年的《中国娱乐报道》《娱乐现场》,目前很多省级台都有一个甚至两个类似的栏目,最著名的是光线传媒的《娱乐现场》、湖南卫视的《娱乐无极限》、东南卫视的《娱乐乐翻天》等。

栏目包装上,资讯类娱乐栏目具有固定的标志,颜色鲜艳,个性鲜明。主持人几乎都为年轻、靓丽的女性,语速轻快,表情丰富,着装色彩鲜艳。演播室背景色彩艳丽,有些栏目背景几乎就是播报内容的滚动画面,营造一种"信息速度感"。栏目字幕配音注重营造趣味性,栏目结尾通常会安排互动环节和切题的流行音乐。整体来看,资讯类娱乐栏目风格紧凑、迅速、轻松,提倡趣味性、互动性。

第三节　电视综艺娱乐节目的策划要点

一、电视娱乐节目的策划流程

(一)选题

在电视娱乐节目策划的学习中,选题是关系到能否正确宣传电视节目的主旨,传播有利于本栏目文化和获得更多受众的重大问题。栏目没有自己的拳头产品,就没有实力与同类产品竞争,缺乏竞争力的产品,自然难以在传媒市场获得自己的一席之地,难以获得社会效益与经济效益。

因此,凡是认真策划和注重优化选题,并不断设计和开发质量高、特色强、结构合理,都会形成一种战略优势,产生规模效应,使自己在同行业中居于领先地位,经济实力也会不断增强,栏目因此兴旺发达,步入良性循环的轨道。相反,如果不重视选题策划和开发工作,以节目和作品是否赚钱为唯一标准,只搞短期目标,最终将在长期、激烈的市场竞争中败下阵来,被市场所淘汰。

(二)构思创作

首先,是话题的选择。

主持人和嘉宾共同拥有话语权,但是主持人要把控整个主话语权,核心问题的快速准确提炼,用情绪煽动与话题相关的事,与观众交流时真诚而负责任的态度,对交流节奏的有效控制,对问题入情入理的深入分析和建设性意见的表达,正确舆论导向和价值取向的传播,使节目能顺利进行。这需要有代表性,不仅要求主持人的表达能力和心理素质过硬,其观点独到性和真实性更是缺一不可。

其次,是节目观众的选择。

一般为观众通过公告自主报名,个人和集体方式都是由栏目组确定的。有的是寻访组织观众或是委托专门的部门选择观众,后者相对被动。

在综艺娱乐节目中主持人观众对文案的选择:

(1)主持人的开场语简洁富有创意,抓住要点。

(2)话题的发展脉络,问题基本走向,社会性话题悬念的设计,细化结构。

(3)以主要兴趣点和具体的故事推动话题的不断发展。

(4)结论要对话题的基本价值判断,鼓励不同观点的存在。

(三)评估整合

在电视娱乐节目的定义中我们已经学习了娱乐节目的广泛性。由此,电视娱乐节目不仅强调娱乐,还需要传达与文化相关的内容,内容上就要求具体深刻。此时,电视娱乐节目在文案的撰写中要求遵循以下要求从而确定可行的制播方针:

首先,平民化的互动平台。展示真实生活中生动的细节,形式恰好迎合了当下受众的喜好。其次,情节化的叙事形态。在叙事方法上,戏剧化的剪辑方式更能让观众接受。保持节目新鲜感;节目要适宜于当下观众的口味与预知、想知的内容,旧故事新说法是现在最常见的表现方式。最后,要注意的是主持人的选择。

选择理想的节目主持人,是电视娱乐节目策划的重要工作。有影响力和感召力的主持人会让节目具备吸引力。但从另一方面来看,观众在注意主持人的语言、动作时可能会忽略节目本身,这就需要主持人的能力,不仅是适合于本节目的口才、长相、衣着,还有重要的思想,这就是我们所说的类型主持人。比如,主持少数民族节目的,主持人的语言称谓、着装就会让人觉得可亲,很容易打动观众。好的明星主持人会传递情绪,把自己作为欣赏与被欣赏者,制造气氛与高潮。

(四)撰写文案

一个完整的电视节目的播出都是基于策划的编写,电视谈话类节目策划写作就是要阐述电视娱乐谈话主题内容、基本流程和谈话背景、特殊情况的应急方式都在策划中,从而方便主持人、现场嘉宾及现场编导、技工对话题的大致内容的了解,并进行有机配合和调整。优秀的电视节目策划文案考虑得越全面、越细致越好。电视节目策划文案格式分为五个部分:

1.现实环境

现实环境主要包括:背景浅析;企划动机。

2.节目设定

节目设定包括:节目名称;节目类别;节目主旨;节目目标;节目定位;节目形态;节目内容;节目特色;节目特点;节目风格;剪辑风格;叙事方式;主持人串联风格;诉求对象;节目长度;单集节目构成;播出时段;播出次数;节目集数;制作方式;版权所有;合作方式。

3.摄制策略

摄制策略包括以下几方面的内容:主持人;节目顾问;创作思路;节目要求;整体目标;节目包装;制作设备;节目标准;制播周期;工作人员设置。

4.行销宣传

行销宣传包括:节目优势分析;节目市场分析;广告市场分析;节目宣传片规划;节目预告带规划;宣传推广规划。

5.附篇

其他方面还应注意:企划人简介;公司简介;合作程序;联系方式。

二、电视综艺娱乐节目的策划要点

(一)主题要点

主题是策划的灵魂,在电视娱乐节目章节的学习中,一定要注意最重要的就是明确主题。

主题是娱乐谈话节目的核心,只有明确了主题,主持人在节目进行过程中才能在游戏与娱乐中与嘉宾的对话内容不偏题,从而达到"形散而神不散"的效果。

(二)内容要点

在内容上,需要注意三点。

1.结构清晰、有层次

写文章讲究段落分明,形式就是为了强调时间度和观众的观看疲倦度,好的结构可以引人入胜,循序渐进,跌宕起伏却不失乐趣,层层推进升华节目的主题。不好的结构只会流失观众,获得不好的口碑,让整个栏目收视率降低。

2.口语化

现今电视节目中的网络用语已成为一道亮丽的风景线,灵活化的语言运用才能符合时代的发展,除非是节目硬性需要时代特征,口语化的语言不仅能拉近主持人与嘉宾、观众间的距离,还能在传播过程中显得自然,不呆板。

3.体现娱乐和创意

创意是艺术、毅力、创造无限回忆的最大体现。为符合当下观众猎奇、喜新的心态,不要认为开播到现在能写的已经被人写完了。在已写的范畴内创新,在娱乐中的创意才是策划人最大的立足资本。

(三)形式要点

最后需注意形式要点,在《娱乐至死》中,美国学者尼尔·波兹曼提到了娱乐要遵循的三个原则:

首先,不能有前提条件,观众在观看你的节目时,不需要具备其他知识;

其次,不能给观众出难题,动脑筋的事别设计;

最后,你应该像躲避瘟神一样避开阐述、争论、假设、讨论、辩驳或是其他传统的演说方法。

电视娱乐节目在策划形式上是非常灵活的,特别要注意的是写作上的应用,一般分为以下三种。

1.大纲文案

通常是编前会提出来的节目预案。旨在提供节目基本的主题思路和话题设置。也有部分随机性较强的谈话节目直接采用此类文案。

2.详细文案

用于实际节目制作的成型文案,会详细阐述每个流程和环节,此类文案在策划型的谈话节目中比较常用。

3.拍摄文案

在详细文案基础上,采用图表式结构,准确标注每一个时间段各部门的任务,一般用于直播型或准直播型的谈话节目,也用于晚会中谈话环节或构成复杂、人物众多的大型谈话节目。

三、综艺娱乐电视栏目的策划与设计

20世纪90年代以来,中国电视逐步形成较为成熟的电视节目、栏目和频道的观念,越来越精品化的节目,个性化的栏目和专业化的频道观念逐步成熟。而电视综艺娱乐节目策划,也是在这三个层面上展开进行的,到20世纪90年代中后期,电视综艺娱乐对于栏目的策划和设计形成了较为成熟的认识,主要体现在以下七个环节:

(一)栏目的宗旨

栏目的宗旨,包括目的和目标两个方面。栏目的宗旨是一个栏目的灵魂,是一个栏目核心价值的集中体现,是栏目的旗帜和赖以生存发展的根本保障。

如《快乐大本营》以传递"快乐至上"的娱乐精神,以"娱乐天下"为节目宗旨。使得这档栏目迅速受到广泛关注,好评如潮。并为湖南卫视打造我国第一电视娱乐品牌定下基调。不仅是湖南卫视一直保持至今的品牌节目,也是我国电视界综艺娱乐节目的领头羊;同时也是我国最有影响力的娱乐节目之一,甚至成为我国亿万观众娱乐生活的一部分。

(二)栏目的定位

宗旨确定后,要根据宗旨确定栏目的定位。电视栏目的定位有两个方面:一是内容的定位;二是对象的定位。换句话说,内容定位就是"做什么",对象定位就是"给谁看"。

再回过来看《快乐大本营》,它的栏目内容定位就是以其清新、青春、快乐、八卦、贴近生活的娱乐风格,将演唱、演奏、舞蹈、戏剧、小品、杂技等各类表演融为一体成为大众游戏的快乐体验,它的对象定位也十分准确,紧紧抓住年轻观众的眼球。根据央视索福瑞公司有关《快乐大本营》的调查,目前《快乐大本营》年轻观众数量众多,24岁以下观众比例为36%,同时辐射各个群体,45岁以上观众比例也超过28%。

(三)栏目的策划

栏目的策划主要依赖栏目策划人。栏目策划人应有跟栏目内容相关的专家,如舞蹈选秀类应有相应的舞蹈专家,歌曲选秀类应有相应的演唱家等;另外,还要有电视方面的专家,请他们为栏目播出周期、市场评估以及产生的效应和内部运行机制进行策划设计。

(四)栏目的选题

做一个节目可以单独考虑选题,做一个栏目则要批量地考虑选题,如果不是有规模地、大批量地推出就难以避免节目单调沉闷的局面。如台湾中天卫视的《康熙来了》在打造"女明星卸妆""交换礼物"等单元后,受到广泛好评,但此后选题再没有新意只停留在此阶段后就难免陷入"老梗"带来的单调和沉闷,造成收视率下滑的局面。而《天天向上》每期节目都会邀请不同行业或是火热话题人物,成功吸引眼球,这种选题的创意性也成为目前我国内地综艺娱乐节目收视率节节攀升的写照。

另外,栏目的选题还要考虑季节性,制片人要经常看历史上今天是什么日子,最好提前三个月,适时推出与特定季节、时段相关的节目。

(五)栏目的运作方式

从目前来看,栏目的运作方式大概有三种:一是编导核心制;二是制片人核心制;三是主持人核心制。从国内栏目来看,第一种最为普遍,像《快乐大本营》《年代秀》《天天向上》每一期都会有专门的编导策划,这种形式容易发挥编导的个性和积极性,特别能吸引年轻观众的目光。第二种制片人核心制,制片人是核心,掌握人、财、物的权力,控制整个栏目的运作,节目形态,编导都必须按照这种制片人要求的大模式走,典型代表就是湖南卫视由谢涤葵担任总导演、总制片人的《爸爸去哪儿》。第三种,主持人核心制是国外比较流行的一种方式,一个主持人就是一个形象,如在美国家喻户晓的《奥普拉脱口秀》就是由脱口秀女王奥普拉·温弗瑞制作并主持,但在中国目前这种制度比较少见,严格来讲还不存在。

(六)栏目的风格与样式

栏目的风格与样式一般涉及四个方面的内容:

1.从内容上体现风格样式

有些是针对性很强的特色节目,如综艺选秀节目,其内容自然加入了青春时尚等元素,吸引受众目光。

2.从包装上体现风格样式

包括栏目的片头、主题词、整体形象、栏目配乐、每一个板块的形象及板块之间的衔接等,各方面要形成规范统一的标志,通过大量播出,形成视听冲击,一旦整体形象确立,栏目就树立起来了。《快乐大本营》的片头曲"快乐啦啦歌"已成为一代人的青春烙印。

3.主持人的风格样式

主持人是栏目的"脸面",是联系电视大众传播和人际传播的中介,是栏目的特色和风格。例如汪涵之于《天天向上》,何炅之于《快乐大本营》,孟非之于《非诚勿扰》,小S、蔡康永之于《康熙来了》都是在观众心中有个既定模式。

4.拍摄制作的风格样式

电视靠声画和具体形象表达,这就要求电视节目的创作者从文字思维到声画思维的转换。后期编辑十分重要,在湖南卫视推出的《爸爸去哪儿》中同一时间由多个机位拍摄,精剪出最后的精华,字幕组的后期润色也使得"森碟""风中的女汉子"这样的词汇成为网络热点。

（七）栏目的活动与宣传

树立栏目形象的一个重要手段,是通过各种途径,打造一个经典栏目,加强与各媒介的合作,比如《超级女声》之所以从一个媒介事件发展为文化事件、社会事件,与各家媒体的参与、联动是密不可分的。

总的来讲,电视栏目策划是一个复杂的过程,具体的电视栏目策划一定要结合电视栏目特定的主题背景、创作环境及各方面条件来进行。

第四节　经典节目策划分析

从我国电视娱乐的发展过程来看,20世纪80年代之前追求经典和理想主义,进入20世纪90年代之后,电视的本性越来越显现出来,它已不再作为政治工具和宣传工具,其消遣和娱乐功能逐渐成为主要功能之一,于是,娱乐化占据了电视屏幕的主要位置。在进入21世纪以后,电视综艺娱乐节目如雨后春笋般在神州大地茁壮生根发芽,从以前借鉴"港台模式"到现在的"日韩模式""欧美模式",我国综艺娱乐节目走出了自己的风格和特色。在这里主要介绍两个近十年来我国综艺娱乐节目中最为出色的真人秀节目,一个打破了国内电视综艺娱乐节目的传统模式,成为具有跨时代意义的选秀节目的里程碑;一个以开播后引领零差评的"萌娃时代"席卷全国。

一、中国选秀鼻祖《超级女声》

"真人秀"又称"真实节目"(Reality TV),是由制作者制订规则,将普通人在假定情景与虚构规则中真实生活的过程录制并播出的一档电视游戏节目,将其中戏剧的虚构性与纪录片的纪实性紧密地结合在一起,广泛吸收了电视剧、纪录片、益智类节目等多种节目样式,将互动性作为基本原则之一。其先天优势在于,参赛的都是无名百姓,电视制作公司得以省下支付给明星的高额酬劳,但它所创造的高收视率,使得广告收入非常丰厚。

自2000年起,一场革命席卷全球电视节目浪潮,以真人秀为题材的节目在全球各地兴起:先是始于荷兰,然后澳大利亚、美国、丹麦等18个国家广泛移植的"真实节目"《老大哥》(Big Brother)首播时观众高达2 400万,在电视屏幕上称为最有收视率与竞争力的节目,形成了规范的跨国运营模式;紧接着,美国CBS推出的真实节目《幸存者》(Survivor)在2000年夏季成为当年度收视率最高、影响最大的大型电视节目;2001年英国费里曼特尔(Fremantle)媒体公司开办了《大众偶像》(Pop Idol)节目,成为偶像歌手选秀的先驱,催生了《美国偶像》等优秀电视选秀栏目。

受《美国偶像》的直接启发,这种参与性、多样性、资源充足和亲民性元素的节目题材由湖南卫视《超级女声》最初策划人夏青挖掘后,2003年由她带头策划了《超级男声》在湖南电视台娱乐频道小试牛刀,最初只允许男选手参加,节目也只在湖南卫视播出,第一次报名只有一百多人,但节目开始播出后,每日以二百人的速度递增,两周内便有3 000人报名。节目中心由此大受启发,经过不到半年的筹划,便先后在长沙、武汉、南京和成都四地启动了《超级女声》的相关活动。2004年以星级卫视为平台的《超级女声》疯狂地席卷全国,超越《快乐大本营》当年蹿红的速度,其巨大的声势和影响力风靡全国。根据美国在华传媒调研机构"盛华商通"(prcdirect)所作的市场调查表明,2004年观众对《超级女声》的最大关注度集中在以下几个方面:人人可以参与的形式新颖/创意好25.0%;参赛人员参差不齐的水平觉得有新鲜感7.7%。

2005年《超级女声》年度大选延续该活动"想唱就唱"的理念精神:包括原生态展现、"个性化"的评委阵容、大众票选淘汰、层层选拔淘汰晋级等。一来可继续吸引眼球,满足观众的观赏需求;二来保证《超级女声》作为一个全国性年度活动的权威、独特和延续性。2005年《超级女声》节目有15万人直接参赛,在全国拥有4亿观众,知名度接近60%,受到6成人群的喜爱。① 《超级女声》的出现,改变了我国音乐市场被港台歌手占据主导地位的局面。《超级女声》及后来湖南卫视举办的《快乐女声》《快乐男声》为我国音乐圈输送了一批又一批实力与人气兼具的音乐人才。

《超级女声》的出现,还引起了华人电视圈的跟风模仿,数十家电视频道推出了同类型的选秀节目,连以制作娱乐节目见长的台湾电视圈及香港TVB也推出了选秀节目"超级星光大道""超级巨声",华语流行乐坛由此进入选秀时代。可以说,《超级女声》的诞生,创造了电视的奇迹、音乐的奇迹。

从节目形式来看,《超级女声》和《美国偶像》有很多相似的地方,都是一个面向普通人的流行唱歌比赛,对于参赛人员来讲没有任何门槛;由3~4个专家评审给出评语,观众用短消息或电话投票;PK、海选、粉丝团最初就是在《美国偶像》中诞生。但难能可贵的是其结合了我国国情进行创新,节目本身重在选秀过程。湖南卫视节目中心副主任王平将创办《超级女声》的动机归结为"大众传媒满足观众的互动需要"。

一档具有广泛社会影响节目的成长与电视及节目的发展规律密不可分,真人秀作为舶来品,在2000年进入我国后,并未立即取得社会认同,收视成绩并不理想。2000年8月,央视二套《地球故事》引进美国著名"真人秀"节目《幸存者》,真人秀由此进入我国电视观众视野,但这个阶段真人秀创作完全是模仿西方同类节目的样式,节目类型单一,与

---

① 梅文慧.快乐电视选秀——解码"超级女声"引发的选秀现象[M].北京:团结出版社,2007:14.

国内电视观众审美观念出现差异,导致收视情况并不理想,全盘照搬是不可行的,会导致节目"水土不服"。只有通过借鉴并结合本土实情,走上创新道路才能获得成功,从节目策划来看,《超级女声》的成功缘于以下五个方面:

(一)"想唱就唱":平民秀的快乐定位

湖南卫视总编室主任李浩强调,创办这个节目就是让观众从中得到快乐。《超级女声》节目定位就是一个大众歌会,目标是让平民大众选出心目中支持的歌手,是一个大众娱乐活动。李浩说,"快乐中国·超级女声"讲求的首先是一种快乐感觉,希望以这种毫无门槛、大众均可参与的音乐赛事,来张扬一种"全民快乐"的精神追求。最根本的是,这种"无门槛"选秀活动倡导的是"想唱就唱"和"以唱为本",选拔的是女性歌手的声音魅力,只要有美丽原声、通俗的、民乐的、美声的、不拘一格的唱法,都可免费参加此次比赛。

《超级女声》本质上是现代大众传媒一手炒作起来的"快餐式"大众娱乐节目。其最大的特点在于它具有广泛的平民性和低门槛的参与性,调动了大众寻求快乐、展示自我、获得成功的内心情绪,渲染了一种"草根性"的亲和力和最广泛的参与度。另外,平民海选让每一个人都有机会上电视,成为平民梦想的发动机,表演欲望得到了满足,同时还有可能成为明星,签约唱片公司,名利双收。《超级女声》存在的重要价值之一,就在于提供了成千上万我国女青年参与的激情;同时也提供了"修正梦想"的机会,我们离梦想都太远了,"超女"这个舞台可以帮助一些人修正自己的梦想,开始展示自我、释放自我。

(二)"青春无极限":娱乐化的观众定位

一个好的电视节目要把握品牌的创新性、时代的高度性、思想的深度性、文化的厚度性以及它的价值性。湖南卫视以"青春、时尚、靓丽"作为娱乐定位,在《超级女声》中栏目的观众定位以青春、时尚化的中学生、大学生群体为收视主体,突出了年轻风尚,淋漓尽致地挥洒"青春无极限"的活力与后劲。

《超级女声》能火,首先就是因为其定位准确、执行力强。《超级女声》初生就定位为全民参与性的电视栏目。这不仅决定了其受众规模,还决定了《超级女声》未来的发展趋势。相对于"歌手大奖赛"等同类赛事,以及《快乐大本营》《超级大赢家》等前一阶段的娱乐节目,《超级女声》以一种类似"原生态记录"的形态率先出现在观众面前。它虽源于美国福克斯电视台的平民节目《美国偶像》(American Idol),但《超级女声》也在此基础上进行了一系列的成功创新。它让普通人参与节目,成为节目的主角,将电视娱乐节目中受众的主体地位提高到了一个前所未有的高度,改变了以往以明星为中心的模式;它以短信投票的方式拉动受众群体与电视媒体的互动,观众参与性的增强不仅表现为观众成为节目主体,更表现为成为节目的决定者,增强栏目的互动性同时兼得不菲的经济效益,同时,这种极大的互动性与参与性使《超级女声》的影响力远远超出了青少年的范畴,突破了年龄层的局限,走进人们的日常生活中。

从某种程度上看,《超级女声》是场大型音乐竞技赛,从八十多岁的老太太到几岁的小女孩都趋之若鹜,想在这个舞台上一展身手,也因为广泛的参与者吸引了电视机前不同年龄、不同性别的人来看。这个娱乐化的观众定位给选手带来澄明的希望,让更多人成为这个节目的观众,同时,"超女"的节目经常穿插出现这些女孩们的家人和平时的生活镜头,这更加拉近了节目与普通观众的距离,不仅是为了观看同龄人的表现,更多的是对比赛寄托了一种梦想。

(三)"真实电视":原生态的表演

《超级女声》能火,最具颠覆性的做法之一,就是把参赛全过程都原原本本地呈现出来。原生态节目刻意强调的不包装、真实再现等,使观众认为荧屏上的选手就是自己身边的人,没有距离感,很容易在内心的假想中进行比较。另外,也容易以局外人的心态看热闹,洋相百出的海选成了大家茶余饭后的谈资。这类节目的出现模糊了生活与电视的界限,缩短了屏幕内外传受双方的心理距离。平民越来越喜爱不修边幅、直截了当的电视娱乐。《超级女声》并不是国内第一个"真实电视"节目,但却是将这种崭新娱乐形态运用得最为自如的一个。梅文慧女士在其著作《快乐电视选秀——解码〈超级女声〉引发的选秀现象》一书中曾对这档节目本色表演提升快乐指数有着精妙的比喻:"《超级女声》就如金字塔,而海选、晋级、PK 就如一级级塔层,海选时的众多参与者位于塔基,随着塔层的增高、塔内空间变小,站在上面的人越来越少,直到塔尖只能站 3 个人,而且塔层越往上,塔里的装饰就越豪华。这一金字塔式的进程体现了竞争的残酷和胜利者的荣耀。因此,节目就需要更多失败者的充分表演,需要更多的旁枝末节,来充分满足观众的娱乐消费心理需求。如此一来,除了对小部分成功者的发掘,选手的业余表演和当场'出丑'也就成了节目中至关重要的内容。"[①]《超级女声》没有刻意在文化审美趣味方面定位,实际上它的默认值就是大众化、平民化,这种对原生态的海选进行长时间的、不加修饰的转播,这种真实地呈现让《超级女声》在我国娱乐电视史上成了颠覆传统的创举。

2009 年《快乐女声》活动从 5 月 7 日正式启动至 9 月 4 日正式结束,共 15 万人报名参加。《快乐女声》总决赛共 10 场,平均收视率为 2.72%,10 场比赛同时段排名均为第一。

(四)强强联手:多方博弈的娱乐机制

主办方、观众、选手、评委、媒体五足鼎立的多方博弈、多方制衡,形成节目的张力,PK 竞争的强化,尤其是评委的另类表现不管是天性使然,还是被要求所致,都成了服务节目收视率的重要娱乐元素,戏剧性地制造了节目的悬念与看点。娱乐机制的创新,使选秀节目变得跌宕起伏。

---

① 梅文慧.快乐电视选秀——解码"超级女声"引发的选秀现象[M].北京:团结出版社,2007:46.

《超级女声》的赛制设置充分考虑了节目的煽动性及情感互动,显示出了人文色彩。在赛程设置上,类似足球的赛制,每周一次,周期长,对选手实力也是一个很大的考验,在悬念中的反复循环产生了累积效应,而累积效应就是媒体商业化过程中非常需要的东西,它可以累积关注,不断投入感情,像看连续剧一样,另外分赛区同时选拔,也易于聚集人气;主持人开始注意边缘化,让"超女"自己发声,重视亲友团及粉丝团的作用,给予选手充分的展示空间;策划另类点评、评委角色化;在成为关注焦点的同时把赛制策划与"快乐中国"理念结合起来,培养在感情上的节目认同心理。《超级女声》在保留比赛竞争性的情况下最大限度地表现了选手的友谊与相互帮助,其人情味符合中国本土口味。[①]

(五)娱乐营销:强势品牌的成功推出

在节目本身的营销宣传过程中,强势的主流媒体要善于控制稀缺的资讯源,要做"媒体的内容制造商",制造话由、卖点,让其他的媒体去跟风、去追随,使自己的行为成为值得其他媒体再度开发和利用传播的新闻素材。

《超级女声》栏目的营销手段是将整合营销传播很好地融入电视策划中。该栏目策划人龙丹妮将此栏目融入一个良好机制中:《超级女声》为广大普通百姓提供一个可供娱乐、可供展示自己的平台,而湖南广电集团旗下的天娱公司又可以从选秀平台挖掘人力资源,这些人力资源将成为湖南广电旗下所有娱乐产业的共享资源,他们将为湖南广电带来丰厚效益。同时《超级女声》将所有媒体整合,进行强势传播,不仅为栏目获得丰厚的经济回报,同时栏目的社会效益也得到显而易见的提升。有了这些人力资源和受众规模及品牌认知度,很难说这个栏目不是一个整合营销传播的经典案例。因此,在《超级女声》帮蒙牛赢得几倍收益后,一个新的营销名词被学者发明——"娱乐营销"。

在"中国25大标志品牌事件"榜单中,《超级女声》的成功运作被认为是深具影响力的文化事件而榜上有名,成为企业云集的榜单中仅有的两大文化品牌之一。

二、零差评的"卖萌娱乐"《爸爸去哪儿》

就在几年前,真人秀还在绞尽脑汁展示煽情、冲突激烈的故事,吵架、动手、拍桌子,最好闹到声泪俱下。而如今,另一种审美趋势悄然流行,晚上10:00打开电视时,观众需要的是温情、治愈、甜蜜的亲子关系,还有恰到好处的卖萌。这个局面,甚至电视人自己都没有预料到。

在《爸爸去哪儿》之前,电视屏幕上充斥着各种歌舞类选秀,从《我是歌手》到《中国好声音》,在半年多内荧屏到处是"这歌声""那歌声",而且大多数都是雷同跟风之作,满是煽情与梦想。而明星亲子类真人秀节目《爸爸去哪儿》的横空出世,仿佛一阵清风拂来,让人眼前一亮,"萌娃"成了全社会的娱乐道具,其展现的亲情力量,直抵人心,融化了人

---

① 梅文慧.快乐电视选秀——解码"超级女声"引发的选秀现象[M].北京:团结出版社,2007:63.

心中的最柔软处,产生了亲子感情和如何教育好孩子成长,呵护正能量的共鸣。这档由湖南卫视出品的大型户外明星亲子体验真人秀节目,自 2013 年 10 月 11 日登陆荧屏,便雄踞同时段收视鳌头,以亲情互动的自然姿态成为口碑与收视双赢的王牌节目。《爸爸去哪儿》凭借 89% 的高度评价刷新了近几年的电视节目好评历史。第一期收视率取得 1.4,第二期收视率更是达到了惊人的 2.6。随着节目的播出,收视率一直呈上升态势增长,第六期收视率的破 4.0 成为史无前例的收视奇迹,引起大家广泛关注和讨论。

《爸爸去哪儿》得到如此大的热播,并非是偶然现象。各电视台媒体之间的竞争越来越大,而随着各网络视频网站的迅速崛起,电视节目的更新换代也越来越快,播放周期越来越短,制作媒体必须找到迎合观众需求的节目形态,以展现社会需要的价值的节目模式去展开制作的手法。

原版韩国 MBC 电视台的《爸爸!我们去哪儿?》在韩国一经推出,便夺得该时段收视率冠军,有了国外成功的经验,也是引进节目的条件之一。从受众群的角度看,中韩文化差异性较小,复制韩国的节目不会水土不服,明星爸爸和可爱宝宝的组合有十足的卖点,在我国有足够的受众基础。从节目制作的角度,韩国节目制作模式成熟,引进韩国团队的制作经验,解决了节目制作的硬件问题。"把疑问句式作为电视节目的名字是不多见的。《爸爸去哪儿》的核心价值就在于这个问号。"湖南广播电视台副台长、总编辑张华立推荐《爸爸去哪儿》时说:"《爸爸去哪儿》打破了当下选秀节目独占鳌头的局面,突破了传统综艺节目的平常之处,将室内综艺升级为野外综艺,将竞争惨烈的比赛变成突出节目的纪录性的真人秀。"

传统的综艺节目是在摄影棚内的谈话节目或者游戏节目,而如今的流行趋势是将摄影棚搬到户外,走出电视台,在更为广阔的空间里拍摄,充分反映了人与空间的流动性及相互关系,给观众营造一种没有编导、没有演员、没有剧情的真实感觉,满足观众多层次的视觉享受和心理的认同感。然而,相比于摄影棚的录制,户外综艺的不可控因素和制约较多,对画面的要求、情绪的把控、后期的剪辑都有很高的要求,需要摄制组配备大量的摄影、收音器材,还有众多的工作人员和充足的后勤设施,前期就要投入高昂的制作费用。另外,明星嘉宾的配合程度也是难题,野外综艺邀请明星走到户外接受任务的挑战,要考验明星的野外生存能力以及面对随机事件的临场表现,势必要付出更多精力,但同时也给节目带来了更多的生机。

从节目策划来看,这档节目取得的成功之处具体在以下四个方面:

(一)节目的温情定位:BABY 打败 BEAST

在国外电视行业里有着 3B 原则:Beast、Beauty、Baby。Beast 指戏剧冲突强烈,国内流行过的很多煽情、吵架等元素也在其中;Beauty 指美女元素;Baby 自然就是有孩子的元素。中国电视综艺真正的历史并不长,真人秀只发展了短短 23 年,前两个 B 都出现过,而

Baby 元素以前有过一些尝试,例如,口碑不错的《饭没了秀》,但影响力有限,直到《爸爸去哪儿》才真正让中国电视明白"Baby"元素是怎样一种作用。

在节目引进中,西方真人秀更强调对抗和冲突,而东方的电视节目,尤其是近两年风靡的韩国综艺,展现的是卖萌、温情。对于多年来绞尽脑汁制造夸张的国内电视人来说,卖萌审美不失为行业一个小小喘息。唱歌的人要特别惨,明星集体活动要闹不和,真人秀一定要设置反转故事桥段,时间久了观众也厌弃了这种套路。伴随着"80后"的育儿潮,这导致社会对育儿和孩子都有一个全新的观念,卖萌成为潮流。大都市的竞争压力也是让卖萌经济飞速发展的另一原因,回归家庭温情也是众望所归,民心所向。

现代快节奏的生活方式和压力使人们无从释放,人们最希望通过日常的感性愉悦暂时摆脱苦恼,满足需求,而明星父子真人秀互动节目《爸爸去哪儿》中所体现出的最纯真的童趣和父子之间最真实的感情,不同于其他作秀节目。它使受众感到快乐的同时,也满足了人们内心的需求以及对明星窥视欲的好奇心。由此可见,综艺节目要直触人们内心最真实和最淳朴的快乐。

(二)节目的故事线索精准设计

在《爸爸去哪儿》节目中故事情节的冲突性变成戏剧化卖萌,为了完成治愈和卖萌的人物,综艺节目还需用情节线索来衬托出"萌"的极致,能做到完整的故事里有前因后果的"萌"。第一季里 Cindy 从爱哭鬼变成"女汉子",就是最典型的示范。在第二季选角色时,导演选择经常在电影里扮演变态的吴镇宇,想看他如何在生活中带孩子,结果反响很好,开启了另外一种"萌"的范式。除了个人性格戏剧化外,《爸爸去哪儿》不挑选类型重合的爸爸宝贝,节目理念就是让五组家庭展现不同属性,碰撞出剧情。和韩国综艺一样,《爸爸去哪儿》也有专门的编剧,负责设计节目的流程和人物,但这些任务里具体会发生什么内容,则要看爸爸们的表现。任务设计会根据艺人家庭的不同属性来更改。第二季的爸爸们几乎都会做饭,编剧就放弃了做饭的卖点而是用顶碗、进蜜蜂房这些高难度任务来让爸爸们展示性格,等待"状况"。

精准的设计是节目取得成功的又一大因素,以第一季中"抓泥鳅"任务为例,泥塘有多大,放多少泥鳅,是节目组反复计算后的结果。既不能让泥鳅太多,挖泥鳅任务太简单,也不能让泥鳅太少,过程一直很无聊。观众想看的是节目精心设计的重点。前期精准的故事线索设计必不可少。

(三)内容的娱乐化

1.从人物方面看

作为明星的爸爸们,他们本身就是娱乐因素,还有星二代们的天真、可爱、善良,赢得受众们的喜爱和关注,Kimi 既可爱又害羞,Cindy 既漂亮又贴心,石头既爷们儿又懂得分享,Angela 既善良又嘴甜,天天既聪明又帅气,五位星二代童言无忌,各有各的特色和优点,给受众带来了无限的乐趣。

2.从地点风景方面看

受众在工作、生活或学习的压力下,常常固定地生活在同一个环境中,内心的压力和烦闷无从释放,而节目《爸爸去哪儿》并不是固定在同一个环境里,也不是固定不变的明星嘉宾和星二代,而是处于一个动态变化的过程中,嘉宾每期一换、风景每集一换且都是在未被开发过的地点,把人置放到轻松而又淳朴的大自然中,去充分释放地自己的内心。

3.从游戏情节方面看

《爸爸去哪儿》是以一种游戏的娱乐为线索,但是,这些游戏都存在于日常生活中,带领着受众进入一个又一个愉快的游戏环节。例如,有滑沙游戏、捕鱼游戏、护蛋游戏等。让嘉宾和受众一起陪着孩子重温自己孩童时单纯的愉快,也使他们既感到愉悦又感到温情的感动。

(四)合理的运营机制

任何一档电视节目的走红,除了其节目本身的内容吸引观众之外,都离不开一支强大的制作和运营团队,《爸爸去哪儿》也不例外。整个节目的背后有编导组、摄影组、字幕组、音效组、道具组等多个部门的团队合作,且不说冰天雪地、烈日炎炎之下的摄像等岗位有多么辛苦,光是多个部门的协调工作就是非常不容易的。再说节目成熟的商业运作,从整合营销传播角度来讲,湖南台与多个网站、媒体进行合作,在节目播出前进行宣传造势,每至节目播出前,《爸爸去哪儿》等关键词必将成为各大门户网站、媒体频繁出现的新闻。而节目播出平台,湖南卫视与多家视频网站合作,作为节目播出的搭载平台,以湖南卫视为主,各网站、视频网站为辅,使观众从多个平台最方便快捷地收看到节目。

当然,任何一档成功的电视节目均离不开与广告商之间的默契谈判,越是收视率高的电视节目,其广告价值越是高。节目运营团队充分运用节目进行商业运作,在吸引"999"牌感冒药冠名之后,由于节目迅速走红,更可贵的是该节目并不像其他节目为盈利而无节操植入广告。在第五期收视率略跌之后,节目组立即减少广告植入,赢得了第六期的收视率回升。由此可见,在谋求商家利益与节目效果之间找到了最佳的平衡点,既做到了广告商满意,又保证了节目质量不打折扣。

三、真人秀节目的新趋势

从《超级女声》到《爸爸去哪儿》,我们可以发现电视综艺娱乐节目中真人秀的微妙变化,从 2004 年《超级女声》引领全国平民唱歌选秀,同样题材的歌曲类节目《快乐男声》《我是歌手》《中国好声音》开始发生细微变化,从高高在上的明星演出到平民草根舞台展现,电视综艺娱乐节目再次回归明星娱乐真人秀(虽然《中国好声音》仍为草根选秀),但实际主角以明星歌手导师为切入点,它的成功之处是把高品质音乐作为主打,用大牌明星的"真情流露"和草根选手的温情故事渲染气氛,为观众献上一场视听盛宴。

除了制作越来越精良,以我国综艺节目《十二道锋味》为例,从平民歌唱比赛到专业歌手比赛,大众审美要求不断提高,我们还看到一个趋势:明星走下神坛,观众的窥私欲除了看他们在屏幕中的"本职工作"外,更想看到他们生活中的另一面,于是明星参加真人秀已经成为我国电视综艺的第一大潮流。仅2013年到2014年10月,各大卫视相继推出的明星亲子秀:湖南卫视的《爸爸去哪儿》、浙江卫视的《爸爸回来了》、北京卫视的《妈妈听我说》;明星户外挑战真人秀:湖南卫视的《花儿与少年》、东方卫视的《花样爷爷》、天津卫视的《秘境》、浙江卫视的《奔跑吧兄弟》;明星跨界时尚真人秀:东方卫视的《女神的新衣》;明星配对真人秀:湖北卫视《如果爱》等,真人秀也由原来的传统记录模式开始创新:例如,《十二道锋味》就是真人秀、广告片、微电影的结合体,制作团队不仅仅是电视台出品,而是英皇和浙江卫视合作的结果,因此不只请到大牌明星让同行艳羡,辗转法国、澳大利亚、西班牙等多个国家进行取景拍摄。霍汶希宣称:"就连打灯都是香港金像奖专业奖的获得者"。

从上述分析来看,目前国内综艺娱乐类的真人秀从明星到平民再到明星的演变,从舞台到生活,从"本职"演员歌手到跨界扮演"爸爸""厨师""服装设计师"角色,从制作简单、模式单一到目前制作精良、模式创新。中国综艺娱乐类节目正在引进外国节目的道路上,慢慢学会因地制宜,结合国情,找准适合自己的道路。

第五节　学生作品点评

《古代神话秀》电视节目策划

一、背景分析

从20世纪90年代以来,我国电视综艺节目理念、节目样式、操作模式等方面都有着较大的改变,但其中有一个倾向越来越突出,那就是娱乐化倾向。当下,娱乐文化已经被提高到了一个前所未有的地步,也成了我们这个时代大众消费的主要精神产品。而占据中国远古文化重要地位的神话故事传说早已渐渐淡出了人们的视野。大凡了解中国古代神话的人，无不感叹古老神话的散失与消亡。

二、企划动机

中国古代神话的历史化进程经历了自西周到西汉前后一千余年的漫长历史，集中地反映了中华民族意识的形成过程，对中国的传统文化观念产生了深刻的影响。因此，让中国古代神话传说以耳目一新的方式重新出现在人们的视野，将媒介及多种艺术表演形式相结合，重塑在人们面前，让人们能够在娱乐之中感受中国远古时期传统文化的魅力与内涵。《古代神话秀》则是建立在这一宗旨之上，让远古文化不再枯燥，让传统文化渗透我们的灵魂，冲刷我们的心灵。

三、节目设定

1. 节目名称

《古代神话秀》。

2. 节目类别

大型全民娱乐益智类竞赛表演型电视节目。

3. 节目主旨

追溯源远流长的远古神话传说，弘扬中国传统文化，全民共同学习探究中国古代传统神话故事的精神内涵。

4. 节目目标

以古代神话故事为核心题材，以娱乐重塑表演的方式。

5. 节目定位

为了不让中国传统文化渐渐流逝，为喜欢传统神话故事以及多种形式结合的大众提供平台。

6. 节目形态

每期以一个不同的传统神话故事为题材，观众的年龄性别不限，以团体比赛形式为主，并有观众参与的互动型录播节目。

7. 节目内容

（1）以团体为主，第一环节为关于远古神话的知识竞猜，题目由节目组给出，可提供援助，加入观众的参与互动。加分累计制度，以积分的多少判定输赢，胜利方可获得节目组提供的奖品。

（2）第二环节为神话重现，根据每周指定的神话题材，以《年的传说》为例，小组可根据《年的传说》采取话剧表演、歌舞表演、歌曲表演等新的方式将其推陈出新，凡是参赛的节目必须经过再次加工，将神话故事与单种艺术形式或多种艺术形式相结合。

（3）第三环节为神话猜猜猜，根据节目组所提供的与神话故事相关的代表名称、成语、人物，让参赛团队据此进行表演，由同组队员进行竞猜。队员进行竞猜时只能使用肢体语言，而不能使用文字语言。

（4）节目点评：由专业评委和大众评委共同组成的评审团参与打分评审，对参赛团队的表演进行打分和点评，采用十分制。由主持人宣布最后结果，宣布每场专题神话故事节目的获胜团队，赢得奖品。获胜团队并且有进入节目最终决赛的参与权，赢得最后大奖。

8.节目特色

融中国远古神话故事传说与多种艺术表现形式及创新娱乐元素于一身，让远古文化走进人们的生活，发掘远古神话的故事及传统文化的魅力。

9.节目风格

轻松、娱乐、学习、益智。

10.主持人

男，稳重不失幽默，才思敏捷，睿智有涵养。

11.嘉宾（专业评委）

明星演员两位、歌手、文学教授。

12.参赛团队

通过网络、电视、平面媒体等宣传进行报名参加。

13.节目长度

90分钟一期。

14.节目构成

片头+参赛团队VCR+神话故事来源VCR+参赛亮相+比赛环节+评委点评打分+现场观众投票+最终决定。

15.播出时段

每周五晚上8:00—9:30。

16.播出次数

每周一次。

17.制播周期

每季16集。前15集每集为一个远古神话故事的专题，最后1集将为决赛，产生一个季度获胜团体。

18.节目宣传

网络媒体、平面媒体、电视媒体。

【作品点评】

这份策划文案是以中国古代神话为元素打造的娱乐节目。可以看得出策划人想要融入的元素很多,包括益智类、竞技类、表演类等。想要打造以文化为主题,娱乐为手段,包括邀请嘉宾从文学教授和明星演员、歌手就能看出此栏目要走"文化娱乐风",但总体上栏目环节设置上显得过于繁复、搭配牵强。稍不把握住"文化"和"娱乐"这把平衡的"天平",就会显得"不伦不类"。

我们从策划的格式上来看,这份策划只有前两个部分,单从格式出发这是一份不完整、不规范的电视策划文案。而且策划中的内容过于简单,很多重要问题并未展露出来,比如,关于节目的具体策划流程应该有详细体现,但在这里却一笔带过,怎么样利用中国古代神话故事来展开节目设定,让益智与表演结合起来也显得生硬牵强。

其次,再回到节目本身的选题上,当下以弘扬中国传统文化为宗旨的综艺节目,除了《天天向上》做得比较成功外,确实还寥寥无几,文化性节目要做出娱乐效果本身就非常考验功力,教化性太强会显得节目严肃性过多,轻松性不足。若娱乐性过多,教化性太少则会显得节目粗俗低劣,因此对于传统文化与娱乐节目相结合的节目要求从一开始就被摆在舆论的风口浪尖上。

同时在节目元素设定上,中国神话故事本身是颇为复杂,和西方神话故事的系统传承性不同,中国神话故事记载本身比较欠缺系统整理,这和中国传统儒家思想"不可怪力乱神"以及佛教传入融合有关,因此在不同的地方有不同的版本与认知,比如,关于西王母的传说,在《山海经》里记载她的样子像人,长着豹子尾巴和老虎牙齿,会用像野兽一样的声音吼叫呼啸,蓬散的头发酷似不吉利的戴胜鸟头上醒目的羽冠,是上天派来掌管瘟疫、疾病、死亡和刑杀的神,居住在昆仑山中;但在《史记》中她又是一方国君;而到了明清以后又被认为是《西游记》里的王母娘娘,成为玉帝的妻子。这就对于节目在益智选择题库时,稍有不慎就会犯常识性错误,导致节目质量大打折扣。古代神话故事,到底是选中国的还是外国的?这里有着本质上的区别,所以在节目的命名上还需斟酌,务必要规范。

最后,这份策划在节目内容上分为三个环节,还有专家点评。第一个环节是知识竞赛;第二个环节是神话重现却直接到神话表演,过度生硬牵强;第三个环节又到游戏竞猜,最后是专家点评。四个部分乍一看想要把益智性、表演性、游戏性、谈话性结合起来,融百家之长,实则却东拼西凑,搞成"四不像",在节目制播周期上每季16集。前15集每集为一个远古神话故事的专题,最后一集将为决赛,产生一个季度获胜团体。这本身就是很不合理的,也是不切实际的,对于一档新节目,试试观众的口味是必不可少的,所以一般设置不要太多,可根据观众反响来适时调整,减少开支。

　　总的来讲,这篇策划求多却又做不到周全,样样尝试却不能样样兼顾。建议分清重点,抓住主要目标下手,一到两个定位就行,不能既做益智竞技,又要表演游戏,谈话评论,同时在环节衔接上最好有一个线索可以贯穿其中,再好的珍珠也需要一条线串联才能成为一条美丽的项链。

第六章

电视纪录片策划

    电视纪录片是电视发展的产物,早期的"新闻纪录片"是纪录片的前身。一直到 20 世纪 90 年代,纪录片《望长城》的出现,被认为是我国纪录片的转折点,里面长镜头、同期声的运用,被认为是真正纪录片的标志。如今电视屏幕上节目类型多种多样,新闻、娱乐节目等充斥着大家的眼球,但是纪录片依然以它纪实的特点,被一些观众所喜爱。

第一节　经典纪录片介绍

    中国电视事业起步较晚,纪录片相比于国际市场而言也是如此,虽说和国际水准还有一定差距,但其中也还是有一些优秀的纪录片作品得到了大家的赞赏。

一、《话说长江》

节目名称	《话说长江》	播出平台	中央电视台
导演	戴维宇	首播时间	1983 年 8 月 7 日
编剧	陈汉元	总集数	25 集
主持人	陈铎,虹云	每集长度	20 分钟左右
节目内容	第一回　源远流长;第二回　巨川之源;第三回　金沙的江;第四回　四川盆地;第五回　岷江秀色;第六回　成都漫步;第七回　峨眉凌云;第八回　从宜宾到重庆;第九回　大足石刻;第十回　川江两岸;第十一回　壮丽的三峡;第十二回　长江第一坝;第十三回　荆江览古;第十四回　洞庭天下水 岳阳天下楼;第十五回　从武赤壁到文赤壁;第十六回　庐山独秀;第十七回　瓷都景德镇;第十八回　佛教圣地九华山;第十九回　飞红滴翠记黄山;第二十回　古城南京;第二十一回　历史名城扬州漫话;第二十二回　镇江三山;第二十三回　太湖平原;第二十四回　黄浦江畔;第二十五回　走向大海。①		

① 引自央视网.

《话说长江》是关于长江沿岸地理及人文的纪录片,共 25 集,于 1983 年 8 月 7 日在中央电视台首次播出。播出后观众的反响空前热烈,创下了 40% 的收视率,是中央电视台 20 世纪 80 年代最受欢迎的电视纪录片,体现了当时中国纪录片的高水准①。《话说长江》的成功,与它的一些创新之处密不可分。

首先,在形式上,首次推出了纪录片主持人形式。由主持人陈铎、虹云直接讲解与电视画面相互配合,充分发挥了节目主持人对节目的贯穿作用。这种创新的形式,让主持人陈铎和虹云一夜之间成为家喻户晓的明星。

其次,节目内容新颖,这是中国观众第一次通过电视全面直观地看到了国家的人文地理。当时刚改革开放后不久,人们对于新鲜的事物有一种强烈的好奇心。电视当时也还是一个新鲜的事物,观众从电视上亲眼看到长江源头的第一滴水、长江沿岸迥异的风土人情等,内心已经足够的震撼。全国观众的反应以及它被赋予的意义已远远超过了纪录片本身所传达出的信息。

再次,拍摄手法独到。采用挑、等、抢的拍摄方法,记录真实环境、真实时间里发生的人和事。在其中录制了大量的同期声,如茶馆里的喧嚣声、小孩打呼的声音、水流的声音等,让整个现场具体可感。大量远景镜头的使用,来表现宏达的场面,让观众对穿梭在崇山峻岭中的长江有了更为深刻直观的认识。

最后,固定时间播出。当时的总编室主任陈汉元认为,《话说长江》必须按时在每周六的晚 20∶00 播出,要求前面的电视节目在时间上必须剪接好,如果超时就会自动掐掉。这一点在当时实行起来是有一些难度的,因为电视节目还没有时间概念,也没有像今天这样实现栏目化定时播出。比如,一部电视剧,有的一集 40 分钟,有的一集有 50 分钟,如果一刀切,会遭到各方的抵触。虽然存在重重困难,但是《话说长江》做到了按时播放,从此,中国电视节目播出时间开始有了保证,也为今后实行栏目化的播出奠定了基础。

二、《沙与海》

节目名称	《沙与海》	播出时间	1990 年
导演	康健宁、高国栋	片长	29 分钟
主演	刘泽远、刘丕成	所获奖项	第 28 届亚广联大会的"亚广联电视奖大奖"和"星光杯"特别奖

《沙与海》这部纪录片拍摄于 1989 年,该片的导演是宁夏电视台的康健宁和辽宁电视台的高国栋。《沙与海》记录了宁夏与内蒙古交界的一户游牧人家刘泽远和辽东半岛的

---

① 引自百度百科。

一家渔民刘丕成的生活,通过这两户人家同与不同的比较,通过"沙与海"的对话,来表现一种人文关怀,一种对个人生存状态的思考。该片在1991年时获得了亚洲广播电视联盟大奖赛的大奖,这是中国第一部在亚广联上获此奖的作品。①

首先,笔者认为,《沙与海》的题材内容选择比较贴近普通人的生活,一户牧民和一户渔民的生活。腾格里沙漠中的牧民刘泽远一家,要在沙化的土地上种植青稞等粮食,靠骆驼作为交通运输工具。每当沙漠中遇到大风沙,刘泽远种植的青稞等粮食就会颗粒无收,而且运输的骆驼也会死掉不少,生活非常艰辛。辽宁半岛上的一处孤岛——井洼岛上的渔民刘丕成一家人,承包了附近的一处海域进行海产养殖。虽说家境条件不错,但是如果遭受大的海浪,漂浮在海面上的海产品就会都被吹散,他要耗费很大的精力才能整理好。这部片子的内容虽然很简单,给我们展示的都是普通人的生活,但是它却让我们看到了这些普通人身上可贵的精神品质。

其次,《沙与海》表现的主题非常深刻。它描写的是普通人的生活,但是这些普通人在面对来自大自然的大灾大难时,他们既有对自然的忍让和谦和,又有顽强的生存意志。导演通过对这两户家庭的对比描述,向我们揭示了一种自然界的规律:人生活在世上,不管是在哪里,都受到自然条件的限制,人必须要和自然做顽强的斗争并勇敢的生存。

再次,该片的结构比较新颖,属于时空交错式,导演将生活在沙漠里的牧民与生活在海岛上的渔民,看似两个毫不相干的家庭运用平行蒙太奇的方式组接起来,平衡对称,却又错落有致。先介绍牧民刘泽远,紧接着介绍渔民刘丕成,再回到刘泽远……两个家庭一个在银色的沙漠,一个在湛蓝的大海,两种地方风貌穿插,让人感觉清晰有序,给观众带来新鲜感,不会造成视觉疲劳。

最后,该片的细节刻画也非常到位。相信大家在看完此片之后,有这样的几个细节场景会反复出现在你的大脑中,过目不忘。第一个是记者在采访牧民刘泽远的大女儿时,当记者问到你愿不愿意离开这里时,她纳鞋底的手忽然停了,镜头给了两个特写,一是她的手不停地捏拿着那支针,然后是她的脸,这个女孩子沉默了很长一段时间,这个沉默是很耐人寻味的。第二个是刘泽远夫妇打枣的场景,他们将一块花毛毯铺在地上,然后爬到树上将枣打下,镜头由特写拉开到全景,开始时是一颗一颗的小枣落到毛毯上,慢慢的越来越多,形成一片,最后镜头拉到大全景,两个佝偻的背影在那里拣枣,身后是一株挺拔的沙枣树。第三个是小女孩划沙的那个片段,导演采用了仰拍的手法,将小女孩孤单的形象映衬在蓝天之下,摄像机伴随小女孩的跑动而移动,跑了一段距离之后,停下来,将自己的两只鞋子划下沙丘,而后自己也划下来……这一系列细节场景的刻画,让人觉得意味深长,引发人的深思。

---

① 引自中国论文网:纪录片《沙与海》的叙事手法与视听语言分析。

三、《幼儿园》

片名	《幼儿园》	上映时间	2004 年
导演	张以庆	片长	70 分钟

《幼儿园》是湖北电视台纪录片编导、独立制片人张以庆的作品。该片从筹备到完成总共历时两年多的时间,2001 年 5 月开始筹备拍摄,经过 3 个多月的前期准备,于 9 月正式开拍。2003 年 9 月进入后期剪辑制作阶段。半年后正式修改并完成,与广大观众见面。

《幼儿园》是一部以孩子为主的纪录片,在这部影片中记录了一所在武汉的寄宿制幼儿园里,一个小班、一个中班和一个大班在 14 个月里的生活。在幼儿园中,孩子们天真可爱的语言和行为让人忍俊不禁。随着影片的深入,我们发现这个小小的幼儿园简直就是一个小型的成人世界,一切有关人类的主题,人性的光明与阴暗,都在这里赤裸裸地展示出来。

首先,该片在主题表现上以小见大、寓意深刻。这是一部表现孩子真实的内心世界的纪录片,它通过孩子世界中的各种现象对照出成人世界,来表现成人世界对儿童的成长有着很大的影响,是一部寓意深刻的作品。正如影片开头的一句话:"他们或许是我们的孩子,或许就是我们自己。"前半句是片子中所拍摄的、所展示的、具体可见的客观事物,而后半句则是创作人员想要通过片子来表达的主观思想。

其次,该片在表现手法上也花费了很多功夫。为期 14 个月的拍摄,所拍的素材都是比较零散的,创作人员需要对其再加工。其时间顺序是从孩子们开始入园到最后拍毕业照,从小班到大班 3 个年级的幼儿园生活中孩子的喜怒哀乐的各种情绪,其中穿插大量的采访段落。该片最大的特点是没有一句解说词,全是现场的同期声,这在最大程度上保持了片子的真实性和客观性。

最后,《幼儿园》的音乐使用非常有特点。同一首背景音乐贯穿整部片子,那就是《茉莉花》,这是一首非常经典的曲目,带着淡淡的忧伤,非常能够表现小孩的情绪。整部影片中总共出现了 5 次,平均差不多每十分钟就出现一次,第一次是在幼儿园开学那天,孩子的爸爸妈妈离开后,每个孩子都眼含泪水,此时《茉莉花》响起。第二次是在孩子们入园第一次睡觉的时候,孩子们睡得如此香,各种睡姿配上音乐让人印象深刻。第三次是孩子们在幼儿园度过一周,他们的爸爸妈妈来接他们回家的时候,每个孩子都被接走了,只有陈志鹏的妈妈还没来,这使得他非常着急。第四次是在孩子们户外活动的时候,孩子们在户外欢声笑语地做着游戏,你追我赶,音乐也伴随着孩子们的笑声响起。最后一次是在孩子们拍毕业照时,与该音乐第一次响起时的画面遥相呼应,展现每个孩子欢乐的表情。

第二节　纪录片概述

纪录片作为电视节目中一个重要的品种,一直以来是很多人必看的节目类型。20世纪初,当电影开始传入中国,纪录片就和故事片一道融合生长着;从尤里斯·伊文思将一台摄影机赠送给延安电影队起,纪录片在新中国的土地上走出了自己的发展轨迹;直到20世纪七八十年代,随着国门渐渐打开,我们才有了和另一些拥有不同创作风格的域外同行合作的机会,才有了多元文化的交流。

一、纪录片的界定

纪录片的定义,国内外不尽相同。因为中国的纪录电影或纪录电视,其生长、发展的历史与欧美的历史存在着巨大的差异,它们不是从自己的土壤里生长出来的东西,而是一种文明的嫁接、文化的嫁接和技术的嫁接,自然也有着一种"殖民化"的意味。

最早在电影领域里用纪录片这个词来进行理论性表述的是英国人约翰·格里尔逊,他在1932—1934年间发表的长文《纪录片的第一原则》中认为,纪录片是对真实素材的处理,是一把槌子而非一面镜子。约翰·格里尔逊对纪录片的指称范围作了进一步说明:纪录片是指那些对时事新闻素材进行了创造性处理的影片,而自然素材的使用是至关重要的区别标准,这一般被认为是关于纪录片经典的定义。

1979年,美国四所大学电视系联合编撰的《电影术语词典》有这样的表述:纪录片是指一种排除虚构的影片,它具有一种吸引人的、有说服力的主题和观点,但它直接取材于现实,并用剪辑和声音增进主题思想。

一直以来,我国对于纪录片的界定也处于不断发展的过程中。《中外广播电视百科全书》中对于纪录片是这样定义的:通过非虚构的艺术手法,直接从现实生活中获取图像和音效素材,真实地表现客观事物以及创作者对这一事物的认识与评价的纪实性电视片。杨伟光主编的《中国电视专题节目界定》中认为纪录片是以摄影或摄像手段,对政治、经济、军事、文化、自然和历史事件等作一种比较系统完整的纪实报道,并给人以一定审美享受的电视作品。①

关于纪录片的界定,国内外没有达成统一的共识,但不管定义内容如何表述,在纪录片真实性的特点上,国内外的观点是一致的。真实是纪录片的本质属性,它所讲述的对象

---

① 王列.电视纪录片创作教程[M].北京:中国广播电视出版社,2005.

必须是现实生活中真实存在的人物或事物,不容许创作者去虚构。任远主编的《电视纪录片新论》中说道:"它的基本手法是采访摄影,即在事件发生发展的过程中,用挑、等、抢的摄影方法,记录真实环境、真实时间里发生的真人真事,这里的四真是纪录片的生命。"

二、纪录片的类型

关于纪录片的分类,没有统一的标准,有很多种不同的划分方式,一般习惯从内容和形式上对其作分类。

首先,按照纪录片中所涉内容题材的不一样,可以把其分为政论纪录片、时事报道片、历史纪录片、传记纪录片、人文地理片、舞台纪录片等。

政论纪录片是运用真实形象素材进行论证的纪录片。它所运用的素材可以是现实的,也可以是历史的,不受时间的限制,同时也可以不受空间的限制,以《中印边界问题真相》为例,其素材来源可以是中方的、印方的、英方的,也可以是其他方面的。政论纪录片要求材料的真实性、论证的严密性、观点的鲜明性,还需注重形象性与科学性的统一。时事报道片是指报道新近发生的一些比较重大的新闻事件的纪录片,其结构要求比较完整。如报道辛亥革命 70 周年纪念活动的《历史的纪念》。历史纪录片是对过去的历史事件进行再现的纪录片。它所表现的人物和事件必须能够准确反映历史的本来面目,不能违背历史的真实,其中可以运用历史影片数据、历史照片、文物、遗迹或美术作品等进行拍摄,如《辛亥风云》《淮海千秋》等。传记纪录片是以纪录人物生平或某一时期的经历为主要内容。它与前面的时事报道片或历史纪录片的主要区别在于以特定的人物作为中心,不允许用演员扮演,也不可有虚构的情节和人物。如《诗人杜甫》《伟大的孙中山》《毛泽东》等。人文地理片主要展示一定地区的自然状况,或介绍社会风习、城乡风貌等内容,如《黄山奇观》《话说长江》《再说长江》等。舞台纪录片是指纪录舞台演出实况的纪录片。对在舞台上演出的歌舞、戏剧、曲艺等进行现场拍摄,可根据实际需要对演出的节目进行删减,但对演出的内容不能改编、增添。如 1953 年拍的中国第一部彩色舞台纪录片《梁山伯与祝英台》。

其次,在《中国电视专题节目界定》一书中,根据纪录片的创作风格不同,把它分为纪实型和创意型。

纪实型采用自然朴实的办法,真实地报道、反映社会生活和人文现象,以记录对象的原生态为主要特征,如《望长城》《十五岁的中学生》《毛泽东》《幼儿园》等。创意型则是在真实生活的基础上,渗透了创作者浓厚的主体意识,具备很强的创作意识,[1]如《最后的山神》《沙与海》等优秀作品。

---

① 王列.电视纪录片创作教程[M].北京:中国广播电视出版社,2005.

三、纪录片的发展

随着媒介技术的不断更新和发展,市场经济的不断推动,以及各种国际电影电视节的连年举办,各种风格迥异的纪录片几乎同时推到了我们的面前,在不断学习、吸收、追随、跟风、模仿、批判的过程中,中国的纪录片使人眼界更加开阔,思想意识不断解放,他们渐渐地走向了成熟,开始寻找自己的表达语言,并且在自己的土壤里让自己的语言不断地生长着。

(一)国外纪录片的发展

中国纪录片人在创作具有本土特色的作品时,必然需要了解国际上纪录片创作发展的历程,即纪录片的四个时代:弗拉哈迪时代、约翰·格里尔逊时代、真实电影时代及新纪录片时代。

1.弗拉哈迪时代

从电影诞生直到第一次世界大战结束,影像似乎与旅行、探险有着不解之缘。1920年前后,是探险电影的第一个繁荣期。当然,这些探险电影的实践,对早期纪录片的发展是有一定贡献的,它们都是纪录片生长的土壤和肥料。

第一次世界大战之后,人们意识到,西方工业文明的发展日益暴露出它的弊端,物质文明的发展并不能成为心灵获取幸福的保障,甚至还破坏了这种保障。在这种背景之下,西方的一些有识之士开始把眼光投射到原本被认为是愚昧和落后的土著群落,去重新考察和理解他们的生活方式、他们与自然的关系。

曾经是美国一名探矿师的罗伯特·弗拉哈迪就是在这样的"探险电影"的影响下,在这样的文化思潮中开始了他的思考和纪录片创作的。1920年,在遥远、寒冷的加拿大北方,弗拉哈迪在皮货站往来的爱斯基摩人中,选中了当地一名优秀的猎手纳努克和他的家人。弗拉哈迪对爱斯基摩人的关注是主动的,当他看到现代文明正在破坏和吞噬一个古老文化时,他便用自己独特的方式把这种正在迅速消失的文化特点用影像记录下来。在和纳努克一家待了16个月后,弗拉哈迪完成了前期拍摄,之后又在纽约进行了为期一年的后期剪辑,完成了纪录片史上的杰作《北方的纳努克》。

弗拉哈迪的《北方的纳努克》被国际影视界公认为第一部完整意义的纪录片,它体现的艺术创作手法和技巧,对纪录片艺术的发展产生了巨大影响。①

首先,弗拉哈迪在创作前期,与被摄对象进行了长期的友好共处,深入观察他们的生活,让被摄对象在自己的镜头前尽可能的自然。其次,在影片中,弗拉哈迪有意排除了现代生活对爱斯基摩人的影响,让纳努克一家回到了几十年前爱斯基摩人传统的生活方式

---

① 王列.电视纪录片创作教程[M].北京:中国广播电视出版社,2005.

中,影片中大量的歌颂古老文明的善与美,把创作者的赞美之情融入其中,而对现代文明破坏力的痛恨感却没有直接触及。最后,采用了故事片的表现手法,运用悬念增强戏剧性,借助了"搬演"的虚构手法,使影像的表达不只停留在复现的层面,他积极地利用了影像的表意功能,避开了这个时期许多对现实进行描摹的创作者惯用的手法,诸如仅仅是对秀丽风景、新闻事件的呆板纪录。弗拉哈迪认为:"我尽可能地试图通过重新搬演的手法记录下这些人的活动影像资料,旨在让人们看到他们区别于其他人的人类光芒。"

正是由于弗拉哈迪在影片中对于影像表意功能的挖掘,使得《北方的纳努克》在世界电影史上,不仅成为一部杰出的影片,还在于它的出现宣告了纪录片作为一种电影形态的诞生。罗伯特·弗拉哈迪也被尊为世界"纪录电影之父"和影视人类学鼻祖。

在《北方的纳努克》之后,弗拉哈迪又先后拍摄了《摩阿拿》《亚兰岛人》《路易斯安那州的故事》等影片,他们都继承了《北方的纳努克》中寻找"一家人"的创作手法,被称为弗拉哈迪的四部"自由"电影。

2.约翰·格里尔逊时代

如果说,弗拉哈迪使纪录片的创作由呆板纪录走向了通过搬演实现对现实的描摹,进一步体现出了影像的表意功能;那么约翰·格里尔逊的出现,便是沿着对影像表意功能的开掘模式,实现了影像"对现实的安排"。

约翰·格里尔逊,是纪录片最积极的倡导者。虽然,他一生只拍过一部纪录片《漂网渔船》(Drifters),但在20世纪20—40年代的纪录片史上,却是一个无法被忽略的人物。早年,格里尔逊曾在美国学习,并会晤过弗拉哈迪。1926年2月8日,他在纽约《太阳报》上为罗伯特·弗拉哈迪的第二部纪录片《摩阿拿》撰写评论时,正式提出了"纪录片"这个源自法文的英语词语"documentary"。他在随后的实践中不断地延伸着自己思辨的触角,并使得纪录片朝着另一个方向生长了。约翰·格里尔逊曾在英国、加拿大倡导纪录片运动,创建了英国纪录片学派,并有效地牵引了政府以及强势集团对纪录片垂青的目光,把纪录片推向了一个市场运作的高峰。后来,他还将纪录片进一步界定为:对现实的创造性处理。

格里尔逊一方面高度评价了弗拉哈迪是开风气之先的人,另一方面,他认为,弗拉哈迪的选择是搬演祖先的蜡像,是向英雄崇拜的反动、倒退,任何纪录片的创造,都不能漠视当今世界的重大问题。他主张:"让人们的眼睛从天涯海角转到眼前的生活上,转到家门口发生的和自己有关的事情上来。"因此,在格里尔逊领导下的这个纪录片学派,不但想构建纪录片的美学基础,而且试图探讨纪录片对人类的重要性。

首先,在格里尔逊及其学派的创作作品中,非常重视影片的社会教育功能。格里尔逊意识到,影像具有极大的表意功能,纪录片具有重要的社会教育作用,因此在他组织创作的一批作品里,时政化倾向很强,这种倾向使得纪录片成为当代事件的记录者和说明者。也就是说,纪录片创作要服务于大众,服务于国家政治的需要,这就成为格里尔逊以及英国纪录片学派的审美倾向和追求使命。

其次,他发展了"解说+画面"的影片新样式。对影像表意功能的认知,以及对纪录片宣传功能的充分应用,使得格里尔逊领导下的英国纪录片学派的创作,呈现出了一种"画面+解说+音乐的宣传化模式"。这种模式的纪录片,虽然以非虚构的现实素材为叙事的资源,但影片意义架构却完全有赖画面外那个全知的"上帝之声"。在此,影像成了一种意义的直接承载物,宣传的思想和主旨通过解说词直接宣讲出来,音乐烘托了宣讲氛围。这种模式后来直接催生了中国宣传片的诞生。其实,除了宣传的功利外,形成这种模式的另一个重要原因依然是——摄录技术带来的障碍。一直到 20 世纪 50 年代,影像里的声音始终由笨重的、移动困难的大型设备刻录在声盘上或通过光学技术录制在胶片上。这些设备离开了摄影棚几乎就寸步难行。

在这个时期,无论罗伯特·弗拉哈迪的《北方的纳努克》《摩阿拿》《雅兰岛人》,还是约翰·格里尔逊以及其创作群体所作的《漂网渔船》《夜邮》《锡兰之歌》等,其创作都大量采用了融合着纪实和搬演、重构等虚构的手法。此时,纪录片如同早期的故事片一样,其创作手法纪实与虚构是混沌共生地存在着的。

3.真实电影时代

随着第二次世界大战的结束,纪录片在宣传上的利用价值便一落千丈,各国政府纷纷撤回了对纪录片的特殊眷顾。而此时,科技迅速发展,摄录、制作、传播工具与手段不断地更新与变革着,这一切给影视从业者带来了一次又一次的技术解放,也给影视创作的理念带来了推进的力量和反叛的可能。

实际上,从 1923 年起,轻巧的 16 毫米摄影机就已经被开发出来,并被一些业余爱好者使用了。这种小型摄影机,在第二次世界大战期间被广泛地用来拍摄战地新闻。它虽然没有能够引起好莱坞的兴趣,但在第二次世界大战结束后却逐渐被欧美各国广泛地应用于制作电视节目,特别是用于一些新闻报道和军事科学试验的监测中。而且,这种小型摄影机还通常被用来摄制一些更具有探索精神的低成本影片。20 世纪 50 年代,随着西方社会科学技术的迅猛发展,"实证主义"逐渐占据了上风,同时影像再现现实的能力不断提高。特别是到了 1956 年,美国安培电器公司推出了第一台轻便录像机,两年后录像机在美国、日本首先投入使用。而此时,一种比较轻巧的,大约 20 磅左右,便于携带、适合用来进行同步录音的磁性录音机——纳哥拉录音机也在市场上出现了。到了 1968 年,便携式电子新闻采集系统——ENG 摄像录像设备问世,同时各种特技编辑机也开始被广泛运用。

摄录技术的进步,使得纪录片的拍摄更为方便和经济;同时,轻便化的摄影机可以更自由地抓拍到生活的自然面貌,这便直接影响了纪录片的创作风格手段。正是在这样的技术语境里,一种从创作观念到制作工艺都和传统纪录片大相径庭的纪录片,便在一个世界影视工业全面更新的进程中出现了。1960年,一些欧美青年,开始在纪录片创作中进行深刻的反思,引发了20世纪60年代流行于法国的真实电影和美国的直接电影的创作思潮。

这两种思潮虽各有不同,但它们共同强调的是纪录片要通过纪实手法,进行客观地展示,来获得真实性。他们强烈地反对虚构,主张无操纵剪辑。直接电影和真实电影创作风格的形成,其出发点就是针对"上帝之声"式的直接说教的否定。这个时期最具代表性的人物是美国的理查德·利克科、弗雷德里克·怀斯曼,法国的让·鲁什。

于是,在纪录片的创作理念和实践中,纪实与虚构从此脱离了混沌不清的状态,彼此划清了界限。这时,纪实和虚构逐渐分离成"楚汉隔河相望"的格局。于是,在后来很长一段时间里,人们往往画着这样的等号:纪录=纪实=真实,虚构=搬演=虚假。

这一创作思潮,于20世纪70年代末到80年代初,逐渐传入中国,并与中国数十年的现实主义创作风格自然地融合到了一起,深刻地影响了中国的纪录片创作实践;同时,这种思潮还推波助澜地为90年代在中国掀起的纪实高潮鼓足了劲儿。

在中国的许多有关纪录片的界定中,人们首先划定的是真实、纪实、非虚构等,其实这种界定的思路,大都缘自真实电影和直接电影思潮的深刻影响。

4.新纪录片时代

20世纪90年代初,随着电子计算机技术的广泛使用,信息高速公路的不断延伸,新技术革命的迅猛发展,西方社会逐渐步入了一个崭新的电子时代。

随着高科技时代的到来,人们越来越分不清真假。1990年8月12日的《纽约时报》艺术与休闲专栏刊登了一张照片——富兰克林·罗斯福的两边分别是温斯顿·丘吉尔和喜剧明星格鲁乔·麦克斯,站在他们身后的是表情严肃,身穿波兰服的西尔维斯特·史泰龙——这风马牛不相及的照片轻松地嘲弄了影像纪实的真实性。生活在电子科技时代下的人们发现:影像画面,可以借助电子计算机随意地炮制、组合,摄影机是可以撒谎的!

于是,一些纪录片创作者开始不断地反省,开始不断地挑战从前认为神圣不可侵犯的真实,开始突破狭隘的观念,重新构想一条激进的思路,他们积极主张虚构的策略,为的是能够获得一种深度真实。纪录片创作又走出了一条新路。倡导者们通过自己的创作实践开始对"真实"进行重新阐释。如后现代主义纪录片的典型作品是:美国纪录片人艾罗尔·莫里斯的《细细的蓝线》(*The Thin Blue Line*,1987)、法国纪录片人克罗德·朗兹曼的《浩劫》(*Shoah*,1985)等。创作者认为,当历史事件无法用任何简单的或单面的"有记忆的镜子"进行表现时,应采用"虚构"的策略,并且采用不同于以往纪录片对事实的简单"搬演"或"重构"。他们绝不把实际发生过的事件简单地搬演给观众,而是用影像搬演出一些"假定情景"。这些"假定情景"不是完整的、全部对过去事件的呈现,而是牵扯着当下的历史记忆的碎片,是通过创作者的虚构,呈现出"生活是如何成为今天这个样子"的一种推演。

1993 年,美国电影理论家林达·威廉姆斯用"新纪录片"一词,来称谓纪录片创作中呈现出来的这种新倾向。并且系统地阐述了"新纪录片"的内涵:"电影或电视自身无法揭示事件的真实,只能表现建构竞争性真实的思想形态和意识,我们完全可以借助故事片大师采用的叙事方法来搞清楚事件的意义。"因此,新纪录片思潮的倡导者们主张采用一切虚构的手法与策略,来完整而深刻地建构现实真实的可能性。

一部入围 2004 年奥斯卡评审组织机构的纪录片《一个月朗星稀的晚上》,充分地展现了这一创作潮流的精神。该作品由澳大利亚的导演瑞吉尔·波金斯创作,全片是导演根据 20 世纪 30 年代达博土著追捕专家赖利的真实故事而重新再现的,整部片子都是由演员来扮演的。在此,影片以事实核心为基础,通过演员的搬演和扮演,借助故事片的叙事方式,以一种较强的观赏性,呈现出了一种与故事片的界限已然模糊的影像形态。在"新纪录片"思潮的影响下,虚构与非虚构的边界融合了,影像的表现手法重新又回到了它融合共生的起点。当然这是又一次的螺旋性上升,我们能清晰地看到:对于揭示真实而言,"纪实"与"虚构"之间只有手段的不同,没有本质的区别。

(二)国内纪录片的发展

从 1958 年到 1966 年期间,是中国电视纪录片的发展初期,这个时期的纪录片发展还不完善,只能称为新闻纪录电影。这个时期的纪录片在风格样式上,基本承袭了新闻纪录电影的模式,样式单一,人力少,资源不足,纪录片是在很艰难的情况下发展起来的。当时的纪录片作为政治号角,宣传意图很明显。这一时期比较好的纪录片有《珠江三角洲》《长江行》《到农村去》《收租院》等。

1978 年到 1990 年,是我国纪录片初步繁荣时期,纪录片得到了蓬勃发展。改革开放的提出,给中国带来了前所未有的生机勃勃的场面,与此同时电视纪录片也有了自己的发展空间。纪录片所涉及的题材、作品的风格及表现手法都有着新的发展。此时,电视纪录片开始栏目化,在电视屏幕上占据自己应有的位置,如 1978 年在央视播出的《祖国各地》,是最早开辟的专门播出电视纪录片的栏目。在这一阶段,纪录片走向大众化的传播,出现了系列化、长篇化的创作倾向,期间主要代表作有《丝绸之路》《话说长江》《话说运河》《望长城》等。这些纪录片篇幅宏伟,气势浩荡,内容丰富,深深地吸引了当时的电视观众,产生了前所未有的社会影响。

其中,《望长城》被认为是我国纪录片实现突破的标志,理论界一致公认《望长城》在纪录片语言、题材、风格、视角、叙述方式等方面的创新与突破,形成了中国纪录片发展中的一道分水岭,中国纪录片从此进入成熟时期。

20世纪90年代,一场"新纪录片运动"爆发,创作者们破旧立新,高呼"纪实主义",创作理念是"真实再现",推动着中国电视纪录片走向巅峰。这一时期的代表作有《流浪北京》《沙与海》《藏北人家》《最后的山神》等。这时的纪录片开始走下神坛,注重人文关怀与平民视角,出现了边缘文化的纪录片。创作者们从人文的角度出发,把镜头对准一些边缘人,倾听他们的心声与情感陈述,反映他们的生活、思想和生存状况。边缘纪录片的出现填补了纪录片在当时边缘人生活记录的空白,为我们的文化类型注入了新鲜的血液。

20世纪90年代中后期,中国电视纪录片开始走下坡路,因为纪录片基本属于精英文化范畴,而广大观众更多的是对大众文化的需求,加上娱乐节目的冲击及纪实主义僵化模式的影响,电视纪录片没有更多的市场,开始走向低谷。

近些年,我们看到越来越多的纪录片活跃于荧屏,不过我们还不能说纪录片已完全走出了低谷,因为纪录片栏目的收视仍然较低,生存状态不容乐观,需要找到一条和市场接轨的道路,摆脱边缘化的尴尬境地。

第三节　纪录片的策划要点

纪录片是纪实的艺术,不允许虚构,但是纪录片的纪实风格和手法,不是呆板的、机械的原生态纪录,而是创造性的利用现实。

2005年广州国际纪录片预案卖场上,国际买家主要关注以下六个方面的问题:

(1)拍这部纪录片干什么?

(2)给观众看什么?

(3)观众能不能看得懂?

(4)看懂了以后还能不能看下去?

(5)好不好看?

(6)观众对这个节目怎么看?

解决处理好以上六个问题,就必须要有相对应的前期策划工作。策划是电视纪录片创作必不可少的一道程序,它应贯穿于纪录片创作的整个过程。

一、纪录片的选题策划

要创作一部纪录片，首先需明确"拍什么"的问题，所谓"拍什么"，即纪录片的选题。在策划纪录片选题时，要区分题材和素材两个概念。在《辞海》中，素材是指作家、艺术家从社会生活中摄取出来的，而从未经过提炼和加工的原始材料。而题材则是文艺作品的内容要素之一，即作品中具体描写的，体现主体思想的一定社会及历史的生活事件和生活现象，它来源于社会生活，是作者对生活素材经过选择、集中、加工而成的。而要在万花筒般的生活中选取什么样的题材？通过什么样的渠道获取题材？这些都需要在开始创作纪录片时认真考虑。

(一)选题的来源

要发掘好的纪录片选题，除了创作者自身的发现之外，建立良好的关系网及庞大的信息系统也是非常必要的，具体而言，选题的获得可以通过以下一些途径：

1.来自任务安排和群策群力

中国很多有影响力的纪录片，如《话说长江》《黄河一日》等都是根据上级的要求和委托制作的。我国的电视台都是国有的，都要在党和政府的管理下运作，上级部门每年都会下达一定数量和内容的纪录片指标，有时甚至会直接下达一些选题，如纪录片《变化中的中国》，就是由国务院新闻办公室委托制作的，这是国家电视台必须完成的任务。

当下很多电视台都实行栏目组负责制，即节目的创作由栏目组里多个编导群策群力合作完成，包括一些节目的选题。俗话说："三个臭皮匠赛过诸葛亮"，集体创作可以保障影片的整体性和完整性，能更好地发挥创作者的思维优势和工作效率。

2.来自其他媒介和观众

媒体是纪录片选题的另外一个重要来源，如报刊、广播、书籍及其他电视台的同行。虽然原创作品更能体现创作者的艺术才华和精神境界。在实际制作中，很多电视纪录片就是把那些已经在其他媒介上报道过的题材，重新制作包装，以新的视角、新的拍摄方法和传播手段进行创作。《生活空间》有一期表现一个贫穷地区几个农民坚持四年办文学社的纪录片《金钟》，就是从广播和报纸中得来的线索。

此外，中国有上亿的电视观众，各类电视节目也越来越注重与观众之间的联系，通过观众向电视栏目组提供线索的情况也是经常有的。比如，上海电视台拍摄的纪录片《毛毛告状》，线索就来自于观众的一个电话。

3.来自创作者自己的发现

作为一名艺术工作者，必须具备的一个条件就是对生活的敏感和发现。绝大多数纪录片的编导都有过发现选题的体会。比如，纪录片《人生唱晚》的摄影师在拍摄主人公周克尧指导学生唱歌的情景时,初衷是想把这个过程简单地记录下来,但在拍摄过程中,摄影师突然发现周克尧的妻子在一旁静静地聆听,那种专注的神态和投入的表情非常生动,于是摄影师马上选择了拍摄妻子倾听唱歌的情景。这个拍摄对象的突然转换,成功地表达了影片的主题,烘托了影片营造的亲情感人氛围。

(二)选题的原则

好的选题就成功了一半,在确定选题时,应遵循以下原则。

1.新鲜性

最好的选题是新鲜的,是别人没有拍过的人物或事物。有人说纪录片是发现的艺术,发现别人未发现的,拍摄别人未拍摄的世界。新鲜性通常可以从两个方面去理解。

一是选题策划的时候我们应该着力寻找那些新鲜的、不同寻常的内容。这些内容不仅能够激起观众的好奇心,还可帮助大家开阔眼界。比如,《迁徙的鸟》把镜头对准我们不熟悉的候鸟世界,让我们对候鸟的生活习性有了新的认识,对生命充满了感悟。

二是需要以独特的视角去挖掘平常生活中不同寻常的内容、发现平淡中的不平淡。因为电影电视发展到今天,这个世界上几乎已经没有未被拍过的事物,完全新鲜的很难找到。因此,对于一些我们熟悉的题材,需要采用独特的视角去记录。比如我们之前说到的《幼儿园》,通过真实的写照,发现幼儿园小朋友身上一个个生动有趣的小故事。

2.真实性

在纪录片的创作理念中,人们都不会否认,真实性是纪录片的生命。作为电视观众,选择看纪录片,就是想看到最为真实的东西,如果是虚假的,就会使观众丧失对纪录片的信任感,而这个信任感一旦丧失,整个纪录片的概念以及前途都会垮掉。

作为纪录片的创作者,也必须以追求真实性为创作原则。不论是把纪录片比作“打造自然的锤子”,还是“观照自然的镜子”,都毫无疑问地说明,在纪录片中,故事的真实性是纪录片的生命,这也是纪录片区别于故事片的根本所在。然而,纪录片给我们展示的又绝不是现实的原貌,创作者拍什么,不拍什么,表现什么,不表现什么,取舍之中已经具有了主观色彩。因此,一部好的纪录片,不仅仅是停留在事物表面的记录,而是能够通过客观事物的深层记录,表达出体现事物本质的真实。而有良知的纪录片创作者,所努力追求的正是最大化地接近事物本质的真实。

3.故事性、趣味性

在电视竞争日益激烈、娱乐化倾向越来越明显的今天,纪录片要想占有一席市场,离不开故事性、趣味性的选题。不会讲故事、缺乏趣味性是纪录片常见的问题,像BBC的纪录片之所以能吸引人,原因就在于它的故事性强、趣味性强,这一点是非常值得借鉴的。在我国像《走进科学》《探索发现》等栏目在讲述的过程中,也纷纷采用故事化的讲述方式,这样能够更好地吸引广大观众的注意力,让几十分钟的节目不至于枯燥。

要想提高纪录片的故事性、趣味性,首先在选题上就要严把关。那些本身就曲折离奇、具备故事性与趣味性的事件往往更能吸引广大观众,也更容易成为纪录片的选题。

4.可操作性

就像拍摄电影需要考虑场景、光线、环境、音效等客观因素一样,纪录片的拍摄也要选择好适当的时间、地点以及拍摄方法。对于小说家来讲,他不必太多考虑故事发生的场地,纪录片的创作者却不同,他必须时刻留意到情节,人物与场景的关系。如果情节的安排遭到了被拍摄对象的拒绝,或者现场的状况不允许镜头的拍摄,那么就要采取另外的方式表达相同的主题。作为一般纪录片的创作者,我们就需要考虑这些客观因素对于拍摄的制约及影响,选择合适的时机拍摄出最能体现镜头魅力的影像。

此外,创作团队自身的人力、物力、财力等也在我们需要考虑的范畴之内。一个很好的选题,如果因为编导不能驾驭,不但拍不出好片子,而且一个好选题也被浪费了。还有对于一些宏达的选题,资金和技术上也应该首先要有所保障。

选题的原则,除了新鲜性、真实性、故事性与趣味性、可操作性之外,有时还需考虑选题的普遍性、信息量等,普遍存在的、信息量多的,更可能成为纪录片的选题。

(三)纪录片选题的误区

纪录片选题的领域相当宽泛,自然、社会、人文、历史、民族等都可以作为纪录片的选题,选题在纪录片的创作中有着极其重要的作用,因此,在实际创作的过程中,有的创作者认为选题对了就是成功,或者一个成功的选题会引来很多人的模仿,实际上这些都是进入了创作上的一些误区。

1.选题决定论

《沙与海》《藏北人家》《最后的山神》等作品的成功,似乎给人一种印象,好像拍少数民族的片子就容易获奖,其实这是一种错觉。我国少数民族,可以说都有纪录片拍过他们的生活方式与风俗习惯,但是这些片子并不是全都获奖了。选择少数民族题材,可以给观众带来新鲜感,但是并不是说选择这种题材就能成功。有些国外学者认为,在拍民族片时,没有半年以上共同生活的经历,就没有开机拍摄的资格。一些优秀的获奖作品,也都是创作者深入对方生活后才能拍出来的。所以说并不是选了这个题材就是成功,必须创作者自己作出相应的努力,做好充足的准备工作后再开拍,不要闭门造车,不考虑拍摄对象的具体情况,不考虑观众的需要,结果拍出的作品因为缺乏艺术深度和审美内涵而受到了观众的唾骂和评论界的否定。

2.模仿跟风现象

纪录片中的模仿跟风现象就像流行时尚一样,一些成功的选题很容易引来许多盲目的模仿者,这些跟风拍摄出来的影片,既没有新颖的创作思路和创作方法,也没有独特的艺术技巧和表现手段,只能在前人做好的范围内不停地重复着别人,也重复着自己。不仅是纪录片,影视界也普遍存在这样的一种跟风模仿现象,一时间各种穿越剧、各种选秀节目,换汤不换药的出现在各大屏幕上,让观众连连失望。纪录片的创作者必须充分地认识到这一点,不能一味地模仿别人,要对拍摄对象有足够的了解和认识,用自己独特的眼光去观察和介入,从而拍摄出具有独特风格和审美意义的作品,满足观众的不同需求。

3.违背真实原则

作为纪录片最主要的是要传播真实的事实,而有些纪录片的创作却违背了这个原则,采用拍摄电影或者电视剧的方法,用虚假的扮演和事先安排好的情节,来替代原本应该发生的故事,1993 年,日本 NHK 电视台的纪录片《禁区——喜马拉雅深处的王国:姆斯丹》闹出的扮演风波导致了舆论界的一片哗然,违背了纪录片的基本创作原则。①

此外,有的纪录片创作者在拍摄的过程中,强行主观的介入,让被拍摄对象按照自己的主观意愿说话做事,严重干扰了被拍摄对象在自然状态下的生活,极其不自然或者说不真实,这些问题都是拍摄者需要注意的,要尽可能地恢复或重建它的原貌,处理的方法和拍摄手段可以突破常规,但基本的创作原则真实却是万万不能背离的。

二、纪录片的叙事策划——故事化

故事是人类最基本的娱乐方式,广大观众对于故事有一种天然的喜好。人们爱听故事,也爱讲故事。现代汉语词典对于故事是这样定义的:"真实的或者虚构的用作讲述对象的事情,有连贯性,富吸引力,能感染人"。故事是由一个个矛盾构成的。纪录片在策划选题时,可以考虑故事性较强的选题,看所拍摄的题材中有没有矛盾,能不能形成矛盾,在拍摄中是否可以拍到矛盾或有故事化因素的情节细节。此外在后期的制作中,采用故事化的叙述方式,使用设置悬念、人物铺垫、加快节奏等故事片的创作手法,加强纪录片的故事化创作。

具体来讲,纪录片的故事化创作有几种不同形态:第一,采用画面语言直接叙述故事;第二,在后期制作时对画面进行故事化剪辑;第三,讲述故事的同时兼有画面接应;第四,用话筒采访故事,再配上相应的画面;第五,用解说词直接叙述故事。在纪录片的创作过程中,不管使用以上哪一种形式,纪录片都应该是供人观赏以及沟通的艺术品,而艺术品的主要价值就是好看,所以为了做到好看,采用故事化的创作方法就非常有必要。事实上,我们今天看到的很多纪录片中,都已经大大加强了节目的故事性。例如,像纪录片《毛毛告状》《伴》等不仅有故事、矛盾,还有人物之间的冲突。第四届《中华荟萃》纪录片中,

---

① 王列.电视纪录片创作教程[M].北京:中国广播电视出版社,2005.

获得一等奖的作品《草台帮的头家》《马明山的故事》等纪录片都是故事性强、可视性强的作品。不久前获得中国纪录片大奖的《陈小梅进城》《纸殇》等，更是纪录片故事化的典范之作。

(一)故事的主题

主题是一个故事的中心思想，就像我们写文章，需要有一个中心思想一样，好的纪录片主题，能够引发观众的共鸣，就像我们看《幼儿园》的时候，会觉得这些事情不仅仅发生在小孩身上，我们大人身边何尝又不是每天都在上演这样的一些故事呢？

故事的主题决定纪录片的方向。在所拍摄的事物中，什么让人最好奇？故事中最有趣的地方在哪里？从这个故事中我们可以知道那些以前未知的东西[1]？那么这些就可以作为重点表现的主题。比如，美国探索发现频道的选题都是"人类已经感兴趣，但还弄不清楚的内容，是现实生活中曾经存在的、或有待证实的事情。大体上可分为三类，分别是自然现象、历史文化、人类自身方面的，如《驯鹿返乡》《伊斯坦堡传奇》《认识两性》等节目。"纪录片在策划选题时就可以要求故事化。

(二)故事的结构

结构是将素材进行排列组合的方式，不同的结构会产生不同的叙事效果。比如，生活空间曾播出过一个短纪录片《姐姐》，之前编导准备将拍摄回来的素材剪辑成一个反映先进警察人物的一个纪录片。后来栏目制片人发现这些素材如果重新组合，可以形成一个反映儿童的纪录片，比之前的效果会更好，于是才有了《姐姐》的出现。

纪录片常见的结构有线型结构和版块式结构。

线型结构最主要的特点就是整个影片有一条或多条线贯穿，根据这一特点，又可以把线型结构分为单线结构和复线结构。单线结构指整个影片只有一条线索贯穿，所有的问题都是围绕着这条线去进行的，如《最后的山神》，只要是和这个内容相关的则拍，反之则舍弃。复线结构则不仅仅是一条线索，往往是两条或者多条线索贯穿全片，这些线索可以是平行的，也可能是会出现交集的，如《沙与海》，是典型的两条线平行的结构。

但是在实际操作中，并不是所有的纪录片都有一条线，如一些主题先行的纪录片，从头到尾基本上都是解说词，因此拍摄的素材往往缺少内在的逻辑性，成了论证主题的工具，像这种没有合理的主线存在的情况，就只有采用另外一种结构，板块式的结构。所谓版块式的结构，就是按照人物、时间、地点或主题的不同，将不同的内容分成不同的部分，各部分之间可以毫无联系，也可以有起承转合的一种结构方式。如《舌尖上的中国》，每一集都是一个相对独立的板块，分别是《自然的馈赠》《主食的故事》《转化的灵感》《时间

---

① 王列.电视纪录片创作教程[M].北京:中国广播电视出版社,2005.

的味道》《厨房的秘密》《五味的调和》《我们的田野》等，各部分虽然都是围绕着美食去叙述，但是各部分又相对独立、关系不大。

（三）悬念的设置

"设置悬念是故事化叙述方式的重要手段"。[①] 所谓悬念，《现代汉语词典》是这样解释的："欣赏戏剧、电影或其他文艺作品时，对故事发展和人物命运的关切心情"。也有观点认为，悬念就是戏剧性故事的讲述者运用更有诱惑力的技巧，来吊你的胃口……

纪录片在真实纪录的基础上，其叙事方式与故事片没有多大区别，比如，像悬念、细节、铺垫、重复、高潮等，这些不仅仅是故事片的专利，纪录片同样也可以用。从现实情况看来，打击犯罪的纪录片收视率会高于普通纪录片，如《中华之剑》《潜伏行动》等曾经引起过收视高潮，主要原因就是画面故事中的未知元素所构成的视觉悬念。

具体来讲，纪录片悬念的设置可分为结构性悬念、兴奋性悬念、冲突性悬念和抑制性悬念等。[②]李兴国、余跃的《在悬念中叙事——论电视节目中的悬念意识》中指出，结构性悬念是"贯穿节目始终的总体悬念，是大悬念，其主要作用在于构建节目的整体框架，突出节目的总体构思，揭示作品的主题和思想内涵"。比如，《探索发现》栏目的一期节目《山村古墓之墓主之谜》，整期节目都围绕着墓主是谁这样一个悬念展开。

而兴奋性悬念，通常是小悬念，诸多的小悬念在节目中起到铺垫故事情节、烘托人物形象、提高观众收视兴趣的作用。比如，纪录片《列国图志——中国》挑选了不同领域具有代表性的小人物，不断地设置小悬念，其中有 12 岁的小女孩金杨是否能够成功突围选拔进入国家体操队，从而出征 2008 年北京奥运会；在上海从事高空窗户清洁工作的宋峰，能否圆他的梦想买一辆车；城市女青年伊丽莎（Eliza）整容后能否为她的工作以及生活带来好的转变等。纪录片中类似这样的悬念设置让观众不断发现问题，然后又不断解决问题，能够持续地吸引观众的注意力。

冲突性悬念是指把故事的全部、局部或某种迹象与征兆向观众做预先提示，或通过对游戏规则的操作，去加剧人物冲突、增强故事的曲折性，使观众随收视对象的命运、遭遇而悲喜交加、紧张、焦虑。

抑制性悬念是指抓住观众急于获知内情的迫切心理，故意放慢叙事节奏，延缓时间进程的一种悬念表现方式。如央视的《走进科学》栏目，就经常使用这样的悬念手法，像在《牛下了蛋》这期节目中，本来可以直接把蛋剖开检查就可以知晓结果，但是栏目编导并没有这样做，而是先对蛋进行生理结构推测、仪器检测等，排除层层疑惑后才从最为关键的地方入手，延缓观众知晓结果的速度。

---

①②曾祥敏.电视采访［M］.北京：中国传媒大学出版社，2010.

（四）细节刻画

纪录片的细节是指在纪录片中能够集中反映事物本质特征、揭示作品内涵或激发观众兴趣的"特写"。它往往是整个纪录片的闪光点，纪录片不一定有情节，但应该有细节，有了细节，可以让影片的主题得到深化，并且形成更为生动的形象。这种细节是创作者从现实生活中抓取出来的，是依靠"挑""等""抢"的技巧拍摄下来的，而不是由编导臆造让人表演出来的。

1.细节激发情感

一部优秀的纪录片会有多个鲜活的细节，同时这些细节能够深深地吸引并感染观众。如日本获国际大奖的《小鸭子》里，编导从公园里野鸭群中捕捉到了最小最弱的一只，并用两个细节紧扣住观众的心弦：第一个细节是当鸭群纷纷离开池塘的时候，只剩下最小的一只在那里，它几次想跳过最后一个石阶，却都没有成功，但是它并不灰心，一直在那里跳，终于跳了十几次后，成功了。第二个细节是当鸭群长大后，欲离开公园的时候，所有的小鸭子都张开翅膀冲向云霄，只有那只最小的鸭子试飞了一次又一次，失败了一回又一回，直至第八次才成功地升空与伙伴们会合。这些细节观众在看的时候，是绷紧了神经，给观众心灵造成巨大的冲击与洗礼。纪录片之美在于它蕴含着深刻的哲理，这些哲理都隐含在平凡的生活细节中，需要观众自己去感受、自己去领悟。

2.细节刻画人物

在文学创作中，细节描写对刻画人物至关重要，而在纪录片中也是如此。试想纪录片中如果没有细节，会让人觉得很空洞。为了揭示人物复杂多变的内心世界，传达各种情感和思想，反映人物的特征，可以通过特写、细微表情和眼神的变化来表现，细节是进入人物内心世界的窗口。

纪录片《望子五岁》中描述了一个三口之家，一对盲人夫妇与一个孩子，其中有这样一个镜头：哭喊着的望儿在大街上追赶上妈妈后，双目失明的妈妈抱起了儿子，并且娴熟地为他拉扯上掉下的袜子。这一细节，把平凡而伟大的母爱表现得淋漓尽致。还有之前我们说到的《沙与海》中，细节刻画也非常到位，其中在表现刘泽远的大女儿时，当记者问到你愿不愿意离开沙漠时，她纳鞋底的手忽然停了，镜头给了两个特写：一是她的手，不停地捏拿着那根针；二是她的脸，之后这个女孩子沉默了很长一段时间。通过这一细节的刻画，让人感受到她对家乡的不舍以及对外面世界的向往之情。

3.细节具有强调作用

通过特写镜头反复表现的细节，具有强调作用。它能抓住人们的视线，紧扣住人们的心弦。纪录片《神奇的非洲三角洲》中有个细节：非洲草原上金钱豹在伺机准备猎取羚羊时，镜头反复地从不同角度记录金钱豹进攻前的"准备"工作，它伏在草丛中慢慢地挪动身体,眼睛死死地盯住羚羊,就在羚羊放松警惕低头吃草的时候,金钱豹发动了袭击……这一细节的刻画让人印象非常深刻,它强调即便是动物,为了生存也要用智慧,人类又何尝不是这样呢。当金钱豹吃饱之后,欲望得到了满足,它没再次发起攻击而选择了休憩。同样是作为动物的人,欲望有得到满足的时候吗? 因此我们说:"纪录片是一面镜子,人类现实的生存之镜,从镜子中,我们理解人类自身的处境和状态。"

(五)以人为中心

纪录片是以真实生活为创作素材,以真人真事为表现对象,以展现真实为本质,并对其进行艺术加工与展现,用真实引发人们思考的艺术形式。纪录片的这一特性决定了它必须以人为本、以人为中心。古希腊哲学家普罗泰戈拉提出:"人是万物的尺度,是存在的事物的尺度,也是不存在的事物不存在的尺度。"春秋时期齐国名相管仲在《管子·霸言》篇中说:"夫霸王之所始也,以人为本。本理则国固,本乱则国危。"人是纪录片一个永恒的话题。人的思想、人的情感、人的行为、人的真善美、人的假丑恶等都可以成为纪录片的内容,也是电视观众渴求看到的主题。

首先,在题材选取阶段就应该树立以人为本的意识。纪录片的题材内容非常广泛,国内纪录片选题大多集中在记录普通人、抒发人性和人道主义情感等内容,取材面相对比较窄。而国外的纪录片中,植物、动物、人物、科教、历史、风俗、采风、人物传记、社会问题等都可作为选题。但是,不管纪录片选材范围窄或宽,更为重要的是都应该树立人文关怀意识,也就是说,将对人、人性以及人民生活福祉的关切融入纪录片的主题中来,在客观记录的同时要折射出以人为本的意识。如纪录片《壁画后面的故事》,主人公陶先勇是一名癌症患者,他的老师刘玉安一直帮助他和死亡抗争。虽然刘玉安做了他所能做的一切,但是最终还是没能挽救陶先勇的生命,刘玉安再次经历了生命被破坏的情感体验,但他却在壁画上记录了一个生命抗争的过程,拓展出"生命即美"的哲学层次。在这样一些优秀作品中,虽然没有什么深邃的哲学语言,但是片中所记录的人的心灵、人的内心世界和人文关怀,往往给观众的启迪是经久不衰、历久弥新的。还有在其他一些非人物类的纪录片中,像《再说长江》《舌尖上的中国》等,虽然是介绍国家地理、美食的影片,但在其中无不是以人的故事贯穿下去的,长江两岸的人、做美食的人,通过这些人的故事来有力的表现主题;反之,如果少了这些人,整个影片只说长江、只说美食,势必会让观众觉得缺少了人情味、缺少了共鸣感。

其次,在选择中心人物时,需要遵循一些原则,要选择引人注目的中心人物。在一部纪录片中,要表现一个主题,会出现多个适合表现这个主题的人,那我们究竟选择谁作为整部影片的主要人物,这是我们在这里讨论的问题。具体而言,中心人物在选择的时候,应该具备这样三个特点:第一,有典型性;第二,有个性;第三,表达能力强。纵观很多纪录片中的主要人物,无不具备这样的几个特点。如《再说长江》中"告别家园"这一集的中心人物冉应福,首先,他是千千万万三峡移民中的一员,他有这些移民身上共有的一些特点,具备典型性。其次,他是这个村子里驾驶技术最好的船长,个性坚韧、有魄力,在他身上具有"家国"情怀,这是他的个性之处。第三,冉应福语言幽默、敢于表达真实的自我,在谈到自己要迁徙去安徽居住时,他准备在新家贴一副对联,上联是"满清兵乱填山川",下联是"中华建设移平原",横批是"反正爱国"。

三、纪录片的市场策划

一位国际纪录片专家曾说道:"中国人的这种热情和欲望(指纪录片创作)是任何一个国家的专业人士无法做到的。"①然而,这并不能说明中国纪录片创作已经具备位于世界纪录片创作之林的实力。我们应当清楚地认识到:中国纪录片与外国相比,整体上存在很多不足,比如多样化的缺乏、市场化的滞后等问题。本部分内容将从市场的角度对我国纪录片的现状与出路进行分析。

(一)我国纪录片市场现状

我国纪录片市场总的来讲还不够活跃,还存在一些问题,需要不断促进这些问题的解决,为我国纪录片的发展找到一条出路。

1.资金不足

目前,我国纪录片的制作主体主要有中央电视台、纪录片频道、民营纪录片公司和卫视及地方电视台。纪录片的生产需要大量资金,就目前的形式来看,各大制作主体把更多的资金投入新闻及综艺娱乐节目的制作,对纪录片的资金投入不够重视。一些国有体制下的大型纪录片,因为要配合政治任务,所以能够得到足够的资金支持。而其他一些体制外的纪录片虽然也得过一些奖项,但制作很粗糙,很难通过出卖节目来得到所需的资金。

2.类型单一

具体表现为形式的单一和题材的单一。我国纪录片形式上大多采用长镜头、跟拍等手法。在《望长城》之后,长镜头、跟拍似乎成为一种定式,这种千篇一律的拍摄手法让人哭笑不得。此外,较长时期以来,我国纪录片创作题材狭窄,选题中猎奇现象比较严重。

3.制播一体

中央电视台作为我国最大的纪录片制作主体、播出平台,长期以来处于自给自足的状态。直到纪录片频道开播以来才开始实施制播分离,这让我国纪录片市场化发展看到了希望的曙光。

---

① 冷冶夫.中国纪录片发展创作启示录[J].大美术,2008(3):17-22.

4.海外销售困难

进入 21 世纪以来,《圆明园》《故宫》等大型系列纪录片开始走向世界,但这些纪录片都经过了国外改编才获得世界传播通行证。中国纪录片不熟悉国际市场的规则,许多纪录片达不到国际市场要求的标准,不能进入国际市场。虽然曾经也有一些在国际上获奖的纪录片,但个别奖项无法掩盖我国纪录片创作与市场脱节的现象。

(二)我国纪录片市场出路

我国有一支很大的纪录片创作队伍,但是大部分人都没有市场意识,特别是那些电视台的纪录片编导,只是受命工作,拍摄纪录片,对于其他的播出等问题不用多虑。但是从如今的形式来看,收视率和节目营销已经成了悬在纪录片创作人员头上的一把利剑,让人不得不在重压下开始考虑纪录片的市场问题。

1.走商业化道路

纪录片走商业化道路,在国际上早已是常事。欧洲的一些商业电视台通常都设有专门的纪录片频道,或者专门的纪录片播出时间,而且大多数还是黄金时间段。我们必须正确对待纪录片的商业化运作,让中国的纪录片能尽快地与国际市场接轨。

作为纪录片的创作者,应树立商品意识,纪录片不仅仅是艺术品,它还是一种商品,在制作时,需要考虑它的制作周期、制作成本和投入产出等问题。不能再像以前一样,创作者只管把影片做出来,至于后面是否有市场、是否有观众、是否有收视等都一概不管。纪录片要想在市场生存,就必须要学会适应市场。很多时候我们在抱怨市场环境如何恶劣,但却很少审视自己,试想如果把我们放置到纷杂的市场中,把自己定位成商家,那么你会选择购买什么样的纪录片商品呢? 所以说纪录片走商业化道路,需要考虑市场的需求、受众的需求。

我们常说纪录片的“产销对路”,主要指拍摄内容要适合国内外观众的共同喜好及需求。比如,人文类的纪录片《山洞里的村庄》《西藏的诱惑》;自然环保类的纪录片《红树林》《藏祢猴》《神农架》等,这些纪录片不仅仅卖到了国外,而且收视效果也较好。还有《祖屋》这部纪录片讲述的是福建省的一座大宅院,里面住着黄姓大家族,两百多年来,他们世代耕读传家、勤俭崇文,至今仍保持着中华民族的传统道德和礼仪,目前这部影片已经卖到了很多个国家和地区,收入几十万元。由此可见,选取具有市场潜质的创作题材,是纪录片取得营销成功的关键一步。

此外,在纪录片创作资金这一块,也可以试行商业化。目前,国内很多纪录片创作者是电视台的工作人员,创作所需的所有资金设备都是由电视台出资的,如《最后的山神》《布达拉宫》等都是由电视台出资的,编导对有没有利润、能不能卖出去并不感兴趣,他们主要关心个性化创作的问题。而西方很多纪录片都是私人电视台或个人制作的,这要求他们必须考虑经济回报的问题。如果实现了纪录片成本商业化，自然对节目也可以实行商业化的运作，以实现收益的最大化作为目标。比如，美国的《国家地理杂志》频道制作的节目，投资非常大，一般每期节目的投入都是几十万甚至上百万美元，这些高投入也给他们带来了丰厚的效益，这些节目除了在世界各地播出外，还被刻录成光盘，销往世界的各个角落。

2.国际合作

曾经有一名外国片商在评价中国纪录片时说道："中国纪录片虽然在拍摄的角度、人物感情和细节的表达上有独到之处，但往往只是思想性强，故事性弱，节奏缓慢，观赏性比较差，很难迅速吸引观众，因此也就难以进入国际市场。"他还称，他们购买的中国纪录片，往往要重新剪辑、组接，增强故事性后才在他们的频道上播出。正是这种"中国材料、海外编导"的方式才使中国纪录片走向了世界。这件事情告诉我们，尝试与国际之间的合作，应该是个我国纪录片与国际接轨的好办法。

所谓国际合作，就是在共同承担制作费用的情况下，共同制作电视纪录片。也有由外方负责出资，我方负责拍摄，利益共享的拍摄方式。无论采用哪一种方式，在这里，中西方不同的创作观念与创作方法交汇在一起；不同的文化意识和思维模式得到碰撞。可以说，与国际合作是中国纪录片走向市场、走向世界的一条捷径。在近几年国内各大电视节上，国内纪录片向境外输出的节目已达到了数百万美元，由此可见纪录片的市场前景无限。

第四节　作品分析

2006年7月，大型纪录片《再说长江》在央视一套黄金时间段播出，总共33集。这是《再说长江》摄制组历时两年的时间、行走在万里长江之上、用高清摄像机记录下的画面。说到《再说长江》，相信每一位观众都会不由得想起20多年前中日合拍的纪录片《话说长江》，创造了当时中国40%的收视率奇迹，是我国电视史上里程碑式的作品，至今优美的主旋律仍然被很多人哼唱。

20年后《再说长江》正式开拍，在为期两年的拍摄制作之后与广大观众见面，它是《话说长江》的延续，更是一种超越，这不仅仅是资金、技术方面的提升，更是内容和形式上的创新。

一、选题

《再说长江》《话说长江》都是把长江作为拍摄主体，但是两者又有很大的不同，万事万物都处于一个不断变化发展的过程，从 1983 年到 2003 年，中间历时 20 年，长江沿岸发生了翻天覆地的变化。因此，"变迁"就成了《再说长江》的主线和中心。正如《再说长江》总制片人刘文所说，"《再说长江》策划时明确的主旨就是以长江沿岸风光地貌、风土人情的变化来反映中国 20 年的经济建设所带来的巨变。20 年前的《话说长江》是部风光片，散文化的解说，让没走出过家门的老百姓看到了祖国各地人们的生活状态，20 年后长江沿途很多地方都是旅游胜地了，早已不再神秘，所以这次以人为本、以纯纪实手法讲故事，用对比来展现长江的变化、中国的变化"。所以"变"是《再说长江》重点表现的一个方面，时代的巨变、社会生活的巨变以及人的思想观念的巨变。[①]

但是在表现"变"的同时，也有一些"不变"的东西，比如民族精神。在中华民族这棵参天大树中，有些骨子里的东西是随着社会乃至时代的变迁而恒久不变的，这些东西被中华民族的每一个儿女一代又一代悄无声息的继承着。故刘文又说："更重要的是，让观众看到变化的背后其实是不变，20 年巨变的根源在于中华文化血脉相承的不变。"

二、以人为主体

《再说长江》的创作原则是"以人为主角，以故事为载体，以情感为核心，以真实为灵魂"。[②] 与 20 几年前的《话说长江》相比，《再说长江》最大的不同在于"人"的出现。在《话说长江》中，重点是"说长江""看长江"，而《再说长江》中，却把"长江人"作为表现主体，以人来承载故事，以人生活的变化来体现长江的变化。

《再说长江》中差不多每一集都有几个主要人物，如"水火山城"中的广告公司职员李曦、在校时尚大学生李娜、民营企业家尹明善、火锅店老板苏兴蓉，通过这几个人的故事来表现重庆的变、重庆的美、重庆的打拼精神、重庆的辛辣火爆。当年年仅 11 岁的李曦，是重庆少年体校的学生，曾经是新落成的重庆大桥上的第一个晨跑者，而 23 年后，已经 34 岁的他，在重庆一家图文广告公司就职，现在的他依然在这座大桥上晨跑。像这样类似的故事还有很多，一位南京市民，在当年《话说长江》的素材里，推着一辆自行车，车上载着他 3 岁的小儿子，而 20 多年后今天的他，儿女都已经有了自己的私家汽车，过上了过去难以想象的"汽车"时代的生活。《再说长江》中，正是通过这样一个个具体的人的故事，向我们展示长江之变与不变。

---

① 杨柳，郭峰.影视策划实务[M].南京:江苏美术出版社,2012.
② 曾祥敏.电视采访[M].北京:中国传媒大学出版社,2010.

三、故事化讲述

《再说长江》中,以人的故事为载体,讲述了很多长江两岸人民的故事。为了让故事更加"好看、好听",创作者在画面、剪辑、解说词等方面都很下功夫。

(一)画面语言的故事化讲述

画面语言在电视纪录片中应该是第一性的,凡是能用画面说明的,创作者就应尽量用画面语言去表现。而要讲好一个故事,除了人物之外,故事的环境、矛盾、细节这三方面也是必不可少的。在纪录片《再说长江》中用画面语言直接表现了故事的环境、矛盾及细节,遵循了纪录片创作中以视觉艺术为本体的原则。

1.用远景镜头叙述环境

环境是故事发展的摇篮,因此能否用画面语言表现好环境是纪录片故事化成功与否的开端。在《再说长江》中每一集开端与结局的时候,远景镜头使用最为普遍。像第十五集《告别家园》,开篇便是长江三峡第一峡瞿塘峡峡口以及峡口边巫山县大溪乡的景观,这几个简单的远景镜头交代了这一集所要讲述的三峡移民搬迁事件的背景及具体环境。

2.用无修饰镜头组接展示矛盾

《告别家园》《他乡、故乡》两集中讲到大溪乡村民即将离开祖祖辈辈安居乐业的故土,到一个陌生的地方安家落户时,通过会议讨论、搬迁动员、拜别离家等镜头段落组合表达村民的离乡之痛,其中展现出的矛盾一览无余。在这里编导基本上是以无修饰的镜头组接叙事,过渡比较自然,没有采用长镜头,没有用很多空间做叙事铺垫,没有刻意运用某种视觉符号或呈现象征性的标志,而是在波澜不惊中捕捉现实生活中的矛盾。

3.用特写镜头刻画细节

细节是纪录片出彩的部分。《再说长江》在细节上非常注重,在《告别家园》一集中,三峡移民动员时一位村民指间燃烧的烟蒂,折射出他内心世界里的几许惆怅;一位大妈离家前将一份针线包塞进行李袋中,按捺不住的是几分感伤;水手冉应福撒手轮舵移民到安徽去喂猪,写下"反正爱国"的横批,显露的是几多无奈。这些细节着力刻画出了移民的心态和行为。像这样真实动人的细节在《再说长江》的每一集中都有,甚至成为"放大了的小故事",给人留下的印象极为深刻。

(二)故事化剪辑

《再说长江》主要采用对比方式进行故事化剪辑。这种"对比剪辑"类似文学中的对比描写,通过镜头或场面之间内容或形式的对比,产生相互比较或冲突的作用,有着一种显性的张力,令人回味无穷。如在《再说长江》第一集《大江巨变》中,一开始就将20年前《话说长江》中拍摄的长江影像与当下的长江进行对比,让观众明显感觉到20年间长江的变化:世界最大的水利枢纽工程三峡大坝修筑起来了,世界上最高的高原铁路青藏铁路正在建设,世界水利史上最大的移民潮三峡百万移民正在涌动,重庆成了中国最年轻的直辖市,上海浦东开发如日中天……《大江巨变》中新旧丰富的影像资源形成的视觉形象对比,直观地、有说服力地凸现出了长江翻天覆地的变化。

(三)解说词辅助讲述

虽说画面是第一性,但有的内容画面无法直观表达,需要借助解说词去辅助叙事。在《话说长江》中正是如此,解说员李易的声音雄浑大气,与厚重深邃的长江题材相匹配,成功地辅助了画面叙事,达到了画面与解说的统一。如第二十八集《曲水姑苏》中,解说词这样说道:"园林是看得见的昆曲,昆曲是听得见的园林。"两个对称的陈述句将比翼双飞的世界文化遗产苏州园林和昆曲交叉换位,把深院幽庭、烟水光花、吴侬软语、唇齿含香的建筑美与戏曲美组合在一起,突出其极富东方美学神韵的中国传统艺术精神,给人以很强的艺术美感。这样的地方还有很多,总的来讲,这为整部纪录片的叙事提升了文化品位和历史积淀。①

近 50 年来,中国电视纪录片的创作理念发生着巨大的变化。缺少故事性的纪录片是乏味的,观众是不爱看的,《再说长江》的"好看"完全得益于"纪录片故事化"观念的巩固以及对画面语言主导运用的坚守。其中"人"的出现为《再说长江》的故事化奠定了基础。坚持画面语言第一性的故事化讲述,明确使用的对比剪辑手法以及颇具品位的、辅助讲述性质的解说词,都给这部纪录片带来了故事化的表现力。但是对于《再说长江》来讲,故事化只是手段,纪实才是目的。因此,我们说《再说长江》依旧是电视纪录片,它守住了纪录片真实的底线。在真实的基础上进行故事化创作,得到的仍然是真实。以上这些,对于其他的纪录片创作者而言,有参考的价值及意义。

---

① 魏南江.优秀电视节目解析[M].2 版.北京:中国传媒大学出版社,2014.

第七章

电视剧策划

2012 年以来我国人均 GDP 接近 4 000 美元,按照经济生活与文化需求的发展惯例,此种情形之下社会对文化娱乐产业的需求会变得十分巨大,受众对文化消费目的多样化、审美需求等也变得更加苛刻。在如今中国电视产业中,电视频道"窄播化"趋势愈加明显,但仅依靠细分受众的变革进度很难满足电视观众们日益增长的文化审美需求。电视剧作为电视产业发展的中坚力量,有着双重的特性。从技术层面分析,它往往被归结为人类技术进步的产物;从艺术层面分析,它是作为一种文化艺术形态而存在的,必然会受到当前社会发展背景、大众审美认同的影响和制约。中国的电视剧在策划、制作、发行的工序流程中已然明显呈现出艺术与商业并重的特性,两者相互依存。商业属性应更好地提升电视剧传播广度、人文情怀、社会责任、美学追求以无限可能。但是在电视剧从业人员中,通常会忽略了这一法则,形成了电视剧"商业主义"论调,在漠视艺术发展规律的意识下,结出杂糅恶果。

"众里寻他千百度,蓦然回首,那人却在灯火阑珊处",如同王国维先生对治学第三境界的描述,当广阅近 60 年的中国电视剧发展史,"顿悟"般的"蓦见"有一种电视剧策划的"核心诉求"于"灯火阑珊"处,而这种"核心诉求"是人在生活中对"美"重新认识和表达的过程。在纷杂的艺术创作实践中探寻电视剧艺术发展规律、审视电视剧艺术评价标准、深化电视剧类型创作的范式便显得尤为重要了。这样的一种发现美、展示美、总结美、研究美的过程不就是蔡元培先生所提出"闳约深美"的艺术发展核心原则吗?"大道至简"能够真正的解读好"闳约深美"这四个字,针对电视剧这一艺术分支的传播来说就足够了。

第一节　电视剧策划中艺术评价标准和美学体系的再确立

从中国的第一部电视剧《一口菜饼子》(1958 年)到现在中国电视剧已然走过近 60 年的历程。从肇始之时的前八年(1958—1966 年)全国共生产电视剧 100 余集,到如今 2013

年全国卫视频道全年播出的总电视剧集数为 26 575 集。在数字增长惊人的背后是播出的剧集只占当年生产总剧集数的 33% 左右。① 也就是说,近七成的电视剧制作出来后并未与观众见面便已"雪藏"入库。在貌似繁荣的电视剧产业背后,正在酝酿着一场重大变革:以市场商业化的运作模式为依托,以中国特有的本土文化意识为基础,以不断探求"家""国"和民族发展未来为走向,秉承着易于观众接受且能够引领大众审美为使命的电视剧创作理念悄然而生。

一、 艺术评价标准从滞后状态到多样化的形成对电视剧产业的影响

艺术评价标准也就是艺术批评的标准,它是一种艺术科学,具备"科学和艺术的双重性质"。② 科学性即以理性的思考方式看待评价主体,以艺术形式、风格通过评判手段对艺术的内容、本质、发展的规律、趋势提出思考。在电视剧领域中,就是通过色彩、灯光、镜头运动、场面调度、声音形式、空间构成等理性分析电视剧艺术的发展规律,寻找变化的"共性"。科学性要求评判者要有相识的材料论证观点、审慎的论证态度以及明确的结论。艺术性即批评主体还原于当时历史情境之中对当时反映出社会的文化意蕴、大众的审美标准进行提炼,也是对"人"的探讨。诚然,评价标准的确立对电视剧创作有指导性的作用,中国的电视剧如何完成本民族"本土意识"的重构也显得最为重要。

(一)艺术评价标准滞后对电视剧产业的影响

1958 年 6 月 15 日,北京电视台播出电视剧《一口菜饼子》为中国电视剧的滥觞,到 20 世纪 80 年代末,中国电视剧发展经历了初创时期(1958—1966 年)、"文化大革命"时期(1966—1976 年)、复苏时期(1976—1981 年)和发展时期(1982—1989 年)。这四个时期中国电视剧的艺术批评处于长期落后艺术实践的阶段,往往"理论"紧跟"实践"之后,电视剧的美学呈现也多半停留在单一复制的生活故事再现上,也为有纪实美学的意蕴。正如《一口菜饼子》(1958 年)是关于响应当时党的号召"忆苦思甜"和"节约粮食"的创作主题;《乔厂长上任记》(1980 年)和《新星》(1986 年)将表现主题聚焦于变革中的现实生活,塑造了乔光朴和李向南这样带有鲜明时代特色的改革人物,李向南作为新上任的县委书记颇有"包青天"的感觉,这种人物塑造方式在当时受到了极大争议,人们把变革的重担寄希望于一个有力的领导者身上是"长期以来的'青天'文化孕育和'人治'思想文化传统的产物";③《今夜有暴风雪》(1984 年)、《太阳从这里升起》(1987 年)、《雪野》(1988 年)、《篱笆・女人和狗》(1988 年)等剧作,虽开始关注"人性的复归"和"乡村女人"自我意识觉醒这样深刻的命题,但依然无法摆脱浓重的纪实特色,电视剧的美学追求和艺术批

① 《电视指南》2014 年 9 月刊.
② 徐复观.中国艺术精神[M].桂林:广西师范大学出版社,2007.
③ 刘晔原.电视剧批评与欣赏[M].北京:中国人民大学出版社,2004.

评并不独立,依然围绕戏剧叙事风格进行故事讲述,创作风格单一、题材选择也较为僵化。像电视剧《严凤英》(1988年)再现了黄梅戏女表演艺术家严凤英坎坷的一生,既有旧社会时期"不怀好意之人"对民间艺人的陷害和摧残,又有她在"文化大革命"的环境中极"左"思潮对她的迫害,令黄梅戏艺术几乎消亡。但是单一的艺术评价制约了深入解读人物的可能性,《严凤英》仅仅停留在对现实生活的荧幕还原上,没有深刻地对文化与人性反思的过程。此作品虽有"严峻的现实主义"称谓,但是"严峻得不那么彻底",①这种观点表现在创作者处理严凤英与小梁师傅、关师傅的关系上面,有意为尊者讳,而这样的避讳必然会影响整个艺术作品的美学高度和艺术的真实感。

在中国电视剧的"复苏时期""发展时期",如严凤英一样的人物塑造层出不穷,不谓之对社会的反思力度不深刻,但是却有欲言又止的遗憾于此。统观这30年(1958—1989年)的中国电视剧创作,在单一的艺术评价标准的指导下人物的塑造有明显的"政治特化",在"人""神"之间"高格调"的徘徊,刻画维度单一,佳作频出的兴盛氛围下有一丝"隔靴搔痒"的失落。

(二)艺术评价标准多样化对电视剧发展的影响

伴随着改革开放的深化,中国电视剧进入成熟发展时期(1990年至今)并产生了市场化的效应,从人们耳熟能详的中央电视台"标王"到电视剧投资方大量由商人担当,有关电视剧的评判随之变得更加商业化、功利化,"反思"的道路停止、"伤痕"的创口愈合,电视剧表达的艺术性开始受到质疑。不能否认大量资金注入对中国电视事业的助力作用,但是因艺术评价标准多样化引发的问题愈发凸显出来。集中体现在中国电视剧批评的"泛西化""标准混乱"两个方面:

1.中国电视剧批评的"泛西化"倾向②

伴随着"互联网时代"的到来,中国电视观众视野变得格外广阔,美剧、英剧、日剧、韩剧的大量涌入,令艺术批评者的评论角度有了极大变化。他们开始抛弃传统价值体系对电视剧的影响,更推崇用西方的文艺理论、哲学理论、宗教理论以及"弗洛伊德"的精神分析等来评价中国本土电视剧。于是出现了一种奇怪的现象,当评论的主题没有发生变化,依然是中国电视剧的文本、镜头、故事、场景、演员的表演抑或是中国电视艺术,但"其中的参照物、文化意识、表述用语与价值观"③完全以西方的艺术创作为标准,已然无法看出中国艺术理论的踪迹。这种学术评论的潮流不仅在中国电视剧领域出现,其广泛出现在各艺术评价领域。"矫枉过正"往往是历史发展的必然路径,从僵化的政治评判到单一中国传统文化美学追求再到国门打开的盲目"泛西化"倾向,抑或是电视剧评论者的一种探

---

① 仲呈祥,陈友军.中国电视剧历史教程[M].北京:中国传媒大学出版社,2010.
② 仲呈祥,陈友军.中国电视剧历史教程[M].北京:中国传媒大学出版社,2010.
③ 仲呈祥.审美之旅[M].北京:中国青年出版社,2007.

索。由于两种文化天生的差异与隔阂，无法准确、合理地表述中国电视剧的美学诉求，更令观众、读者陷入困惑之中。看来用生涩的外文辞藻和注重"神权"与"人权"探讨的西方艺术理论来评价中国电视剧的创作心象，这确实值得反思。

2.中国电视剧批评的"标准混乱"倾向

21世纪的中国电视剧评论犹如"忽如一夜春风来，千树万树梨花开"的惊诧，仿佛一时间各种熟悉又陌生的词汇"渐欲迷人眼"，如"美学批评""历史学批评""本体批评""后现代主义批评""生态批评""形式主义""文化消费主义"等此消彼长，好似所有的论调都可以在电视剧、电影方面进行尝试。无可厚非电视是一种综合艺术形态，但并不是不加区分的生硬搬套就可以完成电视剧的评价目的。例如，用"文化消费主义"来看待电视剧，会不会狭隘的异化为"唯文化消费论"的观点呢？电视剧就是"养眼"的、"娱人"的商品吗？也许在此种论调之下观众们便也不难理解像《春光灿烂猪八戒》(2000年)、《魔幻手机》(2008年)、《蜗居》(2009年)、《古剑奇谭》(2014年)这些饱受争议的电视剧层出不穷的缘由了。生硬的搬套诸多理论，"形而上学之风猖獗"，忽略了评论主体所生成的时代背景、文化根基和审美诉求，在此种思潮之下焉有可以上升到"史论"角度研究的作品了？

3.中国电视剧批评准则的重塑

21世纪的中国电视剧发展呈现出产业化集群的趋势，制片人、策划人中心制逐步形成，在理论指导实践的创作中，只有电视剧从业者拥有正确的评判标准，"进行科学的评论"，[①]确立一种合适的审美追求，并对电视剧前期文本策划、中期拍摄、剪辑制作、后期播出各阶段进行掌控监督，才会有兼具艺术性和商业性的佳作推出。大致而言，中国的设计评价标准的重塑应主要包括如下内容：

(1)"美的历史"是电视剧评论的根本法则。宗白华先生在其梳理美学历史的著作《美学散步》中指出该书的写作宗旨就是力图"在文化异化"的环境中找到一种"原始的美"的追求，纵观中外电视剧近一个世纪的发展历程不难看出，所有的评价准则并不是一成不变的，我们现如今所处的世界更是一个价值判断多元的时代。如何在价值观"芜杂"的时代，进行合理的艺术评判，就要借助人们长期总结出"美的历史"而形成的价值评判原则。这些原则历久而弥新，是历经时代的荡涤而被人们所接受的带有"广泛接受性"的标准。鲁迅说过：批评家"所用的尺度非常多，有英国尺、美国尺，有德国尺、有俄国尺、有日本尺，自然也有中国尺，或者兼用各种尺"，但是这些"尺"的评价是否可以具有广泛的接受性呢？即便受众是在某一特定的时期形成暂时性的接受，以后必会反思这样一种作品判断标准是否正确。而在策划过程中对作品美学原则的把握是以"美的历史"为根本

---

① 仲呈祥,张金尧.新世纪电视剧史论[M].北京:中国电影出版社,2013.

法则就不存在如此的尴尬。"美的历史"所带来的严肃性、创作过程审慎的态度以及上升到事论高度研究的学术性都能很好地辅佐电视剧走向"正流"。

（2）传统文化"扬弃"过程是电视剧评论的基础。"天下人皆知美之为美,斯恶已。"老子就在 3 000 多年前预见了文化发展的动力是不断"扬弃"的过程。中国电视剧评价标准是电视剧创作的指导纲领,而评价的主体问题直接左右着电视剧的创作。中国电视剧的叙事必须是在中国文化背景之下的话语叙述,演员间的动作、语言都是对中国文化特定语境下的表达。自 20 世纪 80 年代中国电视剧的创作就明显地表现出对传统文化镜像般的传达,如《篱笆·女人和狗》(1988 年)、《辘轳·女人和井》(1990 年)、《外来妹》(1991年)、《淌过男人河的女人》(1993 年)、《田教授家的二十八个保姆》(1999 年)、《刘老根》系列、《生存之民工》(2005 年)、《我的美丽人生》(2010 年)等,这些剧作无一例外都是展示了传统文化背景下道德伦理解读的独特意蕴。其电视剧创作的内在也大都为耳熟能详的中国哲学原理暗含其中,像是"父行父道爱其子,子行子道爱其父""入则孝,出则悌,谨而信,泛爱众,而亲仁""三年无改于父之道可谓孝矣""老吾老以及人之老,幼吾幼以及人之幼"等的伦理孝道思想;"己欲立而立人,己欲达而达人""己所不欲勿施于人"等的忠恕之道;"爱人""谨言慎行""思无邪""乘物以游心""即其所居之位,乐其日常之用,初无舍己为人之意"的人生理想成功之道;"以直报怨、以德报德""三省吾身"的处事之道。伴随着传统文化"扬弃"的步伐,那些于外呈现国人生活、生存的故事,于内揭示传统道德和伦理美学的电视剧成为创作、评价的主体。从政治评价、道德评价、家国梦想的构建评价的基础多为传统中国哲学思想。为何要"扬弃"？其实"扬弃"就是反对"异化"的过程,在诸多的历史题材电视剧中过度夸张权势以及封建官场的神秘感,所有人与人的相处顾左右而言他,崇尚"厚黑",歪曲了"忠恕"之道、异化了"谨言慎行"之意。

60 多年来的中国电视剧发展历程,中国哲学在文化传承中被赋予历史使命,中国电视剧的文化形象塑造出了一个雅致细腻、意蕴独特的空间氛围,对于传统文化的二次解读必然成为电视剧评论标准的基础。

（3）受众的需求和对经典的重塑是电视剧评论的动力。大量的电视剧创作是来自于历史生活、经典改变和现实生活的场景再造,中国的四大名著全部已改为电视剧的呈现方式,如《三国演义》(1994 年)、新《三国》(2010 年)、《西游记》(1986 年)、《西游记》续集(1999 年)、《红楼梦》(1987 年)、新《红楼梦》(2010 年)、《水浒传》(1998 年)、新《水浒传》(2010 年),都在一段时间内翻拍过数遍。而如同金庸的小说改编的电视剧集就更加不计其数了。这些经典的名著和故事之所以能够一遍一遍的翻拍,动力就在于观众的需求。但是对于经典的改编策划,要做到艺术的形式可以进步,而艺术的内容是不能够与原著相比异化的。这一点,在后面的章节还会提到,此处不多做赘述。

二、电视剧策划中的美学形态和现实主义创作流变

在本章第一节的引言中曾提出 21 世纪中国电视剧发展、变革的思路问题,这是总结中国电视剧历史而得出的结论。是以市场商业化的运作模式为依托,以中国特有的本土文化意识为基础,以不断探求"家""国"和民族发展未来为走向,秉承着易于观众接受且能够引领大众审美为使命的电视剧创作理念悄然而生。中国电视剧的美学形态演变和社会历史进程相互关联,且与中国现代美学发展基本同步。中国电视剧美学经历了政治话语浓重的浪漫化英雄主义纪实美学时期、纪实美学时期、古典美学与纪实美学结合时期、自由美学时期。在不同美学形态演进的阶段,中国电视剧制作对现实主义的表达也有迥异的追求,这一点在"农村题材电视剧的策划"一节中有详细的说明。在时代浪潮的推动下,中国电视剧 60 年的发展与两者的艺术追求有着不可割裂的姻缘,这一点与中国电影的发展相近,纵观历程大致可以看到如下的阶段概况:

1.20 世纪五六十年代(电视剧初创时期)

中国电视剧创作处于政治批判时期,多为浪漫的现实主义表达,追求浪漫的纪实美学阶段。代表作:《新的一代》(上、下集)是对新中国成立以后北京城"十大建筑"建设过程中火热场景的描述;《养猪姑娘》《桃源女儿嫁》《家庭问题》等反映时代背景下鲜明的人物性格和现实问题;《相亲记》也是在人民当家做主的情境下,自我认同意识的刻画,塑造了典型的人物性格。

2."文化大革命"时期

电视剧发展处于停滞状态,现实主义创作断流。代表作品:《考场上的反修斗争》是配合"四人帮"对《纪要》解读的应景之作,完全违背社会现实,牵强地将"文艺上反对外国修正主义"与师生生活相关联;《杏花塘边》(1973 年)、《公社党委书记的女儿》(1975 年)、《神圣的职责》(1975 年)等,此时期的作品受到当时社会环境的影响,政治口号现象严重,甚至影响艺术质量。

3.20 世纪 80 年代(电视剧复苏时期)

中国电视剧创作纪实风格浓重,追求古典美学与纪实美学结合阶段。代表作品:《三亲家》(1978 年)是中国电视剧进入复苏阶段的肇始之作,全部在实景中拍摄的电视剧,反映的是农村家庭反对婚礼铺张的故事;《窗口》(1978 年)、《教授和他的女儿》(1978 年)、《永不凋谢的红花》(1979 年)、《凡人小事》(1980 年)讲述的就是中学教师顾桂兰的平凡"小事",纪实风格浓重;《乔厂长上任记》(1980 年)、《蹉跎岁月》(1982 年)、《今夜有暴风雪》(1984 年)、《太阳从这里升起》(1987 年)、《雪野》(1988 年)、《篱笆·女人和狗》(1988 年)、《绿荫》(1988 年)、《上海早晨》(1989 年)、《蓝色国门》(1989 年)等。

4.20 世纪 90 年代以来（电视剧发展、成熟时期）

中国电视剧创作评价标准多元化，现实主义创作进入杂糅阶段，既有魔幻现实主义、冷峻现实主义、苦难现实主义，又有皮相现实主义、伪现实主义，追求自由美学阶段，此阶段涉及的作品众多艺术追求也不统一，在后面的章节有详细分类分析。

第二节　走进电视剧的类型策划

一、电视剧类型策划一：历史题材电视剧的策划

曾几何时，中国电视荧幕上处处弥漫着"历史正剧"与"戏说历史剧"的喧嚣嘈杂，历史剧的美学诉求也争论不已。观众们经常或疑惑、或愤怒地在荧幕上看到唐朝官员嘴里义正词严般地吟诵出宋朝范仲淹的"先天下之忧而忧，后天下之乐而乐"的抒怀诗句；也有各种打着"偶像剧"旗号的"历史穿越剧"泛滥于荧屏之上，制作粗糙、历史观念极为不严肃，对于历史人物的二次解读乱加编造，庸俗媚俗之风甚巨。2006 年 3 月，国家广电总局下发了关于限制古装剧制作播出的有关通知，在随后的一年间，因受到行政的干预，古装剧的数量骤减，对于电视剧策划人而言，重新梳理电视剧前期策划思路，是势在必行的行动，也说明中国电视观众的审美走向需要艺术从业者有意识的引领，文化自觉性依旧薄弱。

（一）历史题材电视剧艺术流变概述

"概论"中提出了"类型电视剧"[①]的概念，这是从电影学的体系中移植、借鉴的名词，而其能够运用于电视剧的学理基础便是都具备"可复制的范式"。[②]而作为电视剧的一个重要类型，"历史题材电视剧"也便有了如此的规律，由于其是历史题材作为划分类型的标准，因此这一类型兼具了历史学、人类学、艺术学、电影学等诸多学科的大融合。宽泛地表述了历史剧的定义即首先为"戏剧"，而"戏剧"中背景、人物、故事情节都必须取材于历史事件和历史人物。20 世纪 40 年代，郭沫若指出历史剧的创作手法"可以用《诗经》的赋、比、兴来代表。准确的历史剧是赋的体裁，用古代的历史来反映今天的事实是比的体裁，并不完全根据事实，而是在对某一段历史的实际或某一个历史人物，感到可爱而加以同情，便随兴之所致写成的戏剧，就是兴。"这是较早对历史剧的创作和范式下的一个定义，紧接着到了 20 世纪 60 年代，吴晗先生认为："历史剧必须有历史根据，人物、事实都要

---

①②魏南江.中国类型电视剧研究［M］.北京：中国传媒大学出版社，2011.

有根据",当然这种对历史剧的定义是基于吴晗先生历史学家的严谨立场而作出的解读,对电视这种大众传播媒介(也是"大众文化"的代表)未免有些过于苛责。历史题材电视剧是戏剧中"历史"的仪式化表达,且多呈现出一种"静穆、伟大"的氛围,相对而言的确显得轻松很多。戏剧化的故事情节、通俗易懂的审美表述令历史题材电视剧更加具有受众的高认可度。针对电视剧的受众定位及改革开放后西方思潮的影响,20世纪八九十年代北淮在西方戏剧文艺理论的基础上将历史剧分为"历史化的历史剧"和"非历史化的历史剧",即为"只取某个时代的历史背景或个别历史人物的身影,而抛开真人真事的历史记载,凭借作者的想象力进行大胆的虚构以表现某种意图,主要依据假定性"。① 根据以上理论我们可以按照对历史的解读方式,大致将历史题材电视剧分为:一种是"戏说历史剧",如《戏说乾隆》(1992年)、《宰相刘罗锅》(1995年)、《还珠格格》三部(1997—2002年)、《康熙微服私访记》五部(1998—2007年)、《李卫当官》(2000年)、《铁齿铜牙纪晓岚》(2001年)、《神医喜来乐》(2004年)等;另一种是"历史正剧",如《诸葛亮》(1985年)、《雍正王朝》(1998年)、《太平天国》(2000年)、《大明宫词》(2000年)、《康熙王朝》(2001年)、《天下粮仓》(2002年)、《走向共和》(2003年)、《汉武大帝》(2005年)、《大明王朝1566》(2006年)、《北平无战事》(2014年)等。

对于电视剧策划务实这一角度,不必纠结于学术层面对历史剧的定义是否严丝合缝。其实从电视剧的形式和内容层面来看,那些于内关注历史人物心境、历史事件本身对观众审美引导的功用,于外表现特定时代背景下的故事、场景、装束等即是"历史题材电视剧"。

(二)历史题材电视剧中的相关策划

1.历史题材电视剧的"历史"策划

此处所说的历史策划是指:历史观、历史态度、历史讲述方式、历史人物塑造、历史学与艺术学共同的美学追求等的策划。

(1)历史题材电视剧中"历史观"的策划。历史研究要有一种"历史观"的自我建构,而历史剧的创作也可以说成是荧幕上对历史学的一种大众审美下的解读,必然要重视历史观点和态度问题。现在的历史题材电视剧大都喜欢"片段"化的解读历史,只是将剧情所需的历史背景碎片化的植入剧集中,几乎不予考虑历史的适时问题,使得观众看得一头雾水,难以理解剧中人物动作的含义,当"激励事件"出现后,故事情节后续的元素难以连接上,电影和电视剧的历史叙事在这一问题上的表达有极大的相似性,2014年中国电影院上映了许鞍华导演的《黄金时代》就是因为无法构建一个完整的历史时代感,只是将历史的"碎片"堆砌起来而导致影片叙事上的极大缺失,让一部分没有太多历史常识的观众

① 白小易.新语境中的中国电视剧创作[M].北京:中国电影出版社,2007.

看得云里雾里。若《黄金时代》能够学习电视剧《北平无战事》（2014年）的历史策划手法，构建一个完整、翔实的历史背景，这种剧作原理上的"滑铁卢"便可极大程度上避免，观众会普遍质疑《黄金时代》里"萧红"这一角色行动的杂乱和张扬缺乏合理性，但是却能够接受《北平无战事》中军人"方孟敖"的不羁行为的原因，也正是因为两部艺术作品是否能梳理出一个完整的历史脉络、构建一个清晰的历史背景，即"通史"般的历史题材电视剧历史策划思路。

中国正在经历一场重大的变革时期，经济的膨胀与价值观的冲撞并行，此情此景之下，无形之间对艺术工作者的要求也变得"苛刻"了许多，如何在变化与不变、历史与现实、艺术与真实之间寻找到"虚静"的平衡值得探讨，"其情形不容许我们用寻常尺度衡量"。这种表述、研究方法称为"大历史"，也是历史题材电视剧对历史解读的一种可以奉行的态度。中国的历史研究向来注重"通史"的角度看待问题，"究天人之际，通古今之变"这样的历史研究准则恰恰也是中国历史电视剧的美学追求。中国历史电视剧的创作目的并非是在"静穆的伟大"之中增加观众的历史文化认同，满足观众的审美娱乐需求。在古往今来的变化中寻找共性，而这种共性又是通过"大历史观"①（macro-history）的层面映照出来，增加了历史剧的可信性，历史学层面的又可移植到电视剧研究领域，为历史剧能更好地传递情感、易于观众接受而服务。

电视剧《大明王朝1566》是张黎导演2006年的作品，历经数年的沉淀与磨砺，现在看来仍然是一部在电视剧的研究领域十分优秀的影视作品。大明王朝是汉族人建立的最后一个封建王朝，它200多年的历程有着太多不可言说的秘密，也有着极为戏剧性的故事原型，从艺术学领域、历史学领域就有太多对大明王朝衰落缘由的解读，但是在电视艺术层面上如何将复杂人性、世界文明历程和科学技术的变革下诸多矛盾杂糅于一个衰败的王朝，用一种鲜明地呈现方式传达出来，的确令许多编剧和导演陷入深深的考量中。而《大明王朝1566》的编剧刘和平与导演张黎在一定程度上抛开了"意识形态为历史剧故事表达核心"②的窠臼，从"技术"角度进行切入，将整个大明王朝或是整个封建王朝于1566年这一年的看似细微却无法调和的矛盾做了小切口的介入，把中国封建史上看似商业经济十分发达、手工业作坊经济急速发展、市井文化空前繁荣的这一时期，也是中国封建史上商业经济与农业经济的社会矛盾空前尖锐的时代，土地兼并使得大量的农民失去了赖以生存的基础，贪墨横行使大明朝的统治濒临崩溃的边缘，全剧以"倒严（严嵩）"为主要线索的历史时代背景注入观众的思想之中，而在这种历史观的背景下所有的历史人物动作的变形都是围绕此来运行的。从这部剧整体上思考，无论是"倒严嵩""内阁争斗""平定

---

① 黄仁宇.中国大历史[M].上海：生活.读书.新知三联书店出版社,2010.
② 魏南江.中国类型电视剧研究[M].北京：中国传媒大学出版社,2011.

倭寇袭扰""整肃江南官场贪腐"还是"嘉靖皇帝的无为修道"等都是以"人的本性"为动因而作出的有依据行为。既浅显又深刻的揭示"大明王朝"于 1566 年"多米诺骨牌效应"式无可挽回衰败的原因。本剧原名为《大明王朝 1566——嘉靖与海瑞》,如用这个剧名,势必在一定程度上禁锢导演、编剧的发挥,令受众在无形中陷入仅在嘉靖和海瑞二人之间探讨深刻社会变革问题的"陷阱",让人惊喜的是成片改名为《大明王朝——1566》从各阶层选择代表人物进行表现,有国家首脑的代表嘉靖皇帝,有千古以来奴性阶层代表吕芳、冯保等,有士大夫阶层的代表张居正、胡宗宪、赵贞吉,有奸佞的"中层干部"代表严嵩、严世藩、郑必昌、何茂才等,有基层官员的代表海瑞、王用汲等,有军人将领代表戚继光、俞大猷等,也有市商阶层与底层百姓的生活场景还原。在时间跨度大、表现人物众多的"史诗"般的气度中,从"技术层面"①切入——以"丝绸制造、销售的商业矛盾"为线索,将人性的反思与挣扎为剧情进展的动力,把基本历史事件、历史环境的还原为艺术追求,秉承历史即宗教的教化理念为美学宗旨,融合历史学与艺术学的核心诉求,这样一种历史题材电视剧的呈现方式迥然不同于"碎片化"的历史剧解读,与历史学家黄仁宇先生提出的通史式的"大历史观"极为相似,或许这样的一种历史剧叙事方式便是"历史题材电视剧策划的大历史观"。

(2)历史题材电视剧中历史"两重性"的策划。历史学的"两重性",即历史学的科学性与艺术性,不是指历史学的一部分属于科学,另一部分属于艺术,而是指历史学既具有科学的本质属性,又具有艺术的本质属性。可能除了文学对艺术的影响是如此深刻之外,历史学对艺术学有着千丝万缕的关联,"历史学从来不是独立存在的",艺术承担着历史记录的功能,电视剧作为艺术学科的一个门类无形中也是承担着此种任务。无论它是直接的(拓印历史,历史专题片性质),还是间接的(由电视剧编导进行二次解读),当电视剧的创作者得到了必需的历史知识以后,在自己心中把一个艺术作品再造出来,加以"玩味"就是兼具了历史的科学性与艺术性,优秀的历史题材电视剧也需要有这两种特性,即既要有主人公心理、动作"两难处境"的矛盾又要有历史情境下的合理——"以虚构的历史冲突性"重构历史背景和历史人物。

2010 年高希希导演的新《三国》在各大卫视播出后,引发了激烈的讨论和质疑,对其态度明显的分为两派:一部分人认为《三国》这部剧能够很好地还原人物在特定历史情境下的心境,不在"脸谱化"的塑造历史人物,使得其非黑即白、非好即坏,编导带领观众穿越到历史人物当中时的心境、外在的处境,去重新打量其当时的格局,为人性设立一个善恶的正常幅度,然后再重新理解当时的历史史实,并且感受到中国电视剧的制作逐步精良起来,有"电影的镜头感"。另一部分人则不以为然,批评其"重点塑造了曹操形象,淡化

---

① 黄仁宇.中国大历史[M].上海:生活、读书、新知三联书店出版社,2010.

了曹操那种乱世枭雄的奸贼形象,颇为曹操拨乱反正"。① 电视剧观众、评论界有如此的差异,极大的评判在于其难以理解历史题材电视剧对历史"科学性"和"艺术性"的解读比例哪个更为重要。新《三国》在宣传上就已明确地指出以陈寿《三国志》等历史典籍为依托,在这些书籍历史背景之下去解读人物、编写故事,它是历史、演义与创作的融合体,只要言之有据即可,不必与1994版的《三国演义》进行完全比对,因为1994版的《三国演义》改编的基础是元末明初罗贯中的《三国演义》,两者改编的例证文本不同,新《三国》不需与1994版《三国演义》在人物审美上完全一致。艺术创作在一定程度上是个人行为,艺术作品与现实生活的一个重要区别就在于"艺术作品必须要注入创作者的审美评判",审美趋同何来艺术"多样性"之谈?"脸谱化"塑造历史人物,使其可信度降低,若是一段历史的乱象都是由于一个人"坏"所造成的,这段历史肯定有其他不明晰的地方,也会使读者、观众无形中被"忠、奸、善、恶"这些框架来解读历史人物的裹挟。曹操的历史定位是一个"奸雄",虽然"奸"也不能否定其"枭雄"的定位,如果整个东汉末年的民不聊生都是曹操的"坏"造成的,难道这样的解读符合人性本身?还是符合历史真相?电视剧新《三国》与马科导演新编的京剧《曹操与杨修》就是在平衡历史的科学与艺术,以这种理念来试图给曹操"适时"的合理解释,这样的艺术创作是应该值得肯定的,质疑哪些是历史真实发生、哪些是历史虚构的解读者忽视了"艺术性"的追求。"以虚构的历史冲突性重构历史背景和历史人物,为人性设立一个善恶的正常幅度,然后再重新理解当时的历史史实"②才是真正理解历史题材电视剧中的"历史双重性"。

2.历史题材电视剧的"人物"策划——"为历史人物设立一个善恶的正常幅度"

历史题材电视剧的正剧是以真实历史为背景,通过虚构情节而生成戏剧冲突完成故事讲述,这些或戏剧化、或戏剧性的故事情节最终的目的还是回归到塑造一个又一个深入人心且鲜活的人物。历史题材电视剧的"正剧"表现并不是真实的还原历史,而是电视剧呈现出一种"肃穆"的状态,如亚里士多德对"悲剧"的定义是"对于一个严肃、完整、有一定长度的行动的模仿"。他们都需要虚构,"戏说"和"正剧"在故事情节表述、人物塑造的美学追求是一致的。在故事承载的价值观下,揭示人物性格与不愿意为人知的秘密,将所有的资源整合起来从而完成对剧中人物的塑造,这就是历史题材电视剧对人物塑造的目的。历史学家陈寅恪先生曾经针对历史学研究说过这样一段话"读史要有了解之同情",同样黄仁宇先生也曾经提出"要以饱满的审美同情来看待历史人物"即为在研究历史过程中研究者要"试图穿越到历史人物当时的心境、外在的处境,去重新打量其当时的格局,为人性设立一个善恶的正常幅度,然后再重新理解当时的历史史实"。那陈寅恪先

---

① 魏南江.中国类型电视剧研究[M].北京:中国传媒大学出版社,2011.
② 吴素玲.电视剧艺术类型论[M].北京:中国传媒大学出版社,2008.

生、黄仁宇先生对待历史人物、历史情境的理念一样适用于历史题材电视剧的创作,并且是它是人物塑造的一个极高的标准。

张黎导演的《走向共和》(2003年)曾在中央电视台八套的黄金档播出,它与其他历史题材电视剧正剧的人物塑造方式大相径庭,有评论者指出这是导演、编剧试图用"后现代"的理论来解构历史人物的开端,摒弃以往对于"圣明君主"大唱赞歌的模式化、脸谱化构造,不再将历史背景下的功过是非都强加在或是圣主或是奸佞的人身上,《走向共和》试图从"人"的角度出发,不再规避历史人物的人性弱点,反而将其融合于特殊的历史背景中,把他们弱点暴露出来,将他们在历史演进大潮下的无奈、迷茫、挣扎……镜像化展示。放弃了历史题材电视剧国王与历史人物刻画的"主流意识形态定论",不以"政治成败""教科书的模式"来评判英雄,这些历史人物鲜活、直观、真实地再现,使观众不仅止于印象,而是产生思考。《走向共和》"史诗般"的篇幅中塑造了大量的人物形象,其中的孙中山、宋教仁、梁启超、谭嗣同、黄兴等是英雄形象,但也是"反英雄"形象,这种手法、理念指引下塑造出来的人物恰恰突破了以往许多历史题材电视剧人物刻画"漫画化、扁平化、单一化、脸谱化"的大毛病。而那些看似反面的历史人物,如慈禧太后、李鸿章、袁世凯、李莲英、隆裕、载沣等也不是一如既往的"坏",而整个历史的悲剧、国力的衰微难道我们只能怪罪于其历史人物的私欲吗?这是艺术表达应该遵循的思路吗?《走向共和》的导演、编剧改弦更张,极力穿越到历史人物当时的心境、外在的处境去立体化这些人,李鸿章不仅仅停留在一个政治流氓和卖国者的形象之上,他是一个"悲情英雄"①式的存在,是政治各方博弈的牺牲品。单纯将一系列不平等条约的签订,冠以"卖国者"的称谓未免有失公允。那些评论《走向共和》中刻画人物是"极力挖掘慈禧的女人味、袁世凯的男人味、李鸿章的人情味,使他们看起来更像正面人物",这种评论方式未免过于狭隘、失衡。如电视剧中的李鸿章形象,导演与编剧既不是如批评者所言把他塑造成为"我不入地狱谁入地狱"的悲情英雄,也不是塑造成一个极为圆滑的"迂腐官僚";而是把他重构成一个悲情的、有家国情怀的普通老人与大清国的"裱糊匠"。首先电视剧成功地做到了一点,那就是李鸿章是一个生活在我们周围的普通人,他无奈地看着自己经营的淮军、北洋水师一点点葬送,但又不能做出撤军的命令,因为他是统帅又是人臣。在甲午战争中,李鸿章知己知彼推行"主和"策略试图拖垮日军,然则,朝堂之上的主战派在"极端的民族主义"支配下,忽视双方实力对比之悬殊而一味主战,最终造成甲午海战北洋水师全军覆没。在《马关条约》签订过程中,李鸿章据理力争、讨价还价,甚至遇刺带伤还要在谈判桌上与伊藤博文周旋,最终将赔款从3亿两白银降至2亿两,并要求取消割地条款。他形象的自我建构是在最后《马关条约》即将签订与一直仰慕他的日本首相伊藤博文对话中完成的:

---

① 魏南江.中国类型电视剧研究[M].北京:中国传媒大学出版社,2011.

在伊藤博文发出最后通牒的那一幕,李鸿章为维护领土主权、减少赔款极尽乞求:

"台湾暂缓交割,行不行?"

"不行!"

"赔款再减少5 000万两,行不行?"

"不行!"

"2 000万两?"

"不行!"

"无论如何再减少点,就算作为老夫回国的旅费吧"……

随从下跪痛哭,音乐低沉极尽悲壮,奏出中华民族的屈辱,也绘织出李鸿章的悲凉命运,李鸿章在"两难的处境下"作为一个老人的悲壮记忆建构了起来。这里哪有所谓的强加给其身上的"漫画化、扁平化",反而这一情形是许多史料中记录的内容,更加接近历史的"真实性"。在历史学研究的领域有如下著作都从不同方面讲述了晚清朝堂上的一个个脸谱:茅海建著《戊戌变法史事考》、马勇著《戊戌政变的台前幕后》、袁世凯著《戊戌纪略》等。而孙中山、袁世凯、慈禧太后、黄兴的历史人物的"颠覆"改编,的确使得其更加接近人的本质处境和历史的"真实性"。

历史学研究领域重新回归了陈寅恪先生提倡的独特且清新的研究方式,即从"人"的角度出发,"要有了解之同情",历史学尚且如此,历史题材电视剧又何必"保守"到如此地步呢? 创作者、观众要试图穿越到历史人物当时的心境、外在的处境,去重新打量其当时的格局,为人性设立一个善恶的正常幅度,然后再重新理解当时的历史史实,这样的"历史人物"塑造是策划的核心诉求。

3.历史题材电视剧的情节策划及美学追求——"大事不虚,小事不拘"①

(1)历史题材电视剧情节策划要点。所谓的"大事不虚,小事不拘"是指历史题材电视剧允许编剧在历史框架、历史观、价值观不变的情形下对具体的故事情节、人物刻画进行艺术加工,使其具备戏剧化、戏剧性、合理性等艺术特性。即是"以虚构的历史冲突性形成时间的核心"。

陈家林导演的《康熙王朝》(2001年)就遵循了这样的情节策划法则,讲述了众多"历史事件"、塑造了"历史人物",如铲除鳌拜、平定三藩、剿灭葛尔丹、收复台湾等重大历史事件,这些事件属于"大事",其结论不能随意改变,必须要符合历史事实,除此之外,"康熙、伍次友和苏麻喇姑的三角恋情""太子与家奴的恋情""周培公的献图"等都为历史虚构,但是这些"小事"的虚构是丰富"大事"所不可缺少的元素。是推动历史题材电视剧剧

---

① 仲呈祥,张金尧.新世纪电视剧史论[M].北京:中国电影出版社,2013.

情的一个又一个"激励事件",是"一切后续的情节首要导因"，①他使后续元素——进展纠葛、危机、高潮、结局呈现的推动力。《北平无战事》(2014年)在历史情节的建构上也是遵循"大事不虚、小事不拘"这一法则。当观众观片结束后，往往热衷于寻找剧中人物的原型，但是当我们看完《北平无战事》后发现，人物原型难以找到，剧中人物是历史的也是虚构的，这对于历史题材电视剧的故事策划便是最高的褒奖，人物、情节是编剧、导演塑造出来的，但是又与历史背景毫无违和感，这对于历史题材电视剧的情节策划来说的确就足够了。

(2)历史题材电视剧的美学追求探微。现如今的中国电视荧幕上处处弥漫着"历史正剧"与"戏说历史剧"的喧嚣嘈杂，历史剧的美学诉求也争论不已。到底历史题材电视剧给观众们带来了什么，会让观众如此着迷？其实这样的"历史剧"热度是不足为奇的事情，历史对于中国人来讲有着一种特殊的情感。

首先，历史对于中国电视剧观众来讲有"重塑信仰"的功能，抑或是等同于宗教；"历史是中国人的宗教"是许多历史研究学者的一个论断，历史情结在中国人的内心里似乎高于其他民族，因此一个历史通俗化、浪漫化的解读——历史题材电视剧才备受中国电视剧观众的喜爱。历史题材电视剧虽然不是"正史"，也无法达到所谓"历史真实性"要求，但是作为一种通俗化的"超道德价值"构建必不可少。对于一些历史史实，中国人无师自通的熟记于心，如安史之乱、武则天称帝、康乾盛世、抗日战争、抗美援朝、"文化大革命"等，其中却少不了历史题材电视剧的作用，它相当于中药配伍的"使"药，起到一个"运化"作用。这一点是其他民族不具备的，其他民族的艺术特色中少有的。对于历史人物的命运、处境，观众给予审美同情，也是给予自己现实生活的态度。只要这种中国人民特有的"历史情结不改变"，②历史题材电视剧的此种审美诉求也是不会变的。

其次，历史学科与艺术学科有着内在关联性。上一章节曾经探讨过，历史学的两种特性：一种是"科学性"与"艺术性"，它的"艺术性"恰与艺术的定义相契合，能给人带来审美愉悦的文化的表征。但是他们又有不同，历史题材电视剧正是有一种"虚幻"的科学之美。"历史的研究往往受到鄙薄或否定，因为假定了或证明了这些研究在大多数失利中，不能使我们真正的了解艺术"，可是在历史题材电视剧这个范畴就不必担心对艺术的可知性，创作者在把控整个剧作时就已经探究了历史的"可控"因素，使其能够更加接近艺术作品。在历史、宗教的基础之上，为中国人规范了"敬畏"理念和"法祖"的精神。而历史题材电视剧受到的追捧，比西方的宗教更加具有社会现实关怀。历史对于中国人"现实的社会关怀"和历史题材电视剧的美学于此完全融合一致了。

---

①　罗伯特·麦基.故事——材质、结构、风格和银幕剧作的原理[M].周铁东，译.北京：中国电影出版社，2001.
②　杨宏.郭沫若历史剧现实批判精神的审美价值——以郭沫若抗战历史剧为例[J].湖北经济学院学报：人文社会科学版，2014(6)：87-89.

最后,历史的教化、审美功能也能满足观众们的"造梦需求";弗洛伊德的"释梦理论"在"泛西化倾向"十分严重的理论界充斥各处,但是对于戏剧与影视学科来讲,它有极大的理论优势。如克罗齐在《美学原理》提出的一样:"一个人在得到必需的历史知识以后,在自己心中把一个艺术作品再造出来,加以玩味;这种人可以只是一个具有鉴赏力的人,或是至多只能用一声赞赏或责骂来表达出它的感觉"。[①] 历史的教化与审美功能能够满足观众们自我心境的重构,电影、电视剧、戏剧等都是一个造梦的机器,在现实与梦境、历史与现在、似与不似之间相互揣摩,就是艺术的独特魅力,想想这也是"好莱坞"受人推捧的根本所在。

佳作采撷一:《大明王朝 1566》(2006 年)

作品概况:

原定名称为《大明王朝 1566 嘉靖与海瑞》是由著名导演张黎执导,陈宝国、王庆祥、黄志忠、倪大红等主演的历史题材电视剧。

剧情简介:

明嘉靖年间。中国封建历史上最为独特的皇帝朱厚熜出现了。他 20 多年避居西苑,练道修玄,却始终牢牢掌控着整个大明朝政治、财经、军事和民生大权。严嵩,明朝历史上唯一一个 20 年把持内阁的首辅,明史将其定为奸臣之首。他党羽密布,权倾朝野,但是却能在家产被抄没、儿子被砍头之后,仍然独保其身,直至寿终正寝。海瑞,数百年来民间广为传颂的清官典范,敢于挑战皇权、斥责皇帝、不惧牢狱和死亡的威胁,虽地位卑微,却敢向几千年的封建制度发出震古烁今的挑战。

【简评】《大明王朝 1566》全剧展现的是中国封建史上商业经济十分发达、手工业作坊经济急速发展、市井文化空前繁荣的时代,也是中国封建史上商业经济与农业经济的社会矛盾空前尖锐的时代。土地兼并使得大量的农民失去了赖以生存的基础,贪墨横行使大明朝的统治濒临崩溃的边缘。全剧以"倒严"为主要线索,全面展现了这一时期的一幅幅历史画面——从朝廷到各级官府惊心动魄的政治斗争,从官场到商场波谲云诡的尔虞我诈,忠勇的官兵和忠义的百姓风起云涌的抗倭之战;国与家命运的休戚与共,敌和友关系的错综变化,大情大我和小情小我的矛盾交织在这里折射出历史精神的伟大理想和人生命运的严酷现实。一批赫赫有名的历史人物:海瑞、嘉靖、严嵩、严世藩、徐阶、高拱、张居正、胡宗宪、戚继光、赵贞吉、李时珍等,从历史如烟的迷雾中有血有肉地向我们清晰地走来。

---

① 克罗齐.美学原理[M].朱光潜,译.北京:商务印书馆,2014.

佳作采撷二:《三国》(2010 年)

作品概况:

《三国》是由中国传媒大学电视制作中心策划立项的大型史诗电视剧。

剧情简介:

东汉末年,朝纲混乱。内有董卓巨奸权倾朝野,专横跋扈;外有黄巾军起义,撼动社稷。时有曹操韬光养晦,欲为国除害。逃出京城后,曹操与各地诸侯袁绍、刘备、孙坚等20 路豪杰会盟,共同讨伐董卓。几番征战,董卓最终死于吕布之手。此时大汉气数将尽,英雄豪杰皆觊觎天下,因此上演了群雄逐鹿的争霸大戏。关羽、张飞、诸葛亮、周瑜、夏侯渊、陆逊、姜维、司马懿等风云人物相继入世,魏、蜀、吴三分天下,千古传奇流传至今。

【简评】新版《三国》能够听取广大网友意见,本着对名著尊重的态度,在重播前认真修改,这对于影视界来讲仍具有一种示范性的意义。它的可贵在于,剧组已跳出了急功近利的狭小视野,把提高品质视为自己的生命,并着眼于更长远的利益,甚至把目光投向全球,这是值得深思的。①

在新《三国》中,一些旧有的价值观被更新了,最先的举动就是省去了"桃园三结义",而忠义是《三国演义》的核心价值观。这种异姓结拜,不求同年同月同日生,但求同年同月同日死的观念,经《三国演义》的传播深入人心,特别是男性,而且尤以底层、江湖最为看重。②

佳作采撷三:《走向共和》(2003 年)

作品概况:

由导演张黎执导,于 2001 年开机拍摄,2003 年出品。剧情背景为自清朝慈禧太后归政光绪皇帝,至民初袁世凯称帝失败约 20 年间的中国历史,包括洋务运动、日清甲午战争、戊戌变法、庚子拳乱、庚子后新政、辛亥革命、二次革命、张勋复辟等史事。叙事主要围绕以下 5 位主角发展:慈禧太后、李鸿章、光绪皇帝、袁世凯、孙中山。

剧情简介:

自清朝慈禧太后归政光绪皇帝,至民初袁世凯称帝失败约 30 年间的中国历史,包括洋务运动、中日甲午战争、戊戌变法、庚子拳乱、庚子后新政、辛亥革命、二次革命、张勋复辟等史事。

慈禧太后要修颐和园风光地过她 60 岁生日,李鸿章担心日本扩充海军渐成威胁,想

---

① 摘自《新民晚报》。
② 摘自《北京晚报》。

加强北洋水师实力，设"海防捐"，又找洋人借钱，结果竹篮打水一场空，只得搞了一次令人心酸的演习。中日甲午战争中北洋水师全军覆没，李鸿章受命签订《马关条约》，在日本遇刺大难不死，但从此背上汉奸恶名退出政治舞台。甲午兵败之后朝廷决定训练新兵，袁世凯沽名钓誉取得新贵荣禄信任，开始小站练兵，经营政治资本。

《马关条约》的国耻激起全国义愤，康有为等举子联名上书朝廷，要求维新变法，光绪虽然也想维新自强，但慈禧发觉变法可能削弱她的权势与利益，便将维新血腥镇压了，逃亡海外的康梁在檀香山宣传君主立宪制，孙中山为首的革命党人驳斥康梁，宣传中国的出路只有革命，推翻清朝封建统治，建立民国才有希望。

八国联军攻进北京，慈禧西逃，为了慈禧回銮的议和，清廷不仅赔款，还不得不将一大批被侵略者列为战犯的王公大臣处死。为慈禧安全回銮袁世凯学西方组建警察，正缺兵少将无人可用的慈禧于是很器重袁世凯。

朝廷只好又任用袁世凯镇压革命军，袁世凯利用朝廷向革命军讨价还价，又用革命军要挟朝廷，逼隆裕皇太后退位，孙中山为了实现共和理想的大局，将大总统之职让给了袁世凯。

宋教仁遇刺暴露了袁世凯封建军阀政客面目，引发二次革命，革命失败，孙中山再次流亡海外，国会中占大多数的国民党议员选举中要罢免袁世凯，袁世凯采用武力威胁和流氓手段演出了一场滑稽的闹剧，并且解散国会，清除国民党议员。袁世凯以为再无忌惮，索性复辟当皇帝，蔡锷起兵讨袁护法，袁世凯不得人心，众叛亲离，惶惶而死。但随即军阀混战，张勋借机复辟。故事在孙中山慷慨激昂地为讨伐张勋，反思过去，激励世人的演讲中结束。

【简评】支持的观点：它（《走向共和》）以正剧的风格演绎了自甲午战争到张勋复辟失败这一段清末民初的中国近代史沿革，在尊重史学界最新研究成果的前提下，一反以往一个世纪人们的理解，塑造了迥然不同的慈禧、李鸿章、康有为、梁启超、翁同龢、袁世凯、孙中山、徐世昌、黎元洪、段祺瑞等一系列的历史人物形象，艺术化地再现了中华民族告别帝制与封建的艰辛和反复，留下了对民主宪政在中国演进历程的反省与思索。全剧一经央视播出，即刻引起轰动和热议。而因该剧高度秉承的人性化和历史内在逻辑性的创作模式，也招致了"美化反面人物"和"丑化国父"的严厉苛责，一度引起最高层关注，并终于未能在央视如期重播。但该剧的现代视角，和坚持与史学最前沿的研究成果同步的创作主导思想，则确系 21 世纪头一个十年里国内影视界的扛鼎之作，也对长期以来严重滞后的大中学近代史普及教育起到了巨大的反拨和撼动，有不可低估的大众启蒙价值。①

反对的观点：该剧过度美化慈禧和李鸿章，对于此二人些许误国误民的言行轻描淡写。比如他们认为，此剧甲午之败上为慈禧和李鸿章开脱淡化，反而推之于翁同龢及张

---

① 转自"葵文化论坛"。

睿,然而他们可能看到的显然是删减版,在一刀未删版可以看到慈禧常常作出错误的决策、而等到灾难酿成后在试图改革时又把过去错误的责任全推脱于他人,比如为了自己的60大寿,将国库支出在兴建颐和园上,没钱再添购军舰加强国防,导致甲午战争惨败;又例如,戊戌政变及庚子拳乱后之新政时将过去自我错误责任全推给康有为和光绪帝。而甲午战争后虽然史实上为翁同和推举康有为进行维新变法,然而和李鸿章之争也是事实,在甲午战役前并屡次拒拨银子给北洋舰队,甚至以主战派之名恶整李鸿章,而完全不顾中日军舰在甲午年差异悬殊,甲午战败翁同龢也难辞其咎。

二、电视剧类型策划二:军旅题材电视剧的策划

(一)军旅题材电视剧艺术流变概述

伴随1979年改革开放思想解放运动的展开,中国电视剧行业回归到现实主义创作之路,由于此后对"文化大革命"的文学反思潮流涌动,电视剧行业也在不断发生着观念的变革。自此以后30余年的稳定发展,中国社会已渐渐远离战争的硝烟,且电视剧现实主义创作理念的回归对战争片的发展有了更加严苛的要求,电视剧对于战争主题的直观表达在未来的一段时间会越来越淡漠,取而代之的是更多对和平年代军人独特的个性及品质的展现。新时期(1979—2015年)如此现象的产生对战争片这种"以描绘战争为主要内容,多着重于人们在战争中的命运的描绘;对战略、战术及巨大战争紧张气氛的渲染和存之攸关的巨大悬念吸引观的战争题材电视剧种类"[1]相去甚远,而且由于战争在现实生活的缺失,那些于内关注军人的独特个性、情感内在,于外呈现军人军旅生活的影片类型却游移在战争类型电视剧定义的边缘,急需有一概念来规定这种电视剧的范式。因此这类电视剧类型是"把这种经过转换的军事题材称为军旅题材,以区别那些以战争为表现对象的军事题材"。

中国的发展已经进入和平年代,那些直观的表现战争"魅力",提倡军人要在残酷的战争中完成"拯救家国"使命的影片,已然无法成为"核心价值体系"下的标榜。军旅题材电视剧作为以军人性格、情感诉求及生存状态为视角的影片类型,从侧面表现战争、反思战争,在电影市场上争得了较大的份额。军旅题材电影类型化发展研究,对于探索当下"主旋律影片"的成功表达有重要作用。而且作为战争题材电视剧的一个"亚类型",军旅题材电视剧兼具着多种类型的特征,既有战争片表现人性的深刻、厚重,也有爱情片的细腻。因此探究军旅题材电视剧的策划,对研究电视剧的剧本构成、美学追求、艺术特色等都有重要的意义。

---

① 许南明.电影艺术词典[M].北京:中国电影出版社,2005.

（二）军旅题材电视剧中的相关策划

1.军旅题材电视剧的"战争观"策划——从"狂热"到"反思"

军旅题材电视剧相较于战争题材电视剧最大的不同在于对战争的描画方式,前者注重以军人的生活、情感、认知来间接审视战争,他们通常不是战争的直接参与者,却因自身独特的性格理性的认知战争这一主题。军人是社会中的特殊群体,他们的使命就是保家卫国、遏制战争,军人的义务与责任使其必然与战争这一话题有着千丝万缕的联系,这就是军旅题材电视剧无法避开的话题,创作者对于战争的态度,往往是主旋律电影类型化之路上的必须探讨的结点。

《我的团长我的团》(2008 年)是康洪雷导演,段奕宏、张国强主演的一部电视剧,之所以将其设定在军旅题材影片研究,是其并没有停留在宣传战争、表现战争宏大气势的层面,而是着力于刻画战争对人的影响,特别是战争对"军人"这个特殊群体的影响,与冯小刚电影《集结号》的艺术表现上极为相似,更多篇幅是停留于为军人"正名"的诉求中。电视剧《我的团长我的团》开始质疑既往军旅题材电影对战争的观念,将"十七年时期"军人对战争的"正义感"幻化成为对战争的反思。此部剧是军旅题材电视剧转型之作是因为它可以正视战争的残酷,以正常思维方式来探寻战争对普通军人的影响,着力表达的却是来探讨战争的正义与否。影片没有完全对战争加以否定,表达出的战争观即可以从人性的角度解读战争,也不至于走向另一个极端。这也是以康洪雷为代表的中国电视剧创作者在军旅题材类型片的类型化深入程度上的一个妥协,这种反思是"中国式的,对好莱坞的模式既有借鉴,也没有完全照搬。"与早些时候拍摄的《新四军》《千里跃进大别山》《南征北战》等电视、电影作品在看待战争的态度上有本质的区别。军旅题材类型片并不是一味地规避战争话题,也不是借用"和平年代"来同化"战争"的存在,它只是通过军人的独特性格来看待战争、反思战争。

2.军旅题材电视剧的"叙事"策划——"从群像到个体"

（1）更丰富、更真实的小人物群像。新时期的军旅题材电视剧除了注重个人视角对历史事件的宏观表达之外,也擅长把不同人物的个性整合表现。电视剧《亮剑》(2005 年)不仅仅诉求李云龙一人的性格特征完满,更是力图把出场的人物作了逐一性格分析,也将出场人物作了除了共同的性格之外,再寻找到"个性"的差异,把这多个差异整合到一起后,影片的情感变得更加厚重。当然《和平年代》(1996 年)、《激情燃烧的岁月》(2001年)、《亮剑》(2005 年)、《我的团长我的团》(2008 年)、《我的兄弟叫顺溜》(2009 年)等军旅题材电视剧没有站在道德制高点上去审视战争和牺牲的战士,他们的性格"缺陷"在一定程度上造成了其生命的逝去。像"顺溜"的牺牲就是完成一种"情感"构建造成的;李云龙有一次犯错误被处分,是因为他的警卫员"魏和尚"被土匪杀害,他私自带兵剿灭已经投降的土匪为警卫员报仇,这样的多人物的性格整合没有遮掩影片的光彩,反而令其更加真实。

（2）有个性、有勇气的"新兵"形象建构。"新兵"形象是军旅题材电视剧的创作者常常着力刻画的一个群体,因为他们常常带有青年人的思维方式去看待战友关系、战争冲突以及国家利益等。他们的不谙世事会臆想成战场是自己英雄施展才能之地,可是真正遇到困难或是战争后才发现自己的思维是非常稚拙的,在他们的成熟和认知的过程中完成了个人的升华。此外,"新兵"形象通常是刚进入部队有其独特的性格差异,他们的"不羁"对于要求整齐划一的军队生涯会产生天然冲突。是保留这些"新兵"的个性,还是把他们打磨成为标准化的零件? 如何处理这样的新兵形象对于电视剧创作者的功力是相当大的考验。所以由于"新兵形象"这些种种特质,观众对年轻军人的形象会印象深刻,易产生共鸣。如《士兵突击》（2006年）中的"成才",他刚刚入伍时是个"滑头"的形象,他身上有些许社会习气的存在,讨好老兵、好高骛远的想去考入军校军官,但是经过一次次磨炼和"许三多"的接触,他身上曾有的"不羁"气质恰恰促使了他成为一名合格军人的必备素质,导演精巧的在这两者之间做了巧妙的整合。从个人的表现入手,以微观看宏观,没有宏大的叙事企图,却令军旅题材电视剧更"亲民"。

（3）知荣辱、畏生死的军人本性回归。人性是指在一定的社会制度和历史条件下形成的人的品行,抑或是人所具有的正常的情感和理智（normal human feeling nature）。从人性的解释就会发现"十七年电影"时期的军旅题材影片有一个最大的诟病就是把影片中的"人"政治化并提升到了"神"的思想境界。《英雄儿女》中王成"向我开炮"的无畏,《林海雪原》里杨子荣"穿林海,跨雪原"孤身一人深入土匪老巢的豪迈,在新时期可能难以再令观众接受。时代的更迭,以军旅题材类型片为代表的主旋律影片在执行"政治性原则"的基础上,必然要寻找合适的表达技巧。新时期（1979—2015年）的中国的军旅题材类型片有了重大的突破,主要在于"是把战争从英雄的战争还原为人的战争、人性的战争",它真正把英雄当作了普通人来写,在正视规定的情节之下哪怕人物个性上有些许的"瑕疵"也不会阻碍观众的认知。电视剧《高地》（2009年）即如此,"兰泽光""王铁山"抢占高地的一次战斗中失利,并且导致他们心爱的对象"杨桃"牺牲,这一事件并没有使他们的形象大打折扣,在以后生活中,他们对于这场战斗的争辩,也使他的形象变得立体起来。他们都有人性的弱点,正是这些弱点的延伸,却是对观众非常有震撼力的,让大家真正看到人性与战争的抗争,感受人与火的拼搏,他们是观众身边的一员。对于人的尊重也不仅局限于对生者,更多的"情感"创作者把他倾泻在对逝者的尊重上。人性的复归是新时期军旅题材电视剧创作上的重大突破,在渲染军人情感、彰显人性等方面,新时期军旅题材电视剧运用各种艺术表达方式,在一定程度上较好地完成了以情动人的艺术表现效果。从

《激情燃烧的岁月》(2001年)、《历史的天空》(2004年、高希希导演)、《亮剑》(2005年)、《士兵突击》(2006年)、《我的团长我的团》(2008年)等具有代表性的新时期军旅题材影片来看,其表现出的重大艺术成就,就在于"敢于写人与人之间的真实情感,包括母爱、同志爱、男女爱、革命的人道主义,充满着人情味,真情毕露,歌颂了无产阶级的人性美",[①]同时这样直面人性本质、情感诉求的军事题材电影才是军旅题材类型片范式得以成立的根本。

3.军旅题材电视剧的"情感"策划——有本土特色的"情感置换"

"十七年时期"的军旅题材影片,再到如今"新时期"军旅题材电视剧中,很少去直观地表达爱情(除少数的影片外,如1957年公映的王苹导演的《柳堡的故事》),那个时期的创作观念让电影创作者们"成功"地做了一个创举,完成了影片人物的情感置换工作,将亲情、友情、爱情置换成为对祖国的忠诚、对战友的关爱以及对敌人的憎恨。现在的军旅题材电视剧面临的类型化之路已不再是单一的人物性格表达,而是力图体现任务的多样性,将原来严苛的"政治电影模式"转变成"通过伦理情感来包装政治主题或者使政治意义通过伦理情感得到传达"。新时期的军旅题材电视剧,就不能一味地把军人生活变成固定的范式,少情、寡情、无情绝不能成为新时期军旅题材电视剧的标志。表达策略的转化,意味着在新出现的影片中女性角色和爱情情节所占有的比重越来越大,电影的创作者们也不要刻意地规避爱情的出现。《士兵突击》是个典型的特例,延续情感置换手段,通篇没有女性的出现,让男人的情感倾泻在对战友的关爱和对祖国的崇敬上面。女性角色、爱情元素真正地成了"点缀",遗憾的是创作者完全可以把"爱情"设置一条情感暗线参与电视剧的叙事,可借鉴成熟的类型电影《壮志凌云》来设置女性角色,这里面的飞行员多情且痴情,特色表达丰满,在遭遇挫折时女性角色很好地推动了剧情的发展,促使了主角性格的转变,作为另一条叙事线索,配合主线叙事。《士兵突击》要想在类型化之路上走得更加深入可以借鉴好莱坞成熟的类型片叙事策略"要是让好莱坞编剧来设定情节,肯定是让男主角直接拥有丰富的情感纠葛可以确保可看性,但是我们的军队实际情况是不允许这样"。军旅题材类型片中那种"让女人走开"的"文革电影"观点已然无法适应新时期电影的观众审美要求了。类型化、商业化策划理念的深入,可以使得如同《士兵突击》这样的军旅题材电视剧在艺术表现的元素上更加丰富、豪迈。

从1996年的《和平年代》到2001年的《激情燃烧的岁月》,再到2006年的《士兵突击》与新近的2014年《北平无战事》,军旅题材电视剧的创作者从社会认知和受众两个角度考量了以往作品表现重点是否适应现世的需要。从《士兵突击》收视率和观众的口碑不难看出,军旅题材电视剧"策划"之路看似平稳,背后却隐藏着一个个沉重的话题:如何

---

① 仲呈祥.仲呈祥演讲录[M].北京:作家出版社,2013.

看待离我们渐远的战争主题;力求宏大叙事、群像展现的"十七年电影时期"的军旅片是否还能在如今大行其道;军人形象能否可以进行平民化的解读等。纵观 30 多年来军旅题材电视剧的策划探索和策划尝试是值得肯定的。

佳作采撷一:《士兵突击》(2006 年)

作品概况:

改编自兰晓龙小说《士兵突击》,八一电影制片厂、北京华谊兄弟影视投资有限公司联合出品。

剧情简介:

木讷的许三多没进军营,就因看见坦克时"举手投降"招来以"不抛弃、不放弃"精神闻名全团的"钢七连"连长高城的反感,入营后,班长史今成为他的依靠,副班长也是老乡的伍六一却因他的笨拙将其视为肉中刺。新兵训练结束后,许三多被分到偏远艰苦的后勤管道维护班五班,一同来部队的老乡成才则去了钢七连。

被现实打垮的五班班长老马随随便便的一句话被许三多当作命令接收,凭借憨厚的执拗劲,他用六个月时间完成了一件所有人都认为不可能完成的任务,令五班整体感动,精神面貌焕然一新,自己也因此来到钢七连,重见班长史今。喜悦过后,一个个看似不可能跨过去的槛在他脚下一字排开。而在这一过程中,他从史今、伍六一、高城、老 A 袁朗及吴哲等人身上学到了很多很多,从一个"孬兵"变成了一个"兵王"。

【简评】不抛弃,不放弃! 已经远远超出了故事本身所表达的意义了。①

没有美女、没有爱情、没有明星的国产连续剧能不能赶超美剧、在互联网走红、让千万人疯狂?《士兵突击》给出了答案。这部名称平淡的 28 集电视剧在悄无声息的一轮地方台首播后,凭借口碑在网络上迅速传播,在这个秋天终于酿成了一股热潮。②

看《士兵突击》,就好像一个进入城市的白领冷不丁想起自己的农村生活,遭遇久违的价值观。(上海大学影视学院教授石川评)

佳作采撷二:《激情燃烧的岁月》(2001 年)

作品概况:

《激情燃烧的岁月》是根据中篇小说《父亲进城》改编的一部 22 集英雄主义题材电视剧。该剧讲述一位军人对自己妻子终生不渝的爱与激情。于 2001 年 10 月在北京电视台首播。

---

① 引自凤凰娱乐。
② 引自腾讯娱乐。

剧情简介：

新中国成立前夕，在部队进城的欢迎仪式上，充满青春活力的褚琴强烈地吸引住身经百战的石光荣，他凭借军人的天性立即发起进攻，在褚琴父母和组织上的支持下，与心爱的人举行了热烈单纯的军人婚礼。这使对褚琴一往情深的谢枫丧失了理智，他要开枪打死石光荣。石光荣以一个军人的方式面对谢枫，使谢枫感到自愧不如。此后，谢枫在抗美援朝战争中英勇牺牲。

文弱书生谢枫的牺牲，赢得了石光荣的尊敬和惋惜。但是褚琴却误解为是自己和石光荣害死了谢枫，这心结扩大了与石光荣性格、生长环境和感情理解的差异，原本可以解释的事情，在褚琴这里变得不可理喻。

长期的战斗生活使部队和战友成了石光荣生命中的一个部分，这让褚琴认定丈夫的心里只有战争和战友。

在部队中，石光荣呼风唤雨，如鱼得水；在家庭生活中，他显得很孤单，很力不从心。孩子们长大了，个个性格倔强，成长环境的差距使得他们与石光荣之间的代沟尤为明显。

在几十年的风风雨雨中，因为参军、因为与靠山屯乡亲们的来往、因为很小的家庭琐事……石光荣家的成员们为了自己坚持的原则不断地冲突、摩擦。石光荣为了孩子们能成为真正意义上的战士，往往采取极端手段，这经常使得石光荣在家中陷入了四面楚歌的境地，褚琴不能容忍石光荣对孩子的严厉，也不能忍受石光荣在家庭生活中的独断专行。

时间是一个伟大的教师，长期的共同生活让石光荣和褚琴学会了忍让和理解，他们在冲突和摩擦中不断地贴近对方。褚琴清楚地感受到石光荣的激情依旧在燃烧，而且越发炽热。

在石光荣生命垂危的时候，褚琴和孩子们才真正认识到他们和他的感情有多么的深，在这个英勇的军人身上蕴藏着多么可贵的品格，他是那样的称职，在他无数的行动中，他使自己的生命与他们的生命融合得如此完美。

【简评】不仅仅是石光荣、石林，还有胡团长、谢枫、石晶、胡达凯、成栋全……《激情燃烧的岁月》中的每一个人都活得那么真情执着，那么激情澎湃。他们是英雄，可他们又离我们那么近，几乎在每一个家庭里，就在我们周围的祖辈、父兄辈、同龄人中，都可以看到他们的身影，触摸到他们的脉跳。当白发苍苍的石光荣深情地看着相濡以沫的妻子再次舞起红绸的时候，当石晶看到胡达凯的假腿失声痛哭的时候，当18年的离别后石林终于紧握父亲的手热泪流淌的时候……①

---

① 引自网络简评。

佳作采撷三：《潜伏》（2009 年）

作品概况：

《潜伏》由东阳青雨影视文化有限公司、广东南方电视台联合出品，改编自作家龙一的同名短篇小说。

剧情简介：

1945 年初，国民党军统总部情报处的余则成接到重要任务，和上级吕宗方赴南京潜入汪伪政府，暗杀叛逃的李海丰。吕宗方初到南京便遭枪杀。余则成单枪匹马暗杀了李海丰，得到军统嘉奖。这时，共产党特使突然告诉他吕宗方的真实身份是地下党。更让余则成惊讶的是，深爱的女朋友左蓝也是共产党。根据吕宗方对余则成的评价，特使希望余则成加入地下党。

余则成无意中发现戴笠等人为私利而向日军泄露新四军情报，也彻底看清国民党失去民心的原因，加上左蓝的劝告，遂弃暗投明。党组织要求他留在军统，潜伏待命，代号"峨眉峰"。余则成受命到军统天津特务站，站长吴敬中要求他把夫人接来。党组织给他派来了大方朴实、泼辣耿直的女游击队队长翠平，让两人做起了假夫妻。练过功夫、枪法如神的翠平不适应吃西餐、打麻将的官太太生活，闹出不少笑话，多次强烈要求离开，两人在生活细节和性格上也冲突不断。1946 年 1 月，国共双方开始"军调"，余则成发现中共派来的军调人员中竟然有左蓝。余则成将军统在中共代表身边布下的监视特务名单交给左蓝，并公之于众，首战告捷。

特务站内部明争暗斗。站长动用潜伏在延安的特务"佛龛"调查左蓝和余则成的关系，行动科长马奎还抓捕了余则成的联络员秋掌柜。余则成与左蓝利用特务站陆桥山与马奎的争权夺利，将"峨眉峰"的帽子戴在了马奎头上。最后，马奎被转运时逃脱，而左蓝挖出"佛龛"，用他换回了受尽酷刑的秋掌柜。身份暴露的"佛龛"李涯分配回到天津，他提议让余则成策反左蓝，以测试余则成。得知左蓝不从，李涯决定杀害左蓝。他让余则成电话通知左蓝晚上在某地见面，余则成无奈答应，同时让翠平中途去拦截左蓝。眼看就要成功，不料途中横杀出咆哮着寻仇的马奎，一番激战，左蓝和马奎互射身亡。左蓝的牺牲让翠平第一次看到地下斗争的残酷，开始慢慢理解余则成的潜伏工作，两人渐渐有了默契。余则成和李涯联手，几经争斗，路桥山被迫调走，余则成晋升为天津站副站长，获得了更多情报。

【简评】《潜伏》是一个关于信仰的故事，融合了幽默、言情、悬疑、智斗等诸多元素，着力表现特殊年代地下工作者的奋斗与牺牲，使观众大呼过瘾。①

---

① 引自"网易娱乐"。

《潜伏》情节紧凑、开场就有悬念,孙红雷的知识分子形象和悬念迭起的刺杀行动一开场就吸引观众,并迅速进入正题;温柔对白,恋人情谊让人感动,除了刺杀行动,余则成和左蓝的会面很招观众喜欢。[①]

除了主角的精彩表现外,"绿叶"的表现也是可圈可点:老谋深算的吴站长、匹夫之勇的马奎、阴险小气的陆桥山、心狠手毒的李涯等都起到了"绿叶"的作用。[②]

《潜伏》就像一部职场攻略剧,余则成巧妙地处理了自己与站长吴敬中、"同事"马奎、陆桥山和李涯的复杂关系,为白领们写了一部活生生的"职场攻略"。[③]

三、电视剧类型策划三:农村题材电视剧的策划

(一)农村题材电视剧艺术特征及艺术流变概述

1.农村题材电视剧的艺术特征

农村题材电视剧是中国电视人又一个钟情表达的电视剧类型,从萌芽时期善于表现农村人的苦难,到21世纪以来乐于发掘"朴素"情感中的笑料,农村题材电视剧已然走过了近60年的历程,在这期间佳作层出不穷。农村题材电视剧也以其在艺术的形式与内容上对"现实主义艺术创作"法则地独特呈现方式,表现出一种独特的美学症候。中国农村题材电视剧的发展是有历史源流的,从早期农村题材电影(特别是早期中国电影那些苦难现实主义、批判现实主义创作思想指导下的作品,如《渔光曲》《狂流》《春蚕》《我们村里的年轻人》《早春二月》《乡音》等)对它产生的影响,再到新时期,特别是进入21世纪后,农村的生产方式、农民的生存状态、农民对土地的崇拜的瓦解塑造出一种鲜明、恳切的电视剧类型。毋庸置疑的是,农村题材的电影、农村题材的小说(如《平凡的世界》《白鹿原》《绿化树》等)为农村题材电视剧的繁盛提供了无限的经验和动力。总体而言,农村题材电视剧从概念上理解,包含了最为广泛的乡土剧、民工剧、农村剧、农民剧的范畴,它也包括21世纪以来一种独特"农民工现象剧"的类型范式,而以上的各种分类都可以在农村题材电视剧的亚类型范畴中逐一讨论。于是那些关注农村变革、审视农民生存境况、窥探农民心理诉求,在群体与个体的差异矛盾中揭示乡村的变革,用现实主义创作手法进行声音与光影组合的电视剧类型便可称为农村题材电视剧。

2.以现实主义创作法则为参考依据窥视新时期(1980—2015年)农村题材电视剧的艺术流变

第一个时期:萌芽与初创期(1980—1990年),虽然定义此时为萌芽期与初创期,但是社会变革剧烈,一大批关照社会现实,以思想解放、女性意识觉醒、农村变革为背景的佳作

---

① 引自"国际在线评论"。
② 引自《成都晚报》。
③ 引自《东方早报》。

涌现，多表现农村人在变革与新思想楔入过程中的迷茫与挣扎、觉醒与苦难，农村题材电视剧成长基因健康完备。代表作品：《篱笆·女人和狗》（1989 年）、《辘轳·女人和井》（1990 年）、《外来妹》（1990 年）等。

第二个时期：创作与发展期（1991—2000 年），此时中国农村题材电视剧创作作品非常丰富，并且确立了鲜明的美学观点，维持自身现实主义创作方向的理念，对农村题材的刻画与展示不仅仅满足于停留在外部环境中，而是深入到心理与精神层面窥视，善于表现农民群体中苦难而乐观，思想中的局限而素朴，动作上的古拙而弥坚的可贵品质。在一种苦难、浪漫、批判相杂糅的现实创作环境中确立了中国农村题材电视剧的风格特征。代表作品：《趟过男人河的女人》（1993 年）、《女人不是月亮》（1993 年）、《都市放牛》（1995 年）、《山城棒棒军》（1996 年）、《姐妹》（1998 年）、《嫂娘》（1998 年）、《田教授家的二十八个保姆》（1999 年）等。

第三个时期：兴盛与困惑期（2001 年至今），这一时期中国农村题材电视剧创作数量大大增加，却面临着价值观的犹疑与困惑，在创作思路上虽然看似依然秉承着现实主义的表达，但是有些作品却呈现出了一些"反现实"的理念。部分的农村题材电视剧忽视剧作的戏剧化，追求戏剧性的呈现；用"皮相现实主义""伪现实主义"的理念来偷偷置换已形成的创作理念。但是不可否认佳作依然大量出现，呈现多元化表达，苦难现实主义、原生态现实主义、批判现实主义、浪漫现实主义杂糅出现，形成丰富的表达层次。代表作品：《刘老根》系列、《希望的田野》（2002 年）、《城市的星空》（2004 年）、《我是农民》（2004 年）、《马大帅》（2004 年）、《生存之民工》（2005 年）、《福贵》（2005 年）、《圣水湖畔》（2005 年）、《都是外乡人》（2006 年）、《别拿豆包不当干粮》（2006 年）、《喜耕田的故事》系列、《我的美丽人生》（2010 年）等。

通过这三个阶段的发展、成熟，中国农村题材电视剧确定了"现实主义"为创作理念，在个体与群体的矛盾、镜像中构建农民形象的法则，以关照农村变革和农民精神现状为主体，揭示出土地崇拜、信仰重构等深刻哲学话题为追求的独特美学特征。

（二）中国农村题材电视剧的策划要点——规避现实主义表达误区

1.以《乡村爱情》系列、抗日题材电视剧为例看中国电视剧的"伪现实主义"创作

现实主义创作在影视学的开端可以追溯到 20 世纪 30 年代的"中国左翼电影运动"，也可称为"中国电影文化运动"，[1]在这次电影运动中确立了百年影视发展的基本理念，那就是以"现实主义创作为主导"。自此以后，中国电影经历了百年历程，确立了 6 代导演（"新生代导演"[2]的美学观点确立还处于商讨中），导演代际的划分除了参考时间因素外，

---

① 李道新.中国文化电影史[M].北京：北京大学出版社，2005.
② 钟大丰.中国电影史[M].北京：中国广播电视出版社，2002.

还根据其创作作品的现实主义表达与美学追求进行归类。从苦难现实主义、批判现实主义、浪漫现实主义、冷峻现实主义、纪实化现实主义……不难看出中国电影、电视剧的演进一直伴随着现实主义观照为考量的标准，而电视剧的创作者能够在艺术的假定与现实的还原之间进行深刻的阐释，形成独特的"风格化"①解读便是值得上升到史论研究高度的佳作了。但是就在这种创作观念深入观众审美根源的时刻，有一批影视作品打着"现实主义"多样化的旗号，创作出了大量的"不接地气"的作品，这些作品与现实表达格格不入，可称为"伪现实主义创作"。其代表就是近年来出现的大量"抗日神剧"以及《乡村爱情》系列。

"抗日题材电视剧"是历史题材电视剧的一个亚类型，因为中华民族那段独特的被侵略的历史伤痕而催生出的艺术表达样式。原本这一类题材的电视剧在历史情节建构、历史审美诉求上不会出现太大的问题，可随着"类型元素"嵌入剧作中，大量电视剧在"现实表达"上与历史失实，出现了"神话、漫画"的现实呈现。以揭示造就矛盾现实的缘由、对主导者给予毫不留情的讽刺批判，明确地揭示了社会的本质，对现状造成的根源目的性的表达的现实主义美学追求被忽略，电视荧屏上充斥着"一人战胜日寇一个大队"、随意"手撕鬼子"的荒唐"伪现实"闹剧层出不穷。

《乡村爱情》系列电视剧是在展示新时代中国农村农民的新面貌，观众本期待如同《刘老根》(2002年)这样的诙谐、戏谑的现实主义作品回归，万万没有想到它完全违背了"现实主义创作法则"，在表演上无法区别小剧场表演、大剧场表演、影视表演的不同；在剧作上忽略了戏剧化与戏剧性的不同，在整体利益上更是违背农村现实生活，以表现农村为名，呈现出一个迥异的农民精神现状，以至于很多观众看完电视剧后产生了质疑"是否在丑化农民"。难道农民的朴实、厚重、安土重迁、执着坚毅……都已荡然无存？我们改革开放30多年的主体农民就是一个又一个的奸猾、吝啬、斤斤计较的群体？《乡村爱情》有一个场景这样塑造"刘能"和"赵四"两位同村居住的亲家："刘能"做饭时家中无盐，自己又不愿意花钱购买，便带着一个大盘到了亲家"赵四"处借盐，"赵四"也是极为吝啬的人，为了不借食盐将其倒入水中，待"刘能"走后再晒出……这种人物形象在《乡村爱情》里比比皆是，令人咋舌。《乡村爱情》导演与早年间拍摄的电视剧《刘老根》相比，农村人物不仅仅停留在"农民"阶级的局限性上，而是多了一丝丑化，少了几分同情，臆想出各种极具戏剧化的性格，比起后者毫无善意可言。农村题材电视剧的美学追求就是高度的现实主义倾向，这一点"抗日神剧"现象、电视剧《乡村爱情》系列等作品与其相背离。

中国影视艺术奉行着"现实主义的创作"理念，但也绝不会容忍"伪现实主义"大行其道"生活在一定文化历史圈子的人对其文化有自知之明，并对其发展历程和未来有充分的

---

① 周星.中国电影艺术史[M].北京:北京大学出版社,2005.

认识。换言之，是文化的自我觉醒，自我反省，自我创建"。中国电视观众和电视剧策划者在"美人之美"的包容上依然要坚守自己的艺术理想。

2.以电视剧《蜗居》为例辨析"皮相现实主义"创作观

上一章节中提到过，艺术作品的独特魅力是能够开启受众的"第三维度的幻觉"，艺术作品区别日常生活的重要标志为前者需要"注入创作者的审美评判"。"皮相现实主义"创作理念缺少"审美评判"，只是客观地呈现社会现实，这一点对于艺术作品来讲是值得反思的。因为"（剧作里）冲突的设置和严重程度必须要表现出以下三个方面：创作者对待这种冲突的态度、主人公对待这种冲突的态度以及构建的冲突是否有不可调和性"[1]才是一个完整的故事创作。而现实主义的美学诉求就是：创作者在深入生活，介入现实，绝不满足那皮相的、表面运动的描绘，以"真正艺术家的勇气"，从丰富复杂、光怪陆离的现实生活中，透过斑斓驳杂的表层，把握住蕴含着历史发展契机的典型性现实生活，从社会历史发展的高度把这种典型性现实生活用文学的形式描绘出来。滕华涛2009年导演的电视剧《蜗居》一经播出引起巨大的争议，各大卫视纷纷替换其作品的缘由是对现实的"皮相"表现，缺乏审美引导。以下节选的电视剧《蜗居》台词和评论者两种截然相反的观点不难看出，电视剧审美观、价值观的引导出现了些许偏差。

对电视剧《蜗居》（2009年）两种截然不同的态度：

观点一：《蜗居》深入的表现了现实生活，使得文化、影视、文学各个艺术领域不仅仅擅长表达所谓的"阳春白雪"，更有一种史无前例的社会责任感。电影、电视有了其独特的"自觉性"，有了监督社会发展、表达深刻社会人物内心的作用。

观点二：《蜗居》这部电视剧含糊了艺术对于现实生活的表达方式。缺失了美学意义和艺术家应该坚持的美学立场。

《蜗居》台词节选：

有钱能使鬼推磨这话一点不假，4万还是"我妈"，6万就成了"咱妈"了！幸好这钱拿回来了，否则估计你嘴里就是他妈了！

——苏淳在将借款给郭海萍后的内心想法

海藻突然明白了一件事，那就是50元的内衣和500元的内衣本质的区别是：女人和女色。

——郭海藻在挥霍宋思明给其的"二奶费"时的内心想法

文学？文学就是鱼上的香菜。有鱼香菜才好看。没鱼，一盘香菜你吃得下去吗？

——郭海藻和郭海萍在"蜗居"中的对话

在"呈现社会现实上"电视剧《蜗居》不可不称之为深刻，它的缺失就在于作为艺术作

---

[1] 仲呈祥,陈友军.中国电视剧历史教程[M].北京:中国传媒大学出版社,2010.

品仅仅客观呈现"皮相"是不够的,传播者不能一味的迎合观众审美,要有引领大众审美的升华,否则电视剧的艺术策划不就与马路上的"视频监控"无异了吗?

第三节　电视剧的策划要点

　　"戏剧"这一表现形式在中国发展已有几千年的历史,其内在的美学意蕴、人物构成、故事情节的讲述形式早就深入每一个中国人的心目之中。正是有了这样的传承铺垫,当1896年电影首次进入中国放映之后,电影的名字被翻译成"影戏"或是"电光影戏",他们认为电影就是一种不用直接与演员见面的"戏"。电影此时也不是一种独立存在的艺术形态,它只是一种传播手段,如同电话、传真一样,只是信息的载体罢了,电影承载的就是"戏剧",只不过是将演员的"车马费、宿膳费"节省的工具。正是有了这样的认知,电影被认为是戏剧的变种,也正是因为这样的观点,观众常常按照中国传统戏曲的形式来观赏电影、电视,对影视作品提出与戏剧作品相同或是相似的评价体系。正是这种"歪打正着"的理论趋同意识,影视作品的创作者才天然地将二者融合,形成具有中国传统古典戏剧的影视故事表达方式与评价标准,被称为"影戏说"理论。该理论生成于20世纪20年代,成熟于20世纪80年代,虽然最早源自电影理论,但是历久发现他的内容一样适用于电视剧领域。是电视剧叙事策划的基本走向,是电视剧审美评价的大致准则。

一、"讲求戏剧性"①是电视剧叙事策划的核心追求

　　何为"戏剧性"? 所谓"戏剧性"是指电视剧在进行故事的自我讲述时,善于运用各种形态矛盾冲突来塑造人物、表达情感,在众多技术手法中倚重悬念、误会、巧合等因素,产生矛盾冲突或推动矛盾变化发展。即通过故事的情节来塑造人物,而不是简单地通过人物夸张的肢体语言。电视剧在剧情的发展中最吸引人的魅力就在于"巧合"。在每一部电视剧作品中都可以轻松寻找到"无巧不成书"的片段。电视剧《雷雨》(1984年)就是如此,整个电视剧的架构基础完全是通过误会、巧合建立起来的,其中有一个片段是讲述"周萍"从国外归来后,想要立志成就一番事业,"但意外的爆炸事故发生,使周萍一蹶不振。一天夜里,周萍喝醉误入了管家鲁贵女儿四凤的房间,繁漪又无意之中发现了这个秘密,这个极度失望的女人开始了疯狂地报复,而走投无路的鲁贵也向老爷告发了繁漪与周萍的私情,同时也把四凤怀孕的消息告诉了繁漪。周朴园引以为荣的有秩序的家——周公

---

　　① 周星.中国电影艺术史[M].北京:北京大学出版社,2005.

馆开始动摇了,而真正的打击却是鲁贵妻子——四凤的母亲的出现,原来她就是周萍的生母梅侍萍。四凤、周萍这对恋人竟是同母异父的兄妹,而被周朴园开除的矿工鲁大海恰恰是他长年思念、未曾谋面的二儿子"。就在一层层的误会、悬念、巧合中,雷雨的每一个人物通过具体的故事完成了形象的丰满,这就是"戏剧性"对于电视剧叙事策划的影响。

还有一种电视剧塑造人物的方式恰巧与"戏剧性"不同,那就是刻意追求剧作上的"戏剧化",即通过人物夸张的面部表情、另类的穿着打扮、变形的肢体动作来丰富人物的内心情感和事件外在化的表现。电视剧的表现手法在电视剧的创作中应该讲求"戏剧性"还是"戏剧化"? 这一直是影视艺术的所争论不休的一个重要观点。这两种人物构成的理念在电影领域鲜明的两个代表人物就是巴斯特·基顿(被誉为"冷面笑匠")和卓别林(夸张的肢体语言)。当我们抛开所有情绪化的干扰因素,不得不承认,剧中人物的立体化呈现是应该通过故事的完整性来建构起来的,不能完全依靠夸张、外化的肢体动作。要是刻意追求后者,人物呈现必然扁平化、漫画化。自2005年开始《乡村爱情》系列电视剧以每年一部"上星"播出的数量持续到了2014年,从表面上看播出效果十分可观,《乡村爱情》第二部更是在央视黄金档播出,拨开笼罩在其身上的耀眼光环,用一种理性的目光审视这部系列电视剧,不难发现从其剧本的构成上完全推翻了电视剧叙事的原理及其法则,抛弃了"故事"塑造人物的套路,此电视剧完全是由一个又一个"小品"段子堆砌而成,而各种段子之间缺乏相应的连接,更是缺少"引子"的作用。这就是缺乏"戏剧性",过于追求"戏剧化",当我们去剖析整个《乡村爱情》系列电视剧的出场人物不难发现这样的规律,每一个人物的外在都有"极为不寻常的"动作表现。他们的出场方式很特殊,不是瘸腿、就是歪嘴,不是大小眼、就是结巴;衣服的装扮也极度"夸张",创作者于是乎走入一个叙事的误区,当这些人物一出场还没有进入故事情境中时,观众就会感觉到演员是"有戏"的,但是这样先入为主的印象,跟故事情节没有一点关系,完全违背了电视剧的叙事法则,究竟是动作为故事服务还是故事为动作服务? 当电视剧的创作者仅仅热衷于将情节点设置此处,那人物形象就是一个"笑闹"罢了。

通过故事来完成价值观的建构、人物塑造、情感宣泄才是电视剧叙事策划的不二法则,而有些人常常陷入的误区就是忽略了"戏剧化"应该为"戏剧性"服务的原则。

二、"强调情节性"是电视剧叙事策划的独特魅力

"强调情节性"是指电视剧故事讲述中,擅长在闭合的环境里,突出矛盾冲突的不可调和,讲究剧作构成的各个阶段:序幕、开端、发展、高潮、结局和尾声的矛盾描述统一。观众对于电视剧佳作的评价中之所以觉得"能够吸引人",是创作者在故事的阐释中各个元素都是为了中心矛盾点服务的,所有元素和其他小矛盾的铺陈如同戏剧中的"引子"不断

将观众的兴奋点集中。在电视剧创作进入新时期以来,创作者通常忽略这一法则,在篇幅不断扩大的同时忽略了矛盾的集中、情绪的酝酿,更有甚者在不同事件的阐述里偷偷进行了"矛盾的置换",使得整部剧氛围被破坏了。传统戏剧在强调情节上可圈可点。如王实甫的《西厢记》,篇幅巨大,共5本21折5楔子,讲述了张生和崔莺莺经历了各种坎坷最终有情人终成眷属的爱情故事。在如此大的篇幅中讲述的事件也纷繁复杂,无论是张生和崔莺莺"夜宿普救寺"、崔莺莺夜晚难眠"琴挑"张生、叛将孙飞虎抢亲崔莺莺还是"红传生语"等,虽然人物众多,事件也迥然不同,但是各个事件相互关联所体现的矛盾冲突都是围绕"张生和崔莺莺的爱情"展开,它从未更改过。由于序幕、开端、发展、高潮、结局和尾声的矛盾一致、事件紧密铺排,张生与崔莺莺的爱情也越发浓郁起来。赵宝刚导演的电视剧《北京青年》(2012年)就没有完成氛围的塑造,好作品能够焕发出摄人心魄的"虚光",此剧就在剧作高潮后将剧作矛盾置换,整部电视剧其实在解读两个命题——"青春"和"创业"。《北京青年》在剧作开端、发展、高潮阶段是在探讨"青春的哲学",烘托出一种青春期特有的愤怒和张扬,几个兄弟一起"重走青春路"。话锋一转,当创作者成功吊起观众胃口后剧作主要矛盾变成探讨"青春的成功学",何东、何西、何南、何北四个兄弟在一路向南的青春路上不是在以青春的视角感悟爱情、亲情、友情和世间万物存在的意识。而是开始践行"成功学"的范畴,卖专利、开酒吧……因此剧作的整个闭合情节被打破,"虚光"消逝,也没有了剧本对观众的裹挟感。

在电视剧叙事策划中,能够在闭合的环境里,突出矛盾冲突的不可调和,将剧作构成的各个阶段:序幕、开端、发展、高潮、结局和尾声矛盾描述统一起来构建"虚光"①即为强调情节性,是电视剧叙事策划的独特魅力。

三、"注重教化性"是电视剧叙事策划的"宗教"基础

中国的电视剧创作有一个核心宗旨就是价值观导向、道德观导向的正确性,这种理念不是停留在电视剧策划的领域,而是在中国电影肇始之初就嵌入影视艺术之中,从《难夫难妻》《庄子试妻》《马路天使》《三毛流浪记》等早期电影,再到如今热播的电视剧《大明宫词》(2000年)、《天下粮仓》(2002年)、《仁者无敌》(2007年)、《最后的99天》(2009年)等都是秉承着传统儒家文化"仁、义、礼、智、信、温、良、恭、俭、让"的价值体系,在艺术表达中将"人本、平等、正义、牺牲、荣誉"等品质传递给受众。在艺术的教化属性和现实生活的呈现之间寻找平衡。电视剧《蜗居》(2009年)在价值理念和道德理念上的偏离导致了观众的质疑。北宋哲学家、理学家张载有"横渠四句":"为天地立心,为生民请命,为往圣继绝学,为万世开太平",这四句话其实恰恰暗合了电视剧艺术"教化性"的特征:

---

① 罗伯特·麦基.故事——材质、结构、风格和银幕剧作的原理[M].周铁东,译.北京:中国电影出版社,2001.

"为天地立心"于艺术层面就是重塑一种"核心价值体系",在天地之间遵循自然变化与人伦纲常的法则。使得艺术作品、人心思维与外在生存相互统一,形成一种素朴的美学追求。

　　"为生民请命"即为艺术学上的"现实主义创作理念",在微观、宏观之间探寻美的历程、总结美的规律、掌握呈现美的方法,在苦难、批判中观照社会现实,以一种"悲天悯人"的情怀为"个体"而呐喊的艺术创作理念。

　　"为往圣继绝学"是艺术学流脉传承"正本清源"的诉求,在现实、艺术、历史整合表述中"敬畏""审慎"①的艺术生存法则。

　　"为万世开太平"便是艺术精神的终极境界。

---

① （古希腊）亚里士多德.诗学［M］.北京：人民文学出版社,1962.

第八章

电视广告策划

第一节　电视广告策划的概念

一、什么是广告策划

广告策划就是对广告的整体战略与策略的运筹规划。广告策划就是对于提出广告决策、实施广告决策、检验广告决策全过程作预先的考虑与设想。广告策划不是具体的广告业务，而是广告决策的形成过程。

简言之，即对广告活动过程进行总体策划或者称为战略策划，包括对广告目标的制订、战略战术研究、经济预算等，并诉诸文字。通常广告策划包括两种：单独策划和系统策划。无论是哪一种形式的策划，都是为实现最终的传播而运作的。

尽管在广告中，对广告的分类众说纷纭。但是，长期以来广告人针对这一命题还是将广告归纳为广告科学派和广告艺术派两大相对独立的理论体系。

广告是科学还是艺术，就像很多人在接触编导、表演、播音时，都会争论不休的问题，它们究竟是艺术还是科学，这些争论带来了广告运作应该遵循科学规律还是艺术规律的问题。

坚信广告是科学的人坚持应该以科学的理论来指导广告运作，需要理论进行引导。他们将营销学、心理学、社会学、统计学等许多学科的理论引入广告，并提出科学依据。对于此观点的人来说，艺术设计不能凌驾于客观规律之上，大数据的客观内容和人为地制造会让广告带来最终的效益。

广告科学派认为，"广告是科学而非艺术"，他们大多数认为，以事实所做的广告比过度虚张声势的广告更能促进销售。广告科学派的代表人物是霍普金斯、大卫·奥格威、E.肯尼迪、罗瑟·瑞夫斯等。

在广告科学派中，不得不重点提到达彼思广告公司的董事罗瑟瑞夫斯提出的著名的"USP 理论"，即"独特销售主题"，这一理论，对整个广告界产生了巨大的影响，并被瑞夫斯誉为"圣经"。如果发挥有效，会成为广告策划的一个秘诀。他运用这一独特理论策划了经典广告案例 M&M 巧克力豆——"只融于口，不融于手"这一句广告语，该广告的价值据评测已达到 30 万美元。

在瑞夫斯的广告认知里，他认为，发现商品的一些独特性其实就是显而易见的事实，而事实是世界上最容易的事情，而事实本就存在于商品本身之中。每一种商品都应拥有自己的独特性，将每种独特性足量地重复再传递给受众，就能达到传播的目的。其理论的核心就是先发现商品独一无二的好处和效用，并有效地转化成广告传播的独特利益承诺、独特购买理由，进而诱导消费者购买产品，实现商品的销售。

瑞夫斯的 USP 理论定义包括以下三部分：

1.明确的销售主题

广告必须对消费者有一个明确的销售主题，主题应包括一个商品的具体好处和效用。必须告诉受众：买这样的商品，你将得到怎样的特殊利益。

2.销售主题的独特性

主题必须是独一无二的，它应该是竞争对手无法提出也不能提出的。它最好没有被其他竞争者宣传过，是一个品牌或者诉求所具有的独特个性。

3.销售主题的普遍性

主题强烈会带来强有力的传播，它是必须能够推动销售，必须能够影响消费者的购买决策，促使新顾客来购买商品。

然而，广告艺术派认为广告本身是一种艺术创造活动，艺术性比什么都重要，反对广告的科学性。广告创意表现需要艺术的想象、艺术的空间和艺术个性的张扬，也反对以科学的规律来指导广告运作。他们认为科学派思想陈旧、僵古不化，广告应该从美学角度出发，刺激人们的想象力，一瞬间的创作灵感产生让消费者购买的欲求。

广告艺术派代表人物有比尔·伯恩巴克、李奥·贝纳、詹姆斯·韦伯·扬、乔治·路易斯等。

广告艺术派里的广告奇才比尔·伯恩巴克认为，规则正是艺术家所要突破的东西，值得记忆的事物从来不是从方程式中得来的。广告没有说服力，不能令人花钱购物，就不算好广告。不破除旧规则、旧公式，崭新的广告没有抬头之日。

过于天马行空的创作艺术，不可以称为实事求是的"广告艺术"。比起理性和逻辑，直觉和幻想是今天市场及广告行业所忽略的行销武器。这些理论，都为广告艺术性增添了说服力。

二、什么是电视广告策划

电视广告策划,即不断用新主题、新栏目、新包装吸引观众,创造流行风尚,设计电视文化的走向。

电视广告,即通过电影或电视台播放,既可以看到影像,同时又可以听到声音的广告。是一种经由电视传播的广告形式,通常用来宣传商品、服务、组织、概念等。大部分的电视广告是由外面的广告公司制作,并且向电视台购买播放时间。电视广告发展至今,其长度从数秒至数分钟皆有。各式各样的产品皆能经由电视广告进行宣传,从家用清洁剂、农产品、服务、公益,甚至到政治活动都有。

电视广告策划,即是对以声音、画面、解说三要素为基础达到对广告设计的目标定位。

在媒体信息爆炸、网络成为热门的当今时代,生活随处可见广告策划形成的成果。广告片、MV 的小广告、宣传片广告及公益视频广告等,都是以这一流程形成的。

在这里列举出中外第一个电视广告对比:

| 1941 年 7 月 1 日 | 美国 | 1 分钟,"宝路华手表",秒针转了一圈 |
| 1979 年 1 月 28 日 | 中国内地 | 1 分 35 秒,"参桂补酒"无动态镜头,插片构成 |

第二节　电视广告的策划要点

一、电视广告策划

电视广告不同于平面广告的根本在于:表现形式的转换。由传统的文字、图片的平面表现通过控制转换为声画结合的立体动态表现。需注意的是,在电视广告策划过程中品牌的吻合性、产品的相关性、费用的可行性、视觉语言的震撼力。电视广告的传播方式与载体也发生了变化,由平面媒体转化为影视数字媒体现代化媒介经营,其表现特点也发生了变化。

电视广告策划有以下几个要点:

(1)声画动态,感染力强。

(2)通俗易懂,易于传播。

(3)表现生活,真实可信。

(4)营造氛围,圆融一体。

在了解广告策划特点的基础上,还需注意以下几点。

1.电视广告受众心理

电视广告的受众主要是广受众。其传播方式决定了受众面相对平面媒体要高很多。在文字创意、平面设计的直接视觉传达转化为镜头语言时,不同程度地存在着转换形式的难度,但是电视广告的优点在于受众从原来的主观选择转换为了客观选择。

尽管对于观众来讲电视广告接受起来快、易、新、繁,但是正是这种快餐似的更新速度,会让电视广告质量降低,出现一系列轰炸性广告,只求让观众记住,不保证广告质量的现象。

要准确把握观众对电视广告的心理接受时间。观众对电视广告的心理时间和对观看电影的不一样,时间不能太长,否则会导致观众疲倦或是厌烦。在这里要强调的是超过 1 分钟以上的非故事情节类的电视广告叙事都会带来负面的心理效果。

2.电视广告策划——创意是关键

当今社会,各个领域都在强调创新、创意。所谓创意,实际上对现代社会来讲,特别是对电视广告来讲,就是将熟悉的事物翻新化。我们要做到把故事讲新、把旧事做益、把老事升华,从中找出新的闪光点来充实策划。要求做到以下两点:

(1)广告主题鲜明。广告诉求对象都有多种特点,而我们要做到的是抓住一个创意点来表现,形成一种感召力,促使广告对象产生冲动,达到电视广告的目的。在构思中,首先是对广告对象的特点进行研究,选出最具代表性并且自己能做到最优的特点。这就要求我们,不但要考虑到广告对象自身的特点,还要找出以往有过的,或者现有的同类对象进行比较分析,再根据自身特点选择准确的广告主题加以表现,才能充分发挥广告的优势。

这里以大韩航空的广告为例。以往世界有名的航空公司广告都各具特色,以各种温馨感、服务感、家庭感来举例。在大韩航空的广告中,强调自身的特点,选择赋予公司个性的主题塑造独特的形象。以色彩和曲线来制胜,大力宣传的都是服务的精致度,打破了以往我们对航空公司广告的一贯思维,因此获得成功。

多种角度来考虑广告的主题,多方面寻找价值点。主要是对消费者带来的兴趣点、商品本身的价值、商品的特点、甚至是耐用程度和好用程度的角度等来确定主题。最终反复推敲、比较,确定尝试性试验都可实施,然后进行充实完善后,形成广告主题。

(2)诉求形式恰当。构思是表现的基础,表现是构思的形式,相辅相成才能优化广告主题。广告主题的确定,为广告表现树立起了具体的目标。明确目标后,接下来就是实现目标。需要探索运用怎样的表现形式及手法来达到现实主题思想的目的。

广告的表现形式种类繁多,归纳起来大体上有以下三种最主要的类型:

①被广告对象信息型。被广告对象信息型,是广告设计者为了使广告对象认识被广告对象,了解被广告对象的信息,激发广告对象的欲望,进而达到宣传的目的。如商品广

告就着重对商品的各种特点、使用保养等方面进行具体的介绍。

②广告对象信息型。广告对象信息型,是通过广告对象对商品实际使用效果的表现,突出商品给人们带来物质上和精神上的满足,是属于富有人情味的诉求形式。此类型需要带来更实质直观的感受,产生良好的效果。

③广告附加型。广告附加型,是在广告对象以外附加人物、动植物、风景、器物等。这种附加不是随意与孤立的,而是与广告宣传的主体在某一方面有所联系,并且有助于烘托主题、配合实现广告的目标。有的广告会有附加内容,实质上是企图使消费者产生美好联想来博得消费者对商品的青睐。

3.创意的根本是创造利益

创意=创异+创益。

电视广告播出费是十分昂贵的,因此,电视广告的播出时长都不会过长,一般为15~30秒。这就要求创意点能符合产品后期带来的创收。广告主对广告的投放都是为了达到后期收益的目的。短时间的广告如果能说出产品重点又能突出创意和吸引受众的注意,那就能创造更多收益。甚至是后期更长远的品牌效应。

在电视广告的设计中,创意是第一位的,没有巧妙的创意,就不会成就好的电视广告片。画面要有创新性,要新鲜活泼,不能千篇一律。而优秀的创意来源于设计者对产品内容的充分理解和深刻感受,来源于对生活的丰富积累和细心观察,来源于自身的阅历和修养。在创意构思时,可根据企业提供的产品资料进行联想,但必须把握产品的主题轴心,将设计意图浓缩到最有典型意义的一点,这样的创意才是可取的。

所有的创意都应该具备想象。想象存在于艺术家形象思维之中,同样也存在于艺术形象的再现之中。没有艺术想象就没有创作,就不能具有创意的作品,也满足不了观众在审美欣赏过程中的联想需求。激发想象和联想最有效的手法,也就是巧妙寓意的手法,从而达到预期的效果。让观众有一种惊叹的感觉。如盖天力制药厂的"白加黑"电视广告,用黑白对比营造与其他同类广告的显著区别;另一方面,"白天吃白片,不瞌睡;晚上吃黑片,睡得香"的广告语,符合消费者对广告的认知,对感冒药服用犯困的一贯思维进行颠覆,非常具有创意。

二、电视广告的创意技巧

1.声画结合的为视觉体验

画面语言的亲和性,画面语言要生活化、富有人情味和幽默风趣。"声"与"画"是电视所具有的两个功能,声画结合是电视广告的基础。

电视以视为主,主要靠画面来表现内容,"听"仅是"看"的辅助手段。因此,电视广告在创作时,必须以画面效果为中心,在拍摄电视广告时,整个广告的具体实现来源于画面效果。电视画面的这种鲜明直观性,自然可以运用到广告的题旨表现上来。

画面叙述是一种蒙太奇式的叙述,它可以片断式连接,也可以间接叙述,还可能打乱其时间顺序,但是,时下电视广告仍未摆脱广播的影响,还需要声画结合,以画面为主,以"听"辅助。每一个画面所传达的信息是明确的,观众能一眼就看明白;或者画面是同广告语相辅相成、融成一体的,传达给观众的信息是清晰明白的。在以画面展现产品时,整个画面要突出一个中心画面,只有这样,观众才能抓住广告的中心内容。

2.广告精炼,突出主题

由于大多数广告费用极高,广告主不仅要考虑播出时长带来的高昂费用,另一方面,广告过长就让人产生逆反心理。从而就要求电视广告内容必须简短,主题突出,语言精练,中心画面突出,这种短小精悍的电视广告才容易被观众记住。以最短的时间突出功能作用,为目标消费群提供一种全新的认识,为商品创造出更加坚实的品牌价值。

3.灵活创意,突出品牌

创意服务于销售,如果脱离了这样的基础,为了创意而创意,那么再有创意的广告也失去了它存在的意义。让观众牢牢记住商品品牌,是电视广告的重要任务。从不同的角度反复展示品牌,以加深观众的印象。电视广告品牌的表现方式多种多样,可根据商品的具体情况灵活运用。

4.抓住情感,攻心为上

电视广告片作为一种极富魅力的诉求语言,应从电视艺术效果、视觉快感来吸引观众,并在某种程度上进行强调、夸张,用各种技术手段来创造广告的气氛和意境,使观众能百看不厌。人际关系蕴含着极大的力量,实际上人际感情的交流与流露,特别是真切的故事,常常能够打动到受众。广告主与消费者之间更需要一种真切的、亲近的感情交流。感情是一种巨大的力量。通过感情传递令受众产生心灵上的共鸣,那么产品、品牌就容易为顾客所理解、接受并喜爱。因此,广告创意的感情诉求应适时的展现。例如,大众广告(后案例有详细说明)。

三、电视广告的思维形式

电视广告创意设计是以形象思维为主、抽象思维为辅。电视广告的思维形式,主要有以下三种方式:

1.逻辑思维

逻辑思维以抽象的概念为思维方式,通过判断、推理等形式来认识世界、表达思想、证明真理。

2.形象直感思维

形象直感思维即电视广告创意设计中的思维方式,以意象为基本形式,通过想象来描述形象,把头脑中的意象外化为可感知的、别人能够接受理解的具体形象,以表达思想、传递信息、揭示真理。

3.灵感思维

灵感思维主要发生在潜意识,是显意识和潜意识相互作用的结果,实际是形象思维的扩大,灵感通过某一因素的影响触发思维的飞跃。

四、电视广告的制作过程

电视广告的制作过程,主要有以下四个步骤。

1.市场分析

对整个市场进行调研、分析、研究、作出判断。客户介绍的背景资料、广告目标、预算等。

2.战略规划

在有资料作为前期准备的前提下,对现有资料进行整合研究。

3.制订计划

对广告进行确立,做创意说明,进行计划。

4.形成文本

做出文案、报价及制作进程表,进行实施。

五、分镜头脚本格式

以宋宏雷杀虫剂广告为例加以说明。

序号	镜头技巧	景别	画面内容	声音内容	镜头长度(秒)
1	静	全	一群小型蟑螂跑入第一个房间,女子跑出;第二批中型蟑螂跑进第二个房间,女子尖叫跑出;一群大型蟑螂跑入第三个房间	音乐沉重,伴随两名女子的尖叫声	18
2	静	近	一群大型蟑螂在第三个房间门口	音乐沉重	4
3	静	全	大蟑螂跑开,跑向镜头	音乐沉重,伴随一群大型蟑螂的音效	
4	静	特写	一只大蟑螂拍在镜头上	"啪"的声音	3
5	静	全	杀虫剂的标志和介绍	人声:the new Bayamon	5

参考文献

[1]石长顺.电视栏目解析[M].武汉:武汉大学出版社,2008.

[2]黄慕雄,眭凌.电视节目编导[M].广州:暨南大学出版社,2012.

[3]胡智锋.电视节目策划学[M].2版.上海:复旦大学出版社,2013.

[4]王艳玲.电视文艺学导论[M].成都:四川大学出版社,2006.

[5]巨浪.广播电视节目策划[M].杭州:浙江大学出版社,2009.

[6]郭庆光.传播学教程[M].2版.北京:中国人民大学出版社,2011.

[7]石磊.大众传媒通论[M].成都:四川师范大学电子出版社,2009.

[8]冷智宏,许玉琪.电视生活服务类节目定位、形态与包装[M].北京:中国广播电视出版社,2003.

[9]巨浪.广播电视节目策划[M].杭州:浙江大学出版社,2009.

[10]胡智锋.电视节目策划学[M].上海:复旦大学出版社,2012.

[11]魏珑.电视编导[M].杭州:浙江大学出版社,2007.

[12]魏南江.优秀电视节目解析[M].2版.北京:中国传媒大学出版社,2014.

[13]张联.电视节目策划技巧[M].北京:中国广播电视出版社,2002.

[14]王蕊,李燕临.电视节目摄制与编导[M].北京:国防工业出版社,2006.

[15]王井,智慧.电视节目策划[M].武汉:武汉大学出版社,2012.

[16]郭镇之.电视传播史[M].北京:北京师范大学出版社,2000.

[17]央视网、湖北卫视网、河北卫视网、百度百科等。

[18]刘洁.纪录片的虚构:一种影像的表意[M].北京:中国传媒大学出版社,2007.

[19]王列.电视纪录片创作教程[M].北京:中国广播电视出版社,2005.

[20]杨柳,郭峰.影视策划实务[M].南京:江苏美术出版社,2012.

[21]曾详敏.电视采访[M].北京:中国传媒大学出版社,2010.

[22]雷蔚真,朱羽君.电视采访学[M].北京:中国人民大学出版社,2010.

[23]伯纳德.纪录片也要讲故事[M].北京:世界图书出版公司,2011.

[24]林旭东.影视纪录片创作[M].北京:中国广播电视出版社,2002.

[25]王竞.纪录片创作六讲[M].北京:世界图书出版公司,2014.

[26]迈克尔·拉毕格.纪录片创作完全手册[M].北京:中国传媒大学出版社,2005.